"感谢您带领我们走过别人看起来是地狱，而我们却深觉是天堂的高三。"

——北京四中2015届6班学生

北京四中

化学创造性探究教学设计

指向学生高阶思维培养

高杰　刘银／著

教育科学出版社

·北京·

出版人　李　东
责任编辑　殷　欢
版式设计　杨玲玲
责任校对　贾静芳
责任印制　叶小峰

图书在版编目（CIP）数据

北京四中化学创造性探究教学设计：指向学生高阶
思维培养／高杰，刘银著．—北京：教育科学出版社，
2020.5（2022.7重印）
ISBN 978-7-5191-2149-5

Ⅰ.①北…　Ⅱ.①高…②刘…　Ⅲ.①中学化学课—
教学设计—高中　Ⅳ.①G633.82

中国版本图书馆 CIP 数据核字（2020）第 020903 号

北京四中化学创造性探究教学设计：指向学生高阶思维培养
BEIJING SIZHONG HUAXUE CHUANGZAOXING TANJIU JIAOXUE SHEJI：ZHIXIANG XUESHENG
GAOJIE SIWEI PEIYANG

出版发行	教育科学出版社				
社　　址	北京·朝阳区安慧北里安园甲9号		邮　　编	100101	
总编室电话	010-64981290		编辑部电话	010-64981269	
出版部电话	010-64989487		市场部电话	010-64989009	
传　　真	010-64891796		网　　址	http://www.esph.com.cn	
经　　销	各地新华书店				
制　　作	北京金奥都图文制作中心				
印　　刷	保定市中画美凯印刷有限公司				
开　　本	720毫米×1020毫米　1/16		版　　次	2020年5月第1版	
印　　张	15.5		印　　次	2022年7月第4次印刷	
字　　数	203千		定　　价	48.00元	

写在前面的话

本书的内容是我和刘银老师最近十几年的教学理论和实践研究的总结。理论部分由我主笔。我结合自己在北京师范大学化学教育研究所三年多的博士后学习和研究成果，以及从教十余年的实践和思考，在梳理科学探究教学与高阶思维、创造力培养的关系的基础上，构建了指向学生高阶思维培养的创造性探究教学模式。实践部分的案例由我和刘银老师共同完成，是对我们俩十几年来设计的经典教学案例的总结。

为什么要写这样一本书？ 最早是源于我在入职教师行业之初的一个期待。每位青年教师在专业成长初期或许都经历过模仿学习的阶段，我也不例外。那个阶段每次准备一节课，我都要查阅各种资料，寻找可以参考的课例，琢磨不同的设计方案。当时，我期待能找到这样一本经典案例集：不仅呈现出经典案例，而且能告诉我这节课是怎么设计出来的，既能"授我以鱼"，更能"授我以渔"，让我在学习模仿课的"形"的同时，获得这节课的"神"。可惜当时我并没有找到这样的案例集。后来，我在总结了多年的实践案例后，特别希望能将自己当年心目中的这本书写出来，希望对同行特别是青年教师有所启发。

这本书的案例素材是怎么来的？ 它们来自十几年来我和刘银老师的一线教学实践积累。刘银老师曾在我入职的前几年担任我的指导老师，我们志趣相投，亦师亦友。在 2009 年接触新课程时，我们开始一起写教学反思，一起乐此不疲地研究和设计公开课。我们共同开设了"实验化学"选修课，探索在实验教学中进行创造性探究教学的设计，培养和发展学生的高阶思维。我们共同申请到了2013年北京市西城区教育科学规划的重点课题、2013年中国化学会化学教育委员会基础教育重点课题和北京市教育科学"十三五"规划课题2016年度重点课题。在进行课题研究的同时，我们将创造性探究教学的理论研究成果在日常教学中坚持实践下去。十几年来，我们设计和实施了几十个创造性探究教学的课题，坚持撰写了数百篇教学反思，发表了数十篇教育教学论文，这其中的部分内容已经在本书中呈现。

我们为什么要坚持探究教学的实践和研究？首要因素是北京四中的教育教学传统和民主开拓的教研氛围。北京四中一直探索通过优质高效的校本研修培养高素质、专业化、创新型的教师队伍。在这里，我们认同"所贡献于群众者不啬，斯群众之报施我者必丰"，我们因事聚人，因人谋事，进行合作行动探索。在这里，教研组建设和衷共济，和而不同，我们是团队。在这里，我们关注学生的学业成绩，"不唯高考，赢得高考"，更重视学生终身发展。北京四中诸学科的教学，无不专注学生的学科核心素养和高阶思维的培养。在这样的教研大背景下，我在入职之初就开始思考如何带领学生在探究的过程中建构他们的化学基本观念，培养他们的科学思维和素养，发展他们的科学精神和社会责任。同时，北京四中聚集了一批颇具创造力的优秀学生，在这样的生源环境中，开展关于高阶思维和创造力培养的研究是可行的，无论对学生的成长还是教师的发展都将具有重要意义。

另外一个重要的因素是北京师范大学化学教育研究所的影响。2010年，我参加了北京师范大学化学学院王磊教授主持的"高端备课"项目，有幸作为主力设计并实施了两个"高端备课"的课例并在全国的总结汇报大会上进行展示。这次经历为我打开了一扇窗，使我进一步认识到"教而不研则浅，研而不教则空"。一年后，我很荣幸跟着王磊教授开始了在职博士后的研究，一边做科研，一边进行教学实践。在三年多的时间里，我在教育教学理论方面开阔了眼界，完善了系统知识。在中学化学教学中，我开始了科学理论指导下的教学设计与实践。我越来越体会到关注学生思维发展、培养学生核心素养的真正的探究教学不仅有利于学生的成长，更能极好地促进教师自身的发展。

基于以上原因，我们选择了指向学生高阶思维培养的创造性探究教学，并一直坚持实践和研究。

本书的初稿成稿于北京四中建校 110 年之际，我们希望能将自己多年的研究实践成果整理出来向学校献礼，更希望与校内外的化学学科及其他学科的教师同人进行分享。本书部分内容是北京市教育科学"十三五"规划 2016 年度推荐立项重点课题"高中化学创造性探究教学的实践研究"的研究成果，感谢该项目的资助。在本书成稿的过程中，教育科学出版社教师教育编辑部的刘灿主任和殷欢编辑从构思到设计均提出了宝贵的建议。同时，本书还得到了北京四中化学教研组同人的支持和鼓励。在本书付梓之际，一并感谢各位的挚爱之情！

高　杰

目　　录

第四章　TCIM 模式指导下的实验化学教学案例设计与开发 / 197

第一章　指向学生高阶思维培养的创造性探究教学模式的构建

第一节　我国科学探究教学的发展现状

当前，全世界都非常重视科学教育，纷纷对科学教育提出规划，如美国"2061 计划"、中国"全民科学素质行动计划"（"2049 行动计划"）等。在国际科学教育领域，人们已经达成了这样的共识：科学课程应当发展学生对科学探究的理解，培养学生的科学探究能力。许多国家的科学课程标准已明确提出了关于科学探究的目标。

科学探究是我国当代中小学科学教育的重要内容和主要方法。开展科学探究的目的不仅在于让学生获得科学知识，也在于引导学生通过真实情境的探究过程来生成科学知识和技能，认识科学的本质，从而培养必要的科学素养。可以说，开展科学探究的目的更在于培养学生的科学方法、探究能力和科学精神，培养学生的创造力。我国从 2001 年开始实行基础教育课程改革，提倡实施以科学探究为主的多样化的教学和学习方式。中学阶段物理、化学等学科课程标准都从科学探究的核心要素角度规定了学生学习和发展的要求，并围绕核心知识内容设计了丰富的探究与活动建议。专家学者和一线教师也对探究教学的理论和实践进行了诸多研究。

一、我国科学探究教学实践的发展现状如何

科学探究教学是指学生在教师的组织引导下，针对有探究价值的问题，

主动获取证据、进行解释、开展检验和交流，从而逐步理解科学的本质和价值，发展自身科学素养的一系列活动。[①] 北京师范大学刘知新教授认为：符合学生进行探究性学习所需要的基本特征和要素，并对学生进行探究性学习具有明显支持和促进作用的教学活动和过程称为探究教学。

自科学探究教学在我国实施以来，学生在动手操作、对照思考及以实践检验问题的意识等方面都有了较大的提升。同时，我国科学探究教学也存在一些问题和局限。

（一） 一线教师在科学探究教学实践中存在哪些问题

教师是课程改革的主体，教师的知识结构、科学素养、教学方式及对科学探究教学的认识都对科学探究教学实施有重要影响。王晶莹在对比部分中美理科教师的探究教学实践后指出，中国理科教师对科学探究的认识以"做实验"和"形式认识"为主；在探究教学过程中，较多地关注教师引导和学生是否遵循探究步骤，而不是学生的问题意识，收集、分析和解释数据的能力以及质疑和合作精神。教师们往往不能清楚区分探究与实验、探究过程的动手和动脑，也不明确如何引导学生进行探究；对探究本身存在不恰当认识和理解，不知道如何做探究，缺少对探究过程的实践认识。中国教师对探究教学的认识类型分为讲授演示、技能训练、实验设计和情境认知四种，其中讲授演示最多，技能训练和实验设计次之，情境认知最少。中国理科教师缺少探究情境的教学知识，缺少探究教学的策略知识，对科学学科的教学策略认识还不够，缺少基本的探究教学课程知识以及对学生探究学习的评价知识。[②] 在探究教学实践中，因教师对学科教学特征、探究教学环节的理解和把握等方面存在差异，有些学生即使经历了探究教学的过程，但仍不能很好地理解学科知识，而是单纯地记忆一些学科知识和实验现象，不能形成科学

---

① 周仕东. 科学哲学视野下的科学探究教学研究 [D]. 长春：东北师范大学，2008.
② 王晶莹. 中美理科教师对科学探究及其教学的认识 [D]. 上海：华东师范大学，2009.

的、整体性的、有效的概念建构，不能真正理解、掌握与应用学科内容。[①]
在教学实践过程中，不少一线教师认为他们开展探究教学遇到的困难主要集中在学校的教学设备不满足、班级人数多、时间有限、教学任务重等几个方面。[②] 综上所述，高水平的科学探究教学实践在现在的中小学中仍不能大规模地开展。

（二）学生的科学探究能力现状如何

一些专家学者也对学生的科学探究能力发展情况进行了调查和研究。北京师范大学王磊教授等人通过调查 1031 名化学教师、教研员对中学生科学探究的认识和评价，了解学生科学探究能力的发展状况。从教师对学生探究能力的评价结果来看，学生在假设猜想、设计方案、收集证据三个方面的能力相对较强，而提出问题、反思评价、表达交流能力相对较弱，这表明学生探究能力发展水平尚处于中低水平。崔雪芹对 2004—2010 年的有关文献中的化学探究教学案例进行分析，也发现学生在探究教学过程中的主体参与度不高，在发现问题和提出问题阶段学生的主体参与度尤其低，这对培养学生发现问题的能力即培养创新型人才十分不利。在探究过程中，要求学生动脑的主体参与度比动手实施方案的参与度明显要低，反映出目前实施的探究教学更倾向于"做中学"，以学生动手为探究教学本质特征的误解普遍存在。[③] 同时，也有学者结合教育实践提出：与开展了探究教学几十年的美国相比，我国的探究教学处于初始阶段。指导性探究适合探究教学的初始阶段，适合探究能力处于中下水平的学生。开放性探究更适合教师探究教学水平较高和学生探究能力较强的情况。[④]

[①] 陆真.新课程实施背景下对科学探究的再认识与思考 [J].课程·教材·教法，2005（9）：74-78.
[②] 任子婧.高中化学科学探究教学模式的实施现状调查及教学策略研究 [D].长春：东北师范大学，2013.
[③] 崔雪芹.我国高中"化学探究教学"实施的文献分析 [J].化学教育，2012，33（8）：60-63.
[④] 罗国忠.学生科学探究的自主性辨析 [J].教育科学，2008（1）：41-44.

（三）科学探究教学设计和相关研究中存在哪些问题

目前的科学探究教学设计主要存在以下问题：（1）在探究主题上，较多基于知识解析和统一限定的探究，较少促进认识发展和开放发散的探究；（2）在探究形式上，较多总结归纳和假设检验，较少解释论证和假设创造，更少鼓励学生主动提出问题和批判质疑；（3）在探究过程上，过于关注探究的流程性，容易忽视结果的生成；（4）在促进学生思维发展上，较多表面的、一次性的和简单思维过程模拟的探究，较少生成性的、多轮次的和发展学生高阶思维的探究。这样的探究教学或学习对学生的影响是：学生表面上体验了探究过程，获得了科学结论，但并没有转变原有的错误概念，不利于理解科学的本质；学生习惯于按照课本上预先设定的程序进行实验操作以验证书本上的知识和结论，但陌生和复杂情境下的问题解决能力和思维能力没有得到应有的提升。

科学探究的研究中亦存在一些不足，如缺乏对科学探究活动思维过程的研究，缺乏对科学探究实践与核心科学概念之间的相互融合和促进发展的研究，缺乏体现探究教学对高阶思维能力和创造力培养价值的研究。[①]

二、科学探究教学的主要模式有哪些

科学探究教学模式的本质是基于问题解决的多层面的科学调查活动程序，其主要目的是使学生通过探究知识的发生过程，掌握科学方法，从而培养探究能力和科学研究能力。科学探究教学模式是按照一定的程序设计课堂教学过程，让学生通过自我探索，收集科学资料，并把资料转化为科学结论，以解决问题的途径与方法。[②]

国外学者在综合考查较为有效的科学探究教学模式后，抽取出其共有的一般阶段和内容：（1）学生围绕问题进行探究学习，教师激发学生的探究欲

---

① 王磊. 创新人才培养：化学探究活动开发与指导 [M]. 南京：江苏教育出版社，2013：4.
② 陶文中. 创造性教学模式的构建与运用 [J]. 北京教育学院学报，2011，25（4）：69-73.

望；（2）学生通过实验探究解决问题，解释结果；（3）学生分析解释数据，构造解释客观世界的模型；（4）学生将所学知识应用于新情境，以加深理解，形成技能；（5）教师与学生共同回顾与评价所学知识和所用方法。①

实践中，教师对探究教学模式的应用情况如何呢？研究表明，教师应用科学探究教学模式进行探究教学时，容易过于强调过程，强调"做科学"，而忽视"学科学"，不利于学生对核心科学概念的深层理解。很多教师在科学探究教学中没有把探究过程和概念转变过程整合起来，不利于学生自主实现概念转变。② 同时，一些教师在遵循探究教学模式进行教学时，对学生的问题解决能力和创造力培养难以找到恰当的切入点，对"培养学生的何种思维"以及"如何培养学生的思维"等问题不甚明确更无法操作，往往只能靠所谓的"渗透"培养。

目前，我国缺少建立在研究基础上的、适合我国国情的、明确的科学探究模式，导致科学课程改革实践中产生了两种误解：一种认为科学探究存在固定模式，可以将课程标准中提出的科学探究要素作为程序性知识教给学生，或者抽出其中的要素进行独立训练，这使许多课堂探究走向程式化和表面化；另一种则对科学探究的理解过于宽泛，认为只要赋予学生主动权，让他们自己动手动脑，就是科学探究，而忽略了对科学探究本质特征的把握和对学生科学探究能力的有目的的培养，不能使科学探究能力的培养落到实处。③ 缺乏适合我国国情的科学探究教学模式的指导，导致我国的科学探究教学实践存在一些比较突出的问题：（1）教师对探究教学的教学环节和活动形式的把握过于教条；（2）忽视对科学探究活动的思维过程的研究；（3）忽视科学探究实践与核心科学概念之间的相互融合和促进的关系；（4）忽视探究教学对

① National Research Council. Inquiry and the National Science Education Standards ［S］. Washington, DC：National Academy Press，2000.

② 袁维新. 科学探究教学模式的反思与批判［J］. 教育学报，2006（4）：13-17.

③ 郭玉英. 学生的科学探究能力：国外的研究及启示［J］. 课程·教材·教法，2005（7）：93-96.

高阶思维能力和创造力培养的价值。①

三、科学探究教学正朝着什么样的方向发展

科学教育改革的深入发展，要求探究教学关注学生探究的自主性、创造性及问题解决能力三个方面。科学探究是一种典型的认知活动，具有和问题解决相同的加工机制，包括一系列的认知加工过程，其中认知策略是该活动的核心。科学探究问题和问题解决中的问题具有相同的特点。科学探究作为一种个体认识自然的活动，是以科学问题为起点的。科学问题是个体进行科学探究的原动力，它驱使个体为寻求答案而进行科学探究。

科学探究具有和问题解决一样的加工过程。科学探究的过程就是发现问题、解决问题的过程。从本质上说，科学探究是创造性解决问题的过程，同样需要丰富的高阶思维活动。创新过程与科学探究、问题解决过程之间的这种相似性是值得注意的。利用这种相似性，可以给学生提供机会使其通过探究活动检验他们的想法。

构建思维培养结果更加外显、程序形式更加简洁、可操作性强的探究教学模式，不仅可以避免一线教师对教学模式的理解出现偏差，还可以使理论在实践中真正发挥行动指南的作用。

不管采用何种探究教学模式，实施探究教学要以培养学生的创造性及问题解决能力为目标，以尊重并激发学生的探究兴趣为首要任务，以鼓励学生持续不断地将探究进行下去为核心任务。科学探究应是一个循环过程，吸引学生参与是一个重要的起始点，也是科学探究过程循环的动力，每一次的探究结果都为下一次探究做准备。科学探究教学在实践中必须有利于学生的思维发展和创造力培养，因此探究教学模式亦应将学生的思维培养结果外显化。构建思维培养结果更加外显、程序形式更加简洁、可操作性强的探究教学模式，不仅可以避免一线教师对教学模式的理解出现偏差，还可以使理论在实践中真正发挥行动指南的作用。因此，开

---

① 王磊. 创新人才培养：化学探究活动开发与指导 [M]. 南京：江苏教育出版社，2013：41.

发一种教学模式培养学生探究的自主性、创造性及问题解决能力，并对这种教学模式在某一学科领域的实用性进行初步探索和验证是亟待解决的问题。

第二节　科学探究教学与创造力培养的关系

一、创造力可以培养吗?

(一) 创造力培养的脑生理基础是什么

人脑是人类进行创造活动的生理基础。创造活动是人脑的一种反应和加工过程，也就是说，创造活动本质上是人脑的机能活动。近年来，随着各种高新技术手段的出现和脑科学研究的不断发展，有关创造性思维的研究取得了一系列成果。国外若干实验结果都证明了当大脑皮质基本激活水平低，特别是前额叶的激活水平低时，是产生创造性思维的最佳状态。创造性思维最重要的生理基础是脑的左右半球之间功能的互补性和贯通性。创造性思维能力是逻辑思维和直觉思维相结合的产物，是理性思维和非理性思维的有机统一。思维科学以及脑科学的研究成果也都表明，逻辑思维和理性思维的生理机制主要发生在大脑左半球，而直觉思维和非理性思维的生理机制主要发生在大脑右半球，只有大脑左右半球协调活动才能促进创造性思维的养成。[1]

另有研究者在综合国内外研究的基础上提出：创造性产生在注意不过窄聚焦的精神状态下。这样的状态可由三种途径引发：低水平的皮质激活、右半球比左半球更多的激活、低水平的前额叶激活。[2] 创新思维的品质表现为思维的流畅性、变通性和独创性。脑科学的研究结果表明，只有丰富的环境刺激、稳定而积极的情感支持、充分的学习机会、大量的自主活动与探索同时发生，才可能使正常个体的大脑结构和功能得到优化，从而提高个体的发

---

[1] 徐艳，张杨. 脑科学研究新进展对创造性思维培养的启示 [J]. 教育探索，2004 (8)：11.
[2] 周泓，张庆林. 创造性的生理研究新进展 [J]. 心理学探新，2002 (3)：12.

散思维能力与创新思维能力。①

（二）创造力的心理学研究历程及走向是什么

20 世纪 50 年代以来，美国心理学家吉尔福特等人对创造力进行了卓有成效的研究，取得了丰硕的研究成果。吉尔福特认为："创造力是普通人都具有的一种能力，几乎所有的人都会有创造性行动，不管这种创造性行动是多么微妙或多么罕见……，被公认为具有创造性的人，只是拥有比我们所有人所拥有的更多一些而已。"② 他通过假设论证和因素分析的方法，提出了智力的三维结构模型，认为创造力是智力的成分之一。相对于聚合思维而言，发散思维是具有创造性的思维。吉尔福特在他就任美国心理学会主席的演说中提出，创造力的研究可以使用书面任务来研究普通人，换句话说，可以通过纸笔测验来测量个体的创造力。美国创新思维大师托伦斯在吉尔福特的研究基础上，编制的著名的创造性思维测验被应用至今。研究者们突破了创造力仅取决于智力水平的认识，认为创造力是内隐于人脑中的一种能力，而能力是人格结构中的一个重要组成部分。于是，心理学家试图从高创造力者与低创造力者之间的差异中找出高创造力者独特的人格特征。③ 现在，心理学界的观点是：创造是人的基本共性，每个人都或多或少具备创造能力。

认知心理学对创造力的研究大致可分为两类，即认知过程研究和认知发展研究。创造力的认知过程研究是多方面的，既包括注意、记忆、思维等基本认知过程的研究，也包括技巧、策略、元认知等认知策略的研究。研究表明，作为认知内容的知识在创造性认知中发挥着双重作用：其一，个体在解决问题时，陈述性知识可以为其提供多样化的选择，但如果个体过于依赖自己的已有知识，则会阻碍创造性思维的发展；其二，程序性知识通常可用于

---

① 黄晓赟. 脑科学与创新教育 [J]. 常熟高专学报，2003（6）：23.

② GUILFORD J P. 创造性才能：它们的性质、用途与培养 [M]. 施良方，沈剑平，唐晓杰，译. 北京：人民教育出版社，1991：11–12.

③ 王映学，寇冬泉，张大均. 创造力的心理学研究进展与研究取向 [J]. 心理科学，2007（2）：490.

解决重要的问题，它也正是创造性思维中最好的教学内容。创造力的认知发展研究主要集中在两方面的纵向变化：一是创造性潜能的获得，二是创造性潜能的实现。创造性潜能获得的研究主要集中在家庭环境及最有利于创造性人格出现的情境，另外一些发展因素是个体在小学、中学、大学的经验及表现。这方面研究非常明确的一个成果是：创造性潜能的获得是自然因素（遗传）和环境养育两方面相互作用的结果。①

创造力的心理学研究的最新动向是跳出人、过程、产品（person，process，product，3P）的内缘取向，而关注创造过程另外两个长期被忽视的维度——内容和背景（content and context，2C），这一动向与整个心理学界转向情境认知和智商分布理论有关，强调思维新质的社会情境生成或突现性。

二、创造力怎样培养

（一）创造力的培养思路是什么

对于如何在教学中培养、训练创造思维、创造倾向，国内外都进行了不少理论和实践探索。总结起来，心理学研究为回答这个问题至少提供了三种思路。（1）培养创造力潜力的思路是在教学中注重与创造力相关的思维方式和行为倾向。从发散思维到批判性思维，从思想实验到实地考察，培养的是一些好的思维习惯。所以这种思路重视的是"思维课程"，培养的是思维品质和思维习惯，包括"非智力因素"，如批判意识、冒险精神等。（2）在课程设置和教学上为学生创造空间，鼓励他们根据自己的特长和兴趣对现实、知识和意义进行独特的建构，其最终的目的是希望从个体知识结构兴趣点的发展独特性中产生思维内容的新质。（3）通过参与特定领域（艺术、科学、商业和技术等）共同体的创造实践活动，培养与之相关的习惯、性向、知识，从而形成专长，并跃升到创造新的理念、方法和产品。这一思路更注重

---

① SIMONTON D K. Creativity：Cognitive，Personal，Developmental and Social Aspects ［J］. American Psychologist，2000（55）：151-158.

真实情境和实际作业对创造力培养的重要性，更强调创造力的领域具体性，也就是说创造力的实践模式和思维模式受制于具体领域，不能指望个体的创造力能在不同领域之间发生迁移。

（二）创造力的培养策略是什么

面对传统的教育体制，尤其是越来越多的自上而下的绩效、问责、标准化，北美的教育工作者和研究者至少探讨了五种创造力培养的策略。[1] (1) 建立知识建构创造的学习共同体，以"话语方式"为主要学习方式。这一策略的目标是通过课堂不断深入地讨论、探究，获得对具体知识、理念的深入理解。其理论预设可以用布鲁纳的思想来概括，即我们对学习的认识都是一些前人创造的理解知识的假想模型，学习的实质是"再创造""再建构"的过程。如果是这样，教师的职能就从教授知识转变为启发思维方式。(2) 围绕解决知识问题的学习，以解决问题的"行动"为主要学习方式。这一策略的目标是在解决问题的实践应用中建构知识，提高技能，培养创造能力和倾向。其理论预设是，只有在应用经验中，知识的目的、用途、方法才能被激活，从而增强了在今后拓展知识、灵活应用知识的倾向。(3) 对学科知识的拓展和专业化。这一学习方式主要出现在高中阶段，使部分学生有机会对知识进行拓展和深入，有机会走向知识的前沿，以便尽早进入知识开拓者的行列。具体做法有选修高级课程（如大学先修课程），自选课程独立研究，跟随大学教授进行研究工作、撰写研究论文等。（这类也可以归为英才教育。）(4) 灵活多样的英才教育体系。英才教育并不局限于某一种课程设置或教学方法，而在于对少数特别优秀的学生有特殊的教学支持。美国的英才教育主要是通过灵活的课程和教育区分化手段，因材施教地让才学卓著的学生能够按照自己的进度、方式接触更广、更深、更前沿的内容，以便更容易成为高端创新型人才（即中国"拔尖创新人才"）。英才教育可以是集中

---

[1] 巴格托，考夫曼．培养学生的创造力 [M]．陈菲，周晔晗，李娴，译．上海：华东师范大学出版社，2013：11-13.

的，也可以是分散的。从一个社会为创造力的勃兴提供有力的人才保障的角度来看，英才教育是一条符合"费尔德曼模式"的科教兴国路径。（5）互联网时代的个性化、定制化学习。在今天，每个人都能随时从网络提取大量信息和有用的知识。正式和非正式教育的界限已经模糊，这意味着学校不再是唯一的，或者最重要的学习场所。一种依靠教育技术的新的学习方式将逐步取代旧的学习模式，新的学习方式的主要特点是定制化，由学习者自己控制并具有互动性。从理论上说，越是个性化的教育，越能培养出有独特知识结构、有鲜明特长和兴趣的孩子，而这符合"费尔德曼模式"的差异化发展创造理论。

三、高阶思维与创造力培养有什么关系

高阶思维与创造力培养之间是一种辩证关系。佐哈尔等人①的研究表明：任何学生都可以通过相关的教育获得创造能力和高阶思维的培养。脑科学、神经心理学、多元智能理论和人本主义学习理论为高阶思维和创造力培养提供了重要的理论基础。

（一）如何培养高阶思维

美国哈佛大学心理学教授帕金斯认为，日常思维就像我们的行走能力一样，是每个人与生俱来的。但是良好的思维能力就像百米赛跑一样，是一种技术，需要技巧上的训练。通过恰当的教学条件支持，学习者的高阶思维是可以培养的。问题的关键是：教育者是否有发展学习者高阶思维的意识，是否对高阶思维

> 虽然人的高阶思维能通过教育活动得到提高，但是高阶思维的发展需要创造教育的高阶学习活动予以支持。

的特点有深刻的认识，并据此将教学内容和教学方式整合起来，设计出相应的支持条件。所以，虽然人的高阶思维能通过教育活动得到提高，但是高阶

---

① ZOHAR A，DORI Y J. Higher Order Thinking Skills and Low-achieving Students：Are They Mutually Exclusive? [J]. Journal of the Learning Science，2003（12）：2.

思维的发展需要创造教育的高阶学习活动予以支持。研究发现，运用探究、发现和研究性学习的方法——小组合作学习、讨论、案例学习、角色扮演、项目研究、模拟性决策和问题解决等学习活动，有利于发展学习者的高阶思维。当学习者面对现实问题或项目研究，通过探究分析的方法解决问题和做出决策，就能比较有效地促进高阶思维的发展。因此，教师应该设法让学生投入到分析、比较、对比、归纳、问题解决、实验和创造等系列活动中，而不是将学生局限于回忆事实性信息的活动。

> 教师应该设法让学生投入到分析、比较、对比、归纳、问题解决、实验和创造等系列活动中，而不是将学生局限于回忆事实性信息的活动。

（二）创造力与高阶思维培养有何关系

高阶思维的发展需要高阶学习活动予以支持。创造力的培养过程是学习者不断运用高阶思维解决问题的过程。创造力的培养过程在教学模式上属于建构主义教学模式，需要教师引导学生在探究的过程中主动建构知识。创造力的培养过程有助于学生高阶思维的发展，而学生高阶思维的发展也是创造力发展的过程，有助于激发学生的创造潜能。高阶思维可以作为创造力培养的抓手，通过培养高阶思维深化创造力的培养。

（三）高阶思维培养的研究与实践情况如何

20世纪80年代，美国亚利桑那大学斯坦利·波格拉博士根据布卢姆教育目标分类学等理论提出高阶思维能力（higher order thinking skills，HOTS）计划。在美国，由教育部和福特基金会资助的HOTS计划始于1988年。该计划致力于发展学生在思维理解和问题解决过程中有意识的自我监控能力，包括有意识地认识自己、对问题情境的分析和使用的策略技巧。波格拉博士与他的研究团队通过研究发现：学生通过HOTS课程的学习后，在标准化测验中获得了极大的成功。遍布全美的HOTS网络研究表明，参加了HOTS课程学习的学生阅读成绩高于全国平均水平6.7个百分点，数学成绩高于全国平均水平 12.3 个百分点。[①]

WebQuest 是美国圣地亚哥州立大学伯尼·道奇博士等于 1995 年创建的一种课程计划。它是以探究为取向，利用互联网资源的授课计划或者课程单元编写自己的 WebQuest，并在工作室和课堂中展开教学实践的一种模式。WebQuest 区别于其他基于网络的教学活动的核心思想就是：WebQuest 提供一些有趣的、可行的任务，促进学生高阶思维的发展。[②] WebQuest 活动主要包括三个方面：选题、任务设计和评价。在评价中，强调学生对高阶思维的运用，并将其作为评价的一个标准。WebQuest 正是基于建构主义的学习理论而产生的一种教学形式，其目的是让学习者在有限的时间里更好地使用信息，促进思维能力发展，并帮助学习者分析、综合和评价。其重视以探究为取向的教学活动。

我国古代也很重视以发展思维能力为核心的教学过程。儒家提出的教学过程可以归为博学、审问、慎思、明辨、笃行十个字。学思结合，学思并重，是我国古代教学观的重要主张，强调知识传授与思维发展的本质联系。近年来，我国也有一些关于高阶思维研究的理论和实践成果。黎加厚教授主持的"十五"教育部重点规划课题"教育信息化环境中的学生高级思维能力训练"，探索了在中国教育和文化背景下转变教师培训模式，让中小学教师掌握信息化环境中培养学生高阶思维的方法，提高教学质量。[③] 上海师范大学、山东师范大学等高校的研究团队分别研究了在中学阶段物理、化学和数学学科指向学生高阶思维培养的教学实践或方法策略。上海市向明中学课题组研究了中学各学科指向学生高阶思维培养的教学实践。

四、科学探究教学与高阶思维培养的关系是什么

高阶思维既包含联系、比较、鉴别、分类、分析、归纳、综合、演绎、

---

① 王立新 . HOTS：营造思维环境的学习策略［J］. 外国中小学教育，1997（1）：38-39.
② 陈祎 . 与伯尼·道奇博士对话［J］. 中小学信息技术教育，2002（10）：59-61.
③ 全国教育科学规划领导小组办公室 . 教育部重点课题"教育信息化环境中的学生高级思维能力训练"研究成果述评［J］. 当代教育论坛，2006（4）：5-9.

推论、解释、论证、概括、设计、评估、批判等思维要素，又包含问题解决、科学探究、科学推论等程序性的思维过程。

科学探究的本质是创造性解决问题的过程，因此同样需要丰富的高阶思维活动。创新过程与科学探究、问题解决过程具有相似之处，如果给学生提供机会使其通过探究活动创造并检验自己的想法，则思考智能、探究能力、概念性知识及创造力是可以培养的。[①] 因此，突出探究教学过程中的高阶思维活动有利于培养学生的创造力。

北京师范大学王磊教授和她的研究团队分析了科学探究过程（提出问题、假设猜想、制订计划、解释结论、反思评估等环节）中的高阶思维。通过分析可以看出，在科学探究的过程中，无处不渗透和经历着高阶思维过程，培养科学探究能力的同时可以帮助学生形成高阶思维。开放式地发问、系统地进行假设、探究出问题的解决方案并共享成果、相互设问并质疑都有助于高阶思维的形成。[②] 斯滕伯格提出，那些定义不明、没有唯一正确答案的开放性问题，需要较多的创造性思维、批判性思维，适合用于对学习者进行创造性问题解决训练。

第三节　构建指向学生高阶思维培养的创造性探究教学模式

一、为什么要建立科学探究教学的新模式

自 2011 年开始，在参与教育部、科技部"中小学科学探究学习与创新人才培养实验研究"的子项目"化学学科探究式教学研究及探究活动的设计与

---

① 洪振方 . 探究式教学的历史回顾与创造性探究模式之初探 [J]. 高雄师范大学学报，2003（15）：651.

② 王磊 . 创新人才培养：化学探究活动开发与指导 [M]. 南京：江苏教育出版社，2013：42-55.

开发"过程中，我们深深地体会到各地各校化学探究教学实际开展的数量和质量差异很大，整体情况不容乐观。很多教师认为：（1）传统的以讲授式为主的知识教学即可满足现行高考选拔人才的方式和要求，按照习惯的讲授法来组织教学对老师们来说最容易，也最习惯；（2）探究教学很浪费时间，往往让学生探究半天还得不出书本上要求的结论，教师还得额外花时间来讲知识，让学生练习题；（3）即使进行形式上的探究教学，短期内对学生的思维培养也没有多大帮助，也不知道该在探究中培养学生的什么思维，怎样培养学生的思维……

我们认为，伴随着高考改革的逐步深入，对学生思维的要求和考查一定会越来越多，传统的以讲授为主的知识教学终将被改进。科学教育改革的深入发展，要求探究教学关注学生探究的自主性、创造性及问题解决能力三个方面。中学一线教师也要关注国际上对人才培养的需求，关注教育教学改革的大趋势。此外，科学探究和问题解决有着密不可分的关联，如果我们能将二者密切联系起来，使科学探究的过程同时成为问题解决的过程，在一节科学探究课上最大限度地解决知识的建构和应用问题，那么科学探究教学势必会得到越来越多的教师的认可。同时，对于中学一线教师来说，教学模式的要素环节越多，越不容易理解和接受，也就越难去自觉应用。如果将探究教学的模式简化，同时将思维要素加入探究教学的模式中，成为教学模式中的一个外显要素，那么对一线教师来说将是一种简明的提醒。基于以上考虑，本书以科学探究教学模式、创造性问题解决模式及斯滕伯格的思维三元论为理论基础，以创造性探究教学模式（creative inquiry teaching model，CIM，由我国台湾洪振方教授提出）[1] 为参照，构建出指向学生高阶思维培养的创造性探究教学模式（creative inquiry model of pointing to the cultivation of higher-order thinking skills，TCIM）。该模式将思维要素引入并外显，将核心知识和

---

[1] 洪振方. 探究式教学的历史回顾与创造性探究模式之初探 [J]. 高雄师范大学学报，2003（15）：651.

技能的建构、探究能力和问题解决能力的形成及思维能力的培养统一于科学探究过程中。在实践中，该模式既强调科学探究的过程，又关注问题解决的结果，更强调过程和结果的统一；不仅是行动流程，更是一种思维过程。

二、TCIM 模式的理论基础是什么

教学模式是教学理论应用于教学实践的中间环节，研究和探讨教学模式不仅可以丰富和发展教学理论，而且有益于提高教学质量和效率。建立探究教学模式必须考虑科学探究程序、学生的认知方式和问题解决的时效性。科学探究程序为探究教学提供基本规范；学生的认知方式是探究教学的心理学依据，也是探究教学落到实处的重要保证；问题解决的时效性是探究教学推广实施的动力和价值体现。TCIM 模式以对科学知识、概念原理的认识、理解和应用为内容，以科学探究为主要活动形式，以学生高阶思维和创造力的培养为目标，以期实现科学知识、原理和科学思维的协同学习和培养。

问题解决模式和科学探究教学模式的理论都源自美国教育学家约翰·杜威。之后，这两种理论分别沿着不同的轨道演化、发展，有了各自的理论框架和应用策略。探究教学的意义是将人类长期以来积淀的最具有创造性和探究意识的思考过程应用于教育，培养更多的具有科学素养的公民，从而推动社会的发展。

高阶思维指在信息获得、加工和监控中，思维超越了一般层次所表现出来的综合运用能力，是创造力的核心。高阶思维的最重要部分是思维的高位监控和评价能力。斯滕伯格提出了智力和思维的三元理论。三元智力理论认为：智力是分析的、创造的、实用的信息加工过程三者的平衡。在这三种思维方式的背后，思维技巧只有一套，那就是高阶思维过程。斯滕伯格将人类思维划分为三个基本层面：分析性思维、创造性思维和实践性思维。分析性思维技能包括分析、批判、判断、评价、比较和评估。创造性思维技能包括创造、发现、发明、想象、猜想和提出假设。实践性思维技能包括应用、使用、利用和实践。这是一系列而不是单一的思维技能，它们代表了智力操作

的不同方面。科学探究从本质上说是创造性解决问题的过程，创造性地解决问题需要丰富的高阶思维活动。突出探究教学中的高阶思维活动有利于培养学生的创造性思维。

三、TCIM 模式如何建构

TCIM 模式将思维要素引入创造性探究教学模式中，将其外显为该模式的一个重要构成要素，并将其作为每一个探究环节的培养目标之一进行强调，这是 TCIM 模式与 CIM 模式最大的不同。

（一）TCIM 模式有哪些构成要素

结合对已有教学实践的分析，借鉴国内外的先进教学模式，建构 TCIM 教学模式，如图 1-1 所示。

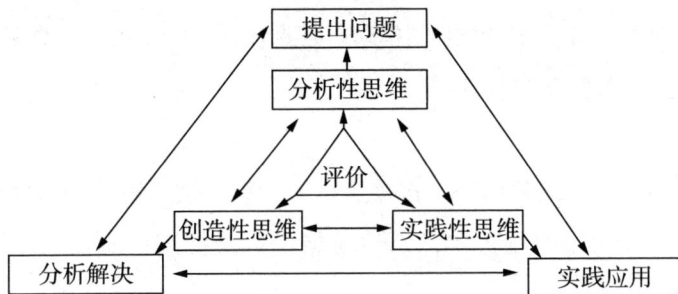

图 1-1　TCIM 教学模式

该模式包括以下三个构成要素。

（1）提出问题。

①教师创设教学情境，激发学生的兴趣，引导学生关注并参与到教学过程中。

②结合教学情境中的信息，教师组织学生进行分析归纳，明确探究问题，强调尽可能由学生提出问题。

③该环节以培养学生的分析性思维为主，创造性思维为辅，强调思维发散后的聚合，形成有价值的、可深入探讨的探究问题。

④教师作为该环节的组织者，不仅要创设有价值的教学情境，更要充分关注学生的认知基础，引导学生提出、选择和评价可研究的问题。

（2）分析解决。

①学生提出假设，组内设计、交流方案，组间进行评价，之后组内修正方案。

②学生实施方案，组内分析数据，充分论证，获得初步结论。

③组间交流表达、批判、说服、辩论和评价，对结论进行初步整合。

④该环节以培养学生的创造性思维和分析性思维为主，鼓励学生运用批判性思维。

⑤教师作为该环节的协调者，不仅要引导学生质疑批判、假设创造，形成有价值的方案和解释，达到解决问题的目的，更要设计认知冲突，引导学生进行概念转变，建构知识，形成新的理解；不仅要强调"做科学"，即科学方法的学习和科学探究过程的体验，更要强调"学科学"，即通过科学探究建构科学知识和科学思维模式。

（3）实践应用。

①学生面对新的问题情境，根据获得的知识和结论解决新情境中的问题。

②在解决新问题的过程中，学生对结论进行批判、反思、评价和修正，提出新问题。

③师生共同对获得的结论再次进行评价、整合，对结论的使用条件进行总结和修正，建构新旧知识之间的联系，思考假设、证据和结论之间的关系。

④该环节以培养学生的实践性思维为主，同时发展分析性思维和创造性思维，是上一轮探究的结束，也是新一轮探究的开始。

⑤教师作为该环节的促进者，不仅要精心选择合适的新问题情境，以应用和检验已有的探究结果，更要设计认知冲突，引导学生发展思维层次，让学生在应用中体会科学探究的螺旋式上升过程和循环过程。

（二）TCIM 模式的特征是什么

TCIM 模式下的教学过程是以科学探究为基本程序，以问题解决为思维模型，以做科学、学科学和学生的思维培养为目的，以建构主义的学习观和教学观为主要理论依据，以小组合作学习为基本组织形式的循环性教学和学习过程。TCIM 模式有如下基本特征。

（1）TCIM 模式对科学探究基本程序的内容进行了充实，在形式上进行了简化。

该模式以问题为核心，强调学生对核心概念和原理的主动建构，强调知识和原理的应用实践，重视生生和师生间的交流与合作。该模式在形式上由三个探究环节组成，提出问题是该模式的发起阶段，分析解决是核心知识或原理的建构阶段，实践应用是该模式的整合精致和再探究阶段。

下面以"由铜制备硫酸铜的实验方案"教学设计①为例进行分析。

■ 教学实录（片段）

探究任务 1：对课前设计的四种实验方案进行评价，并总结评价标准

【教师活动】教师组织学生分小组讨论所发资料的前四种设计方案，并让部分组的代表在班内交流汇报。

【问题串】：（1）你认为这四种方案所涉及的化学原理是否正确？（2）从所用药品和所需进行的操作来考虑，这四种方案在中学现有实验条件下能否实现？（3）这四种方案哪种更好？为什么？

【学生活动】分组交流讨论。

【教师总结】化学实验方案的评价原则：科学、可行、安全、简约、经济。

培养思维类型：分析性思维、实践性思维。

探究任务 2：应用总结出的评价标准，引导学生对设计的方案二、五和六进行评价和改进

【问题 1】讨论后，大家都认为四种方案中方案二更好，下面看一下方案

---

① 李井亮．"由铜制备硫酸铜的实验方案"教学设计 [J]．化学教育，2010（S2）：110-114.

二的实验录像：铜粉在空气中加热很快变黑，加稀硫酸溶解后得到蓝色溶液，但烧杯底部仍有红色物质。**你发现了什么问题？如何解决呢？**

【学生1】铜粉内部难以被氧化；过滤，将未被氧化的铜粉再次加热氧化，重复实验。

【问题2】同学们回答得非常好，但重复实验操作烦琐。请大家想一想：**我们能否设计方案让氧化和溶解连续进行呢？有人想到了吗？**

【教师总结1】这样我们通过改进得到了一个方案，定为方案七：

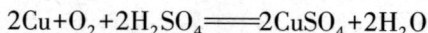

$$2Cu+O_2+2H_2SO_4 \Longrightarrow 2CuSO_4+2H_2O$$

实验经过改进后更简约、更安全，铜可以逐渐被氧化，直至完全。

【演示实验1】将碳棒与导线相连，放入盛有稀硫酸的 U 形管。一个为 2 小时前组装的（无明显现象），另一个为 24 小时前组装的（只能观察到溶液变为浅蓝色）。

【问题3】**请大家认真观察，你能发现什么问题？**

【学生2】该反应太慢。

【问题4】**能否在此原理基础之上，让反应更快呢？**

【学生活动】分组讨论，提出改进方案：将碳粉（或银粉）和铜粉同时投入稀硫酸中，形成无数微小原电池，加快铜的氧化。

【演示实验2】播放实验录像：将一定量铜粉和少量银屑放入表面皿，加入适量稀硫酸（刚好没过铜粉），放置一段时间，充分接触空气；24 小时后，不但溶液变蓝，而且在银屑周围析出了硫酸铜晶体。展示前一天实验的结果：准备了两份样品，一份为用碳粉、铜粉、稀硫酸所做的实验结果，另一份为用银屑、铜粉、稀硫酸所做的实验结果。

【教师总结2】这样我们又改进得到了一个方案，定为方案八：将一定量铜粉和银屑（或碳粉）放入培养皿，混合，加入适量稀硫酸，放置，充分接触空气。

培养思维类型：分析性思维、创造性思维和实践性思维。

探究任务 3：组织学生分小组讨论八个方案在设计原理上的共同点并汇报，反思改进后提出新的方案。

【问题 1】八个方案在设计原理上有哪些共同点？请分小组讨论汇报。

【学生活动 1】讨论、交流、汇报，得出设计原理上的共同点——利用各种方法来氧化铜。

【问题 2】大家能否再想到其他的方法，常温下将铜氧化而又不引入新杂质呢？

【学生活动 2】讨论、汇报：用双氧水、臭氧。

【演示实验】向试管中加入少量铜粉，然后加入稀硫酸，振荡，无现象；再滴加双氧水，振荡，溶液很快变蓝。得出方案九：

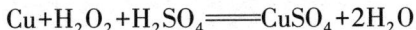

$$Cu+H_2O_2+H_2SO_4 = CuSO_4+2H_2O$$

【教师总结】化学制备实验方案的设计研究过程：明确研究课题→（结合所学，查阅资料）→制订基本制备方案→（评价、改进、补充）→设计多种科学可行方案→（结合实际要求，综合考虑）→确定最适宜方案→给出具体的实验报告→实施实验。

培养思维类型：分析性思维、实践性思维。

■ 案例点评

本案例属于人教版《实验化学》模块的探究内容，也可以设计成高三化学复习课中物质制备、实验设计的内容，核心探究问题属于实验开发探究，旨在培养学生的"科学探究与创新意识、证据推理与模型认知"化学学科核心素养。在探究过程中，教师布置任务，并引导学生经历了化学实验探究过程中的"设计方案→实验验证→评价→改进方案→再实验"循环研究过程。从探究水平来说，属于定性探究、实验探究和局部探究。从探究物质条件来说，要完成这个探究任务需要具备一定的实验条件。本节课的探究素材来源于生产生活实际，探究教学的目的是应用知识和方法。从探究教学环境要素来说，本节课的核心探究主要是课内与课外相结合的实验探究。

在"由铜制备硫酸铜的实验方案"一课中，教师从探究主题的角度拆解出三个核心探究点：(1) 对课前设计的四种实验方案进行评价，并总结评价标准；(2) 应用总结出的评价标准，引导学生对设计的方案二、五和六进行评价和改进；(3) 组织学生分小组讨论八个方案在设计原理上的共同点并汇报，反思改进后提出新的方案。

探究任务 1 属于课内与课外结合的探究，教师在课前布置任务，由学生设计由铜制备硫酸铜的方案，并获得多种方案。教师安排学生展示介绍了四种方案，并提出三个问题。教师在组织学生分析、讨论后，概括化学实验方案的评价原则——科学、可行、安全、简约、经济。该环节培养了学生的比较、分析和综合高阶思维。

在探究任务 2 中，教师引导学生结合实验情况进一步评价方案二，发现方案二中有 Cu 的溶解和氧化不完全的现象，对方案二进行改进获得了方案七：将 Cu 的溶解和氧化设计成一个连续的过程。教师引导学生对方案五进行评价分析，学生发现该方案存在反应速率慢的缺陷，并设计出改进方案八：利用原电池原理加快反应速率。该环节培养了学生"联想—批判质疑—设计改进"的高阶思维以及创新能力。

在探究任务 3 中，教师引导学生讨论八种方案在设计原理上的共同点——都是利用各种方法来氧化铜。同时，教师提出新问题，引发学生思考如何不引入新杂质。学生交流讨论后，提出酸性条件下用双氧水氧化铜的方案。该环节培养了学生设计改进的高阶思维和创新意识。

在教学策略上，教师充分利用多种实验形式以提高教学实效性。一方面充分利用实验创设开放的问题情境，引导学生思考，合理利用自己录制的实验录像提高课堂教学的开放性和实效性；另一方面让学生在解决实际问题中对所学知识进行复习，使高三复习不再是简单的知识重复，而是让学生在感兴趣的学习情境中得到思维和能力的提升。

（2）TCIM 模式既强调科学探究的过程，又关注问题解决的结果，更强调过程和结果的统一。

科学探究的起点是学生的已有知识，过程是以已有知识为基础，提出假设、猜想，在具体知识和方法的支撑下完成探究活动，终点是获得新的知识和方法。科学探究的过程有利于学生自主建构科学概念，掌握科学方法，培养科学态度和科学精神，发展实践能力和创新能力。但是如果只重视过程，强调"做科学"，而不重视结果的阐明、论证、表达和精致，则不利于学生对核心知识和原理的理解，更不利于在知识和方法上为学生今后的探究打下基础。

下面以"'暖宝宝'使用前后主要成分的探究"① 为例进行分析。

■ 教学实录（片段）

探究任务1："暖宝宝"使用前的主要成分验证

【问题1】如何验证产品中的铁粉和食盐？

【学生1】用磁铁吸引铁粉。

【学生2】用硝酸酸化的硝酸银溶液检验氯离子。

【问题2】（学生用磁铁吸引获成功后教师进行质疑）**以上两个方案完整吗？可操作性强吗？**［引导学生注意检验物质的两个要点：（1）排除干扰物质，如检验食盐时的磁性 Fe_3O_4、自来水中氯离子的干扰等；（2）样品处理，如离子检验首先要形成溶液、取样检验等。］

【学生活动】根据教师提示，进一步修正方案。

【演示实验】铁粉的进一步验证和氯离子检验，帮助学生完成验证。

培养思维类型：分析性思维。

探究任务2："暖宝宝"使用后的主要成分探究

【问题1】这些常见的物质我们都曾接触过，**它们能单独供热吗？**要想知

---

① 顾晔．"暖宝宝使用前后主要成分的探究"教学实录［J］．化学教育，2011（12）：73-75.

道"暖宝宝"供热原理，我们不妨先研究"暖宝宝"使用后剩下的成分是什么。现在，每位同学可以观察表面皿中的样品。

【问题串】（1）NaCl 还存在吗？（演示实验：氯离子检验。）（2）铁粉是否参加反应？（3）铁元素可能形成怎样的化合物？

【资料1】投影资料链接："暖宝宝"在使用后，铁元素以相应价态氧化物的形态存在。

【问题2】如何检验样品中不同价态的铁？

【学生活动1】回顾可能的方法，并判断、选择最佳方案。

【分组实验】完成不同价态铁的检验实验并填写表格。

【学生汇报】实验现象。

【教师点评】点评学生设计的方案，适时纠正设计方案中的不当之处。初步得出结论：样品试液中同时存在 Fe^{2+} 和 Fe^{3+}。

【问题3】想一想，你的假设被成功验证了吗？

【学生活动2】再次交流自己的检验方案，尝试发现问题。

【学生1】酸性 $KMnO_4$ 褪色可能是样品试液中残留活性炭导致的。

【问题串】（1）"暖宝宝"使用后，样品中铁粉完全反应了吗？这对检验结果有影响吗？（2）结合对氯离子的检验思考：酸性 $KMnO_4$ 褪色一定是 Fe^{2+} 的还原性导致的吗？

【学生活动3】结合教师的启发，基于对实验方案的质疑，修正探究结论，并再次得出结论："暖宝宝"使用后的样品中肯定存在三价铁，可能存在二价铁。

【教师总结】评价学生的质疑结果，在相关问题上予以解答或帮助［如为排除酸性条件下氯离子的干扰，可以选用赤血盐（铁氰化钾）检验 Fe^{2+} 等］。

培养思维类型：分析性思维、创造性思维和实践性思维。

■ 案例点评

本课题的探究问题要素属于高一化学物质检验探究，核心探究问题主要是描述探究和因果探究，旨在培养学生的"证据推理与模型认知、宏观辨识与微观探析"化学学科核心素养。在第一环节的探究过程中，教师提出问题，学生设计方案→进行实验→交流表达→修正实验方案。在第二环节探究过程中，学生提出假设→设计方案→实验探究→验证假设。在探究思维要素上，主要有假设检验、假设创造、变量控制、方案设计与实施假设检验。从探究水平来说，属于定性探究、实验探究和局部探究。从探究物质条件来说，要完成这个探究任务需要具备一定的实验条件。本节课的探究素材来源于实际生活，探究教学的目的是获得知识和方法。从探究教学环境要素来说，本节课的核心探究属于课堂内实验探究。

在"'暖宝宝'使用前后主要成分的探究"一课中，教师依据探究主题拆解出两个核心探究点：（1）"暖宝宝"使用前的主要成分验证；（2）"暖宝宝"使用后的主要成分探究。首先验证"暖宝宝"使用前的主要成分是什么。每个学生通过观察表面皿中的样品的铁单质、进行钠离子及氯离子检验进入实验探究状态，在验证过程中发展物质检验思路，为后面的自主探究打下基础。在探究任务 2 中，探究"暖宝宝"使用后的主要成分。该部分采用学生分组探究的形式，探究重点放在铁在氧化物中的价态上。教师指导学生按照"提出假设→设计方案→实验探究→验证假设"的基本探究思路，在 Fe^{2+}、Fe^{3+} 的检验过程中发现问题、分析问题并尝试解决问题，最后对整个实验过程进行质疑、回顾和小结。该环节对于培养学生的"假设检验、系统设计、批判质疑、设计改进"高阶思维和系统、整体、精细思维的创新能力具有重要价值。

在教学策略上，首先，教师用贴近生活实际的实验素材让学生学习"真"化学。教师以"'暖宝宝'使用前后主要成分的探究"为素材将元素化合物知识和物质的检验融为一体。其次，教师用"不完美"的探究结果换取学生求真务实的科学态度。本次实验对"暖宝宝"使用后主要成分的探究结果是不完美的——未能确定是否存在二价铁的化合物。这种设计可以对学生科学探究的价值观予以引导，这也是学生面临实际问题时不能回避的。在学习《化学反应原理》教材后，该素材还可以用于对金属电化学腐蚀原理的探究。[①]

（3）TCIM 模式不仅是模型行为的行动流程，更是一种思维的过程。科学教育的重要目标是发展学生的科学思维。已有的研究和实践证明，科学探究和问题解决模式有利于学生高阶思维的发展和创造力的培养。该教学模式突出学生的思维能力并将学生的思维进行外显，试图将学生的问题解决能力与思维能力的培养整合于探究过程中。

下面以"控制变量研究的实验设计"[②]为例进行分析。

■ 教学实录

探究任务 1：测定梨汁、橙汁和黄瓜汁中维生素 C 含量的相对多少

【问题 1】水果中含有丰富的维生素 C。想请同学们和老师一起测定梨汁、橙汁和黄瓜汁中维生素 C 含量的相对多少。**如何设计实验？**

【学生 1】将高锰酸钾溶液滴入果汁中。

【学生 2】将果汁滴入高锰酸钾溶液中，观察褪色情况……

【问题 2】**在刚刚设计的方案中，你认为哪些方案比较好，哪些方案有不妥之处需要改进呢？**

【学生活动】根据课件出示的几种方案，讨论、评析，确定正确、可行的方案。在教师的引导下，明确设计方案中要保证高锰酸钾溶液的浓度、体

---

① 王磊．创新人才培养：化学探究活动开发与指导 [M]．南京：江苏教育出版社，2013：128-129.

② 朱浩遐．"控制变量研究的实验设计"教学案例及反思 [J]．化学教育，2012（1）：25-27.

积与滴加果汁的滴管规格完全相符，记录使高锰酸钾溶液恰好褪色所需的果汁的滴数，从而判断各种果汁中维生素 C 含量的相对多少。

【教师总结】根据共同设计的方案演示实验，发现使相同浓度和体积的高锰酸钾溶液恰好褪色的果汁滴数从少到多的顺序是：橙汁、梨汁、黄瓜汁，由此得出结论：维生素 C 含量由多到少的顺序是橙汁>梨汁>黄瓜汁。教师和学生一起总结该方案中控制不变的因素和变化的因素。

【问题3】该实验采用了什么方法？

【学生3】控制变量法。

【问题4】何为控制变量法？

【学生4】在控制其他几个因素不变的情况下，集中研究一个变化的因素。

培养思维类型：分析性思维。

探究任务 2：从控制变量的角度重新分析、认识教材中的实验设计

【问题】控制变量法在化学教材中贯穿始终，请同学们回顾一下，**教材中哪些实验采用了这种方法？**

【学生活动1】分组讨论后，提出以下实验：（1）人体吸入的空气与呼出气体的探究；（2）铁丝分别在空气与氧气中燃烧；（3）分解过氧化氢溶液制取氧气时探究加不同种类的催化剂是否影响反应速率；（4）探究铁钉生锈的条件……

【学生活动2】在教师的指导下分析铁钉生锈等四个典型实验。

培养思维类型：分析性思维。

探究任务 3：初步学会用控制变量的思想完成实验设计

【问题1】铁在空气中长时间放置会生锈，**铜如果长时间放置在空气中会怎样？**

【学生1】也会生锈。

【资料1】李明同学视力不好，戴了一副眼镜（铜制眼镜框），某日发现镜框上出现了绿色物质，通过学习知道，该物质是铜锈，主要成分是

$Cu_2(OH)_2CO_3$（俗称铜绿）。

【问题2】**铜生锈与哪些物质或因素有关?**

【学生2】铜生锈可能与空气中的水、氧气、二氧化碳有关。

【问题3】空气中的主要气体有氮气，**为什么不猜测与氮气有关呢?**

【学生3】因为从元素守恒的角度来说，铜绿中不含氮元素。

【问题4】很好，请同学们根据猜想**设计实验方案**，将方案写在学案上，可图示。

【学生活动】思考并完成学案。

【教师活动】投影学生设计的方案，与学生一起评析各种方案的优缺点，并确定最佳方案。教师再提供一组实验设计方案，请学生评析。

【问题5】根据刚才对多种方案的评析，同学们很快找出了实验设计的不妥之处。下面请大家再来看看这个新装置。**这里 NaOH 溶液有什么作用? 你觉得设计严谨吗?**

【学生4】NaOH 溶液用于吸收空气中的二氧化碳；装置设计不严谨，右边也应接一个吸收空气中的二氧化碳的装置，防止空气中的二氧化碳进入装置，干扰实验。

【问题6】可 NaOH 溶液中含有水，**你如何确定二氧化碳是与 NaOH 发生了反应，而不是与溶液中的水发生反应?**

【学生5】再做一个对比实验。

【问题7】**怎么做?**

【学生6】在充满二氧化碳的两个体积相同的软塑料瓶中分别注入等体积的水与 NaOH 溶液，旋紧瓶盖后振荡，观察瓶子瘪的程度。

【教师总结】很棒，通过前面的学习，同学们掌握了控制变量法的应用。在现实生活和今后的学习中我们也应该注意：为了研究一个变化的因素，必须控制其他因素不变。

培养思维类型：分析性思维、创造性思维和实践性思维。

■ 案例点评

本课题的探究问题要素属于初中实验开发研究，旨在培养学生的"科学探究与创新意识、变化观念与平衡思想"化学学科核心素养，关注对学生思维的培养，并将其思维外显。在探究过程中，由教师提出问题，学生设计方案→收集证据→解释结论→交流表达→反思评价。在探究思维要素上，主要有假设检验—假设创造—变量控制—反思论证—批判质疑—优化改进。从探究水平来说，经历了执行—选择—评价的过程，属于定量探究和完整探究。从探究知识技能基础要素来说，需要一定的过程方法。本节课的探究素材来源于实验现象，探究教学的目的是获得并应用方法。从探究教学环境要素来说，本节课的核心探究属于课堂内实验探究。

在"控制变量研究的实验设计"一课中，教师从探究主题的角度拆解出三个核心探究点：（1）测定梨汁、橙汁和黄瓜汁中维生素 C 含量的相对多少；（2）从控制变量的角度重新分析、认识教材中的实验设计；（3）初步学会用控制变量的思想完成实验设计。

在第一环节的探究过程中，由教师提出问题：如何设计实验测定梨汁、橙汁和黄瓜汁中维生素 C 含量的相对多少？学生设计方案、交流表达、优化改进。最后师生总结出以上环节中所用的方法——控制变量法，并将该方法进一步界定为：在控制其他几个因素不变的情况下，集中研究一个变化的因素。该环节培养了学生想象、比较、抽象概括的高阶思维。

在第二环节的探究过程中，学生在教师的带领下从控制变量的角度分析、讨论教材中的重要实验，深刻理解每个实验中相同与不同的因素。该环节引导学生回归教材，将教材中点、线、面的知识加以串联、提炼、比较和分类，理顺知识之间的关系，培养了学生用控制变量的方法对教材中的知识进行分析、综合和演绎推理的能力。

在第三环节的探究过程中，教师引导学生学习用控制变量的思想进行铜生锈影响因素探究的实验设计。学生分组交流后，将设计方案写在学案上。

教师与学生一起评析各种方案的优缺点，并确定最佳方案。同时教师提供一组实验设计方案，请学生评析，再通过对比实验来验证改进。该环节培养了学生变量控制、系统设计、批判质疑、设计改进的高阶思维和系统、整体、精细思维的创新能力。

在教学策略上，首先，教师注重情境的创设，给学生创设一个思维联想的课堂。通过动画"水果的自述"引入，评析错误方案、回归教材、归纳总结、尝试设计等环节层层深入，引导学生在轻松愉快的氛围中完成实验设计，认识到生活中处处有化学，化学中处处有生活的道理。其次，教师注重实验的设计，给学生创设一个探索实践的课堂，引导学生在了解基本概念的基础之上，自主探究对比实验中的控制因素与可变因素，并在交流对话、合作探究中完善实验设计。再次，注重知识的迁移运用，给学生创设一个能力提高的课堂。教师借助多媒体教学手段，将自然、社会等领域中的相关知识有效地整合进本课教学中，充分放大知识点的应用价值，努力折射实验设计背后散发的独特魅力。[①]

（三）TCIM 模式与 CPS、CIM 模式的关系是什么

创造性问题解决模式（creative problem solving，CPS，图 1-2）是经过大量的研究演变而得出的一种比较完善的思维模式，是创造性探究教学模式（CIM）所应用的思维程序。CPS 模式最大的特点就是其循环性，了解问题、激发想法和行动计划三者循环、交互影响，贯穿始终的任务评价环节对问题解决的整体过程起到监督作用。

---

① 王磊. 创新人才培养：化学探究活动开发与指导 [M]. 南京：江苏教育出版社，2013：106-110.

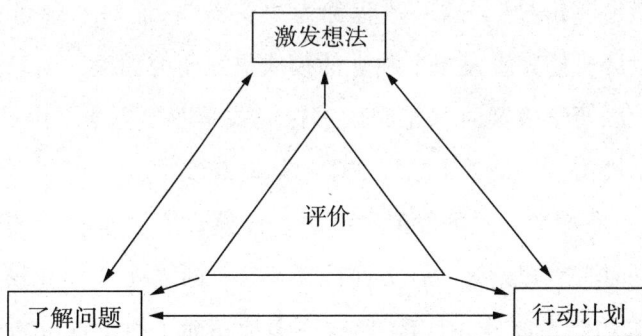

图1-2 CPS循环模式图

当这一思维模式被引用到探究教学中，即发展出了创造性探究教学模式（CIM，图1-3）。

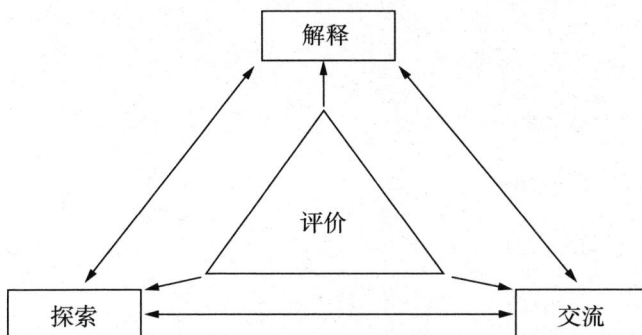

图1-3 CIM循环模式图

基于CPS模式的CIM模式，能够实现学生探究过程的循环化，使得探究的过程更加贴近真实的科学研究，同时帮助学生建构探索未知事物的思维模式，着力培养学生的科学素养。CIM模式本质上是探究式教学的传承和发展。它将"提出问题"部分细化成观察和提出问题两个层次，并将这一部分与收集证据合并为探索的成分。将"形成解释"部分细化成根据数据直接得到"结果"和根据分析得到"结论"两个层次。"评价结果"和"交流发表"两个部分，CIM理论将其重新表述：首先学生应该能够将自己的想法以适当的方式进行"表达"，其次在遇到质疑和反驳的时候能够运用相应的策略为自己的观点做出"辩护"，这一过程称为"交流"；而对"评价"的过程进行了深入的发展，使其成为一个独立的模块贯穿研究始终，对整个研究过程起监督作用，以便学生及时修正和改进探究式学习的方向。由此观之，CIM模式既是教学模式，又是学生探究式学习的良好参照。

TCIM 模式是 CIM 模式的发展和改进。该模式依然继承了 CPS 模式的循环性特征，同时有贯穿始终的任务评价环节。不同之处是 CIM 模式更多地继承了 CPS 模式的要素成分，TCIM 模式更多地精简了科学探究教学的要素成分。更重要的是，TCIM 模式将"思维"这一要素引入创造性探究教学模式中，作为每一个探究环节的培养目标之一，更有利于教师在教学实践中对学生高阶思维的培养。

第二章 TCIM 模式指导下的探究教学策略分析及案例开发

在日常教学中，我们关注学生的化学学科核心素养。在 TCIM 模式指导下，我们选取了一些必修和选修模块中的章节进行创造性探究教学的案例开发，以期培养学生的高阶思维和创造力。基于多年的实践研究，我们分析总结了基于学生高阶思维培养的创造性探究教学策略，并以该策略指导实践，设计出创造性探究教学案例。

第一节 TCIM 模式有哪些应用策略

根据 TCIM 模式的基本特征，对 CIM 模式的应用策略进行调整，总结出 TCIM 模式的应用策略。

一、多阶段循序渐进

下面以人教版高中化学选修 4 "难溶电解质的溶解平衡"的教学设计为例进行介绍。要帮助学生实现对难溶电解质的溶解平衡核心内容的科学认识，需要解决以下三个问题：（1）建构难溶电解质的溶解平衡模型；（2）定量地认识难溶电解质的沉淀生成是有条件的；（3）辩证地认识难溶电解质之间的转化是有条件的。考虑到学生的认知水平，一次探究活动难以顺利实现上述目标，在进行教学设计时，教师可以考虑在同一情境素材中将以上三个探究问题分步解决。每一个问题的解决结果都为下一个问题的解决提供知识和理论依据，教师引导学生应用新知识解决新问题，在问题解决中又加深了对新知识的认识，促进对三个核心问题的整体理解，发展学生批判质疑和辩证思考的高阶思维。

二、发散思考—收敛思考—评价反思

在"难溶电解质的溶解平衡"的教学设计中，教师使用的情境素材是"钡盐中毒"的案例。在提出问题环节，学生对钡盐中毒的救治方法进行发散思考，从已有的生物、化学、物理知识等角度提出尽可能多的救治方法。教师引导学生评价方法，进行收敛思考，找到可行的方法。同样，在沉淀转化的环节，学生先对促使 $BaCO_3$ 溶解的方法进行发散思考，然后通过收敛思考对各种方法进行评价，找到能使沉淀溶解的方法，同时发现了沉淀转化的新问题：加入 H_2SO_4 时，不但不能使 $BaCO_3$ 溶解，还生成了新的更难溶的沉淀物——$BaSO_4$，从而引入沉淀转化的问题。

三、设计问题冲突，引导学生主动建构

在"难溶电解质的溶解平衡"一课模拟"钡盐中毒救治"的实验探究环节，学生按照已有的认知设计实验：在体系中加入过量的沉淀剂，可以使体系中的 Ba^{2+} 沉淀完全。样品离心分离后，按照学生的实验设计，当加入同浓度的沉淀剂时，确实没有沉淀出现。当教师改用高浓度的沉淀剂后，发现又有沉淀生成。这与学生已有的对难溶电解质的溶解性的认识产生冲突，激发了学生的探究欲望，使学生愿意主动建构溶解平衡的新知识。在"分子间作用力与氢键"的教学设计中，在探究范德华力的成因时，有的学生结合已有的化学键的知识，提出范德华力与分子的极性有关，分子极性越强，正负电荷不重合的可能性就越大。另有学生发现该假设用于解释非极性分子间的作用力是行不通的，提出疑问。教师利用该认知冲突引导学生分析极性分子和非极性分子的结构特点，引导学生全面建构关于范德华力成因的相关理论。

四、将思维培养要求外显，对思维方式进行反思评价

在"金属的电化学腐蚀与防护"的教学中，教师以"暖宝宝"为情境素材，引导学生对其发热原理进行探究。在提出问题环节，教师引导学生结合"暖宝宝"主要成分，进行分析和创造思考，对"暖宝宝"的发热原理提出假设猜想。在分析解决环节，教师引导学生将"暖宝宝"的发热原理拆分为有效的问题链：①若铁被氧化放热，猜想并探究氧化剂是 O_2 还是 H^+；②分析并探究氧化产物可能为 Fe^{2+} 还是 Fe^{3+}；③若氧化剂是 O_2 而非 H^+，预测是因为 H^+ 的氧化能力比 O_2 弱，还是因为 H^+ 浓度太低，请设计实验验证。教师引导学生不仅围绕核心问题进行创造思考和假设，通过设计实验、动手操作，主动建构新知识和原理，而且对探究过程中的思维方式进行反思评价，提高思维能力。

五、通过实时评价和及时应用，对形成的初步结论和方法进行整合

通过实时的师生、小组和自我评价，监督和调控探究过程中问题解决的进度及学生思维培养的达成度。在每一个环节的评价中，教师要注意保护学生的好奇心，呵护学生的批判质疑精神，鼓励学生大胆提出问题，允许学生失败，并引导学生学会合作。在探究和实践应用的过程中，学生的新旧知识经相互作用和联系得以整合，原有的认知结构经同化和顺应得到发展，新的思维方法和技能得以提炼。在"难溶电解质的溶解平衡"一课中，学生在探究沉淀转化的环节得出一般规律：难溶电解质容易由溶解度大的电解质向溶解度小的电解质转化。应用该规律分析工业上可溶性钡盐的生产时，学生会发现是由溶解度小的 $BaSO_4$ 转化为溶解度大的 $BaCO_3$。这一应用中出现的认知冲突，再次激发了学生的探究欲望。学生借助定量计算解释了工业生产的原理，并对沉淀转化的规律进行整合和更新，即当难溶电解质的溶解度相差不大时，一定条件下可以实现相互转化。

此外，该模式的应用策略还包括不强调全程探究，可以应用于局部探究；不仅适用于小组探究，也适用于个人探究学习；不强调按照固定程序进行，各环节可螺旋式呈现等。

TCIM 模式关注教学的过程性、生成性、交互性和开放性。在科学探究过程中，将核心知识和技能的建构、探究能力和问题解决能力的形成及思维能力的培养有机结合起来。该模式既是教学模式，又是学生的思维培养模式，也是学生进行探究学习的模板。

第二节 TCIM 模式指导下的案例开发

一、"金属的电化学腐蚀与防护"教学设计

设计实施者：高 杰

教学设计缘起：从冬季热销的"暖宝宝"到"金属的电化学腐蚀与防护"

每年冬天都是"暖宝宝"（即热型暖贴）畅销的时间，由于工作的关系，我了解了"暖宝宝"的原料成分和工作原理，但对教学中如何使用这一素材还未想好。

2010 年冬天，两位教师同课异构展示了"金属的电化学腐蚀与防护"一课。其中一位教师的设计亮点在于以铁钉的腐蚀为例，引导学生对析氢腐蚀和吸氧腐蚀进行探究，特别是在析氢腐蚀的探究中研究了氢离子和氧气作为铁的氧化剂的竞争，特别精彩。另一位教师在引导学生通过实验探究铁钉的析氢腐蚀和吸氧腐蚀原理后，带领学生了解了金属的电化学腐蚀的危害以及电化学腐蚀在生活中的应用，也提到了"暖宝宝"的原理正是金属电化学腐蚀的应用，很有特色。听课之后，我不断琢磨两位教师的教学设计，突然有个想法闪现出来：这节课能不能直接拿"暖宝宝"的材料进行实验呢？主题

就是"暖宝宝"的发热原理探究，让学生在探究了解金属的电化学腐蚀原理的同时，直接面向这一原理的正向积极的应用，然后引导学生了解金属电化学腐蚀导致钢铁等金属锈蚀带来的危害，这样设计正好可以引导学生辩证地看问题。

教学设计过程

在第一版的设计中，我引导学生用"暖宝宝"的材料进行实验，通过实验探究建构金属吸氧腐蚀的模型。但是怎样处理析氢腐蚀呢？如何将析氢腐蚀更好地容进整个"暖宝宝"发热原理的探究过程中呢？我想到了在之前听过的课上，教师设计了氢离子和氧气作为铁的氧化剂的竞争，于是提出问题：在"铁、碳粉、氯化钠水溶液"的环境中，为什么水电离出来的氢离子没有氧化铁粉而是空气中的氧气氧化了铁粉？是因为氢离子的浓度不够还是氧化能力不够？通过这个问题引导学生关注氢离子的浓度问题，将对氢离子浓度的探究过渡到析氢腐蚀的原理探究，这样，本节课的核心内容就通过同一情境（"暖宝宝"发热原理）的探究涵盖了。同时，教材中还有一些知识点似乎游离于情境之外，比如：用铁氰化钾溶液检验 Fe^{2+} 的问题，金属的防护方法等问题。在试讲后，我征求教研组听课老师的意见，将金属电化学腐蚀原理的探究做了进一步丰富和完善。主要设计有：（1）铁氰化钾溶液检验 Fe^{2+} 的问题设计在吸氧腐蚀原理的探究点上。因为学生知道 O_2 可以将铁粉氧化为 Fe^{3+}，那么在此提出对氧化产物的探究：O_2 氧化了铁粉，氧化产物为 Fe^{2+} 还是 Fe^{3+}？理由是什么？如何通过设计实验证明？学生对氧化产物的探究具备一定的知识储备，可以很容易分析出来。对于 Fe^{2+} 和 Fe^{3+} 的检验也知道一些方法，但是该环境中 Fe^{2+} 的检验受到一些因素的干扰，寻找更灵敏、少干扰的检验方法就很有必要，这时再给学生介绍用铁氰化钾溶液检验 Fe^{2+} 的方法就特别自然。（2）对于金属的防护方法的设计，实际上就可以设计成"暖宝宝"发热原理（金属的电化学腐蚀原理）的应用认识。这样，第二版的设计就在同一情境下（"暖宝宝"发热原理的探究）将该节课的核心探究内容和学习内容很好地融合在一起。于是，按照第二版的思路，我设计了这节课。

教学设计①

1 背景分析

"金属的电化学腐蚀与防护"是人教版化学选修4第四章"电化学基础"的完结篇。此时，学生既有原电池、电解池知识为基础，又有初中金属腐蚀知识作为背景，所以本节课既是学生以往获取的零散知识的一个整理，又是所学电化学知识的实际应用。

《普通高中化学课程标准（实验）》强调要从学生已有的经验和将要经历的社会生活实际出发，帮助学生认识化学与人类生活的密切关系，关注人类面临的与化学相关的社会问题，培养学生的社会责任感、参与意识和决策能力。本节课的情境素材来源于生活，在充分考虑学生知识储备和探究能力的基础上，采用"学生活动为主体，教师引导为主导"的探究式教学模式实施教学。本教学设计的核心探究属于对物质反应规律的解释性探究，由学生对核心问题提出猜想假设，通过动手实验收集证据，通过反思评估、解释猜想对探究结果进行整合，旨在培养学生假设检验、分析综合、评估、抉择的高阶思维，以及解决冲突、系统思维、精细思维的创新能力。

2 教学设计与实施

2.1 整体设计思路

本教学设计以"暖宝宝"为情境素材，以实验探究和小组讨论为主要活动方式，旨在激发学生通过实验探究化学反应原理的积极性与主动性，提高学生创造性解决实际问题的能力，体现"从生活中来，到生活中去"的学习理念。本节课设计两个核心探究问题："暖宝宝"发热原理的探究、金属的电化学防护的探究。在板书设计中也清晰地展示了两部分探究内容。整体教学设计见图2-1。

---

① 高杰，刘银. "金属的电化学腐蚀与防护"的探究教学设计 [J]. 化学教育，2015（9）：26-29.

核心内容	问题线索	情境素材线索	学生活动线索	设计意图

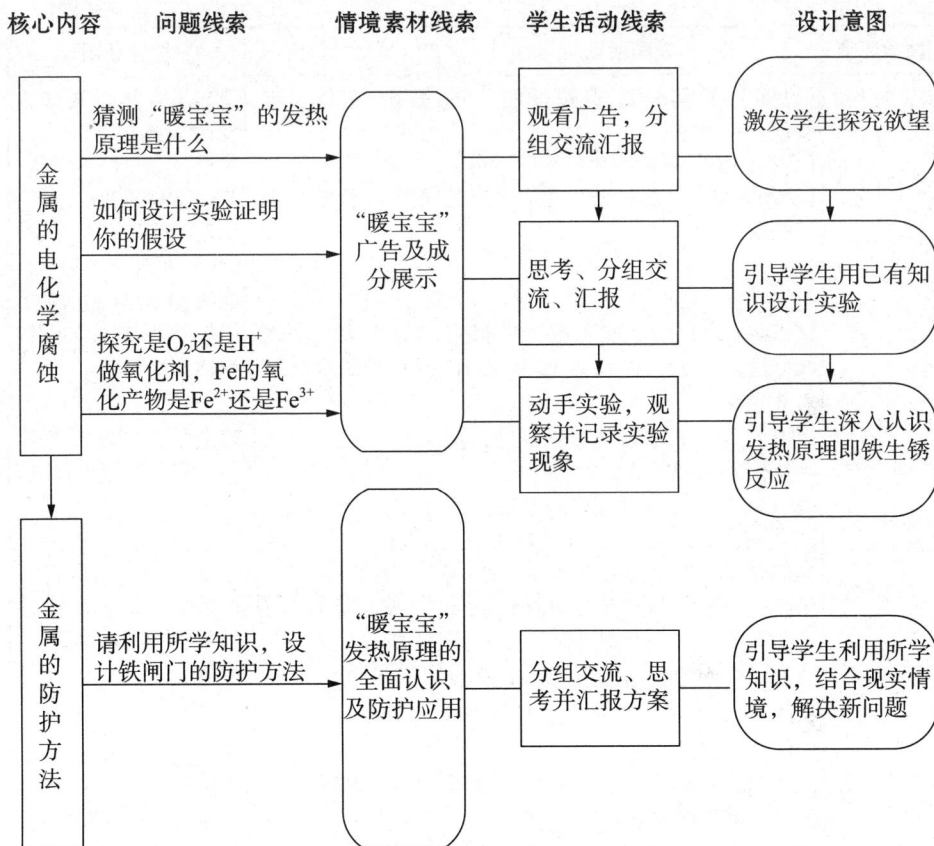

图 2-1　整体教学设计

2.2　教学过程设计

表 2-1

教学环节	教师活动	学生活动	设计意图
环节一：引入	【播放短片】播放"暖宝宝"广告。 【设问】用你所学的知识猜测："暖宝宝"的发热原理是什么？ 【分析评价】评价学生的解决方案。	观看短片。 思考、分组交流、回答问题。 倾听、思考。	通过观看短片，让学生了解"暖宝宝"的用途，并激发学生的探究欲望。 引导学生分析信息，培养学生使用已有的原电池知识分析新问题。

续表

教学环节	教师活动	学生活动	设计意图
环节二：金属的电化学腐蚀	【设问】如何设计实验证明你的假设？ 【分析评价】评价学生的实验方案。 【演示实验】"暖宝宝"发热原理的实验探究。	思考、分组交流、汇报。 倾听、思考。 观察、思考。	引导学生用已有知识设计实验。 结合实验现象分析、验证预测的发热原理。 探究"暖宝宝"的发热原理，培养学生借助实验现象进行分析的能力。
	【分组实验】用"暖宝宝"的材料成分进行实验，探究是 O_2 还是 H^+ 做氧化剂。 【设问】在 Fe 被氧化的过程中，是被氧化成 Fe^{2+} 还是 Fe^{3+}？ 【演示实验】探究铁的氧化产物。 【实物投影】用过后的"暖宝宝"的成分。 【设问】在"暖宝宝"的材料成分中，除了 O_2 能氧化铁粉外，H_2O 中的 H^+ 也可能氧化铁粉，是 H^+ 的氧化能力比 O_2 弱，还是其浓度不够？如何通过实验证明？ 【设问】如何用实验结论解释"暖宝宝"的发热原理？ 【设问】铁闸门很容易生锈腐蚀，其生锈原理是什么？ 【小结】吸氧腐蚀和析氢腐蚀。 【小结】金属腐蚀原理本身并无好坏之分，最重要的是我们如何趋利避害，恰当应用。	动手实验、观察并记录实验现象。 思考。 观察、记录。 观察、思考。 思考、整理、设计方案。 思考、回答。 思考、回答。 整理、记录。 聆听、思考。	引导学生深入认识铁生锈的反应。 帮助学生判断反应产物，书写反应方程式。 引导学生认识酸碱性环境对金属腐蚀的影响。 让学生结合实验事实，科学解释"暖宝宝"的发热原理。 进一步巩固学生对吸氧腐蚀、析氢腐蚀的认识。 对金属电化学腐蚀的知识进行概括、整理。 引导学生及时总结和反思。
环节三：金属的防护	【思考】请利用所学知识，设计铁闸门的防护方法。 【小结】金属防护的方法。	利用所学知识，分析思考。 聆听、思考；整理、记录。	引导学生利用所学知识，结合现实情境，解决新问题。 对金属防护的基本知识和方法进行概括、整理。

续表

教学环节	教师活动	学生活动	设计意图
环节四：延伸与拓展	【布置作业】 1. 用过后的"暖宝宝"，如何回收利用？请你帮"暖宝宝"的生产商设计一个广告，既能达到促销的目的，又能利于垃圾的分类回收和资源化。 2. 小调查：自行车的哪些部位容易生锈？分别用了什么防护方法？	聆听，明确任务。	尝试应用所学知识，解决新的问题，体会化学知识服务于生活。
板书设计	§4-4　金属的电化学腐蚀与防护 一、金属的电化学腐蚀 　　　　　负极：$2Fe-4e^- =\!=\!= 2Fe^{2+}$ 吸氧腐蚀　　正极：$O_2+4e^-+2H_2O =\!=\!= 4OH^-$ 电化学腐蚀　总反应：$2Fe+O_2+2H_2O =\!=\!= 2Fe(OH)_2$ 本质：$M-ne^- =\!=\!= M^{n+}$　　被氧化 二、金属的防护 1. 改变内部结构 2. "保护膜"——不形成原电池 ①喷涂漆；②涂油脂；③电镀：镀锌、锡、铜等；④表面钝化（烤蓝）。 3. 电化学方法 牺牲阳极的阴极保护法：原电池正极金属被保护 外加电流的阴极保护法：电解池阴极金属被保护		

2.3　核心探究活动的实施过程

2.3.1　"暖宝宝"发热原理的探究

【问题 1】结合"暖宝宝"的成分（图 2-2），预测其发热原理是什么。

学生活动：分组讨论。

学生回答 1：铁粉被氧化的过程中放热。

学生回答 2：原料中还有碳粉，铁粉与碳粉形成原电池加快反应速率，这样可以快速放热。

追问：**铁被氧化，氧化剂是什么物质呢？**

学生回答 3：应该是 O_2，因为"使用方法"中提及"本产品一旦接触空气，即开始发热"。

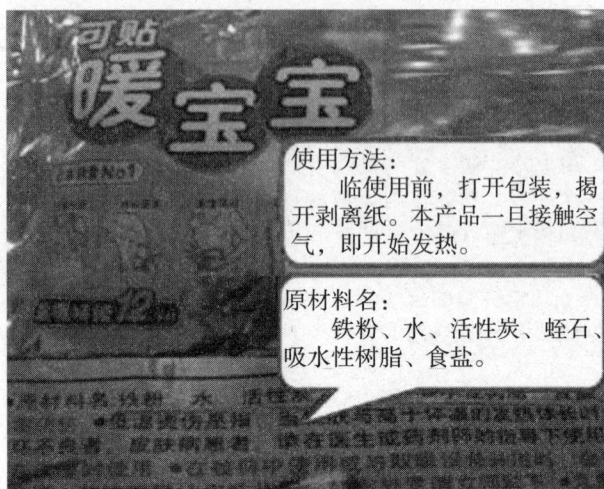

图 2-2 "暖宝宝"的成分

学生回答 4：空气中还有水蒸气啊，而且产品成分中也有 H_2O，H_2O 中正一价的氢是不是也可氧化铁粉？

【问题 2】请设计实验证明：是 H_2O 中的 H^+ 还是 O_2 做氧化剂？请画出实验草图。

学生活动：分组讨论，设计实验装置。

学生回答 1：我们选择证明 H^+ 做氧化剂。如果是水中电离出来的很少的 H^+ 做氧化剂，那么反应后体系中肯定 OH^- 增多，如果能有精密的仪器检测 OH^-，问题就能解决了。

学生回答 2：我们认为体系中能产生的 H^+ 的量太少，一定是 O_2 做氧化剂。可以设计一个封闭体系，测定体系压强的变化，证明 O_2 是否参加反应。

追问：同学们能不能设计测定压强变化的简单实验装置呢？

学生回答 3：可以设计，在封闭体系中绑上一个气球测定压强变化。

学生回答 4：我们想到了初中学习的红磷燃烧的实验装置（图 2-3），可以从水被倒吸的情况，测定体系中压强的变化。

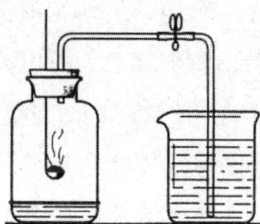

图 2-3　红磷燃烧的实验装置

教师小结：同学们的想法都很好。其中，选择证明 O_2 是氧化剂的小组，首先想到了设计封闭体系，然后结合气体的特点又想到了测定压强变化，体现了思维的严谨性和系统性。下面我们就选择如下实验装置（图 2-4）来进行实验。

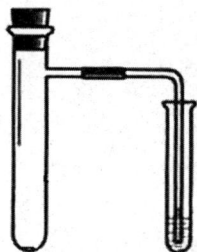

图 2-4　设计的实验装置

分组实验探究：直接用"暖宝宝"的原材料来进行探究实验。

【问题 3】同学们通过实验都看到了试管中红墨水的倒吸现象，证明确实如多数同学的预测，主要是 O_2 氧化了铁粉。**大家认为氧化产物为 Fe^{2+} 还是 Fe^{3+} 呢？理由是什么？**

学生活动：独立思考。

学生回答 1：根据我们所学的化学知识，O_2 的氧化能力较强，应该可以将铁粉氧化为 Fe^{3+}。

学生回答 2：不可能是 Fe^{3+}，因为 Fe^{3+} 与 Fe 可以发生反应，应该是 Fe^{2+}。

追问 1：如何检验产物呢？

学生回答 3：可以取样后，先加入 KSCN 溶液，若无明显现象，再加入氯水或过氧化氢等氧化剂，若出现血红色，可以证明氧化产物为 Fe^{2+}。

教师小结：除了刚才同学介绍的检验 Fe^{2+} 的方法外，老师再给大家介绍一种检验方法。（介绍用铁氰化钾溶液检验 Fe^{2+}，并进行演示实验。）通过实验证实，氧化产物为 Fe^{2+}。但是 Fe^{2+} 在空气中久置后，最终氧化为 Fe^{3+}。（打开用过后的"暖宝宝"，其颜色已变为红褐色，主要成分应为 $Fe_2O_3 \cdot nH_2O$。）

追问 2：**结合刚才的实验探究过程，哪位同学能来科学全面地解释一下"暖宝宝"的发热原理？**

学生回答 1："暖宝宝"的发热原理就是利用了铁粉被氧气氧化的过程放出的热量，同时因为形成了原电池加快了放热速度，使得"暖宝宝"在短时间内能快速放出大量的热。

学生回答 2：补充一下，我认为"暖宝宝"中的铁粉与碳粉的成分是符合一定比例的，还有老师介绍的其中的保温材料"蛭石"都应有定量要求，否则快速放出热量太多会烫伤人的。

教师小结：刚才同学们的解释和问题都很好。对于定量的问题，我们可以接下来再设计定量实验进行探究。通过刚才的实验探究，我们已经能较为科学地解释"暖宝宝"的发热原理。同时，我们发现"暖宝宝"放热的过程也就是铁粉被腐蚀生锈的过程，我们将其称为吸氧腐蚀。

【问题 4】**刚才的实验证实，反应的氧化剂是 O_2，氧化产物是 Fe^{2+}。在该实验条件下，H^+ 未充当氧化剂是因为本身的氧化能力和 O_2 相比差异太大，还是因为浓度太小呢？如何设计实验来证明？**

学生活动：分组讨论。

学生回答 1：我们小组交流后认为，根据以往的经验，在水溶液中 H^+ 比较容易氧化 Fe。但是在刚才的实验条件中，我们是用 NaCl 溶液作为电解质溶液。这时 $c(H^+)$ 也就 $10^{-7} mol \cdot L^{-1}$ 左右吧。我们认为是浓度太小的原因。

追问：结合现有的实验条件和实验装置，如何设计实验来证明这种预测呢？

学生回答 2：可以用刚才的实验装置，将 NaCl 溶液更换为稀盐酸或稀硫酸，看看是否有气泡产生就能证明了。

学生活动：分组实验。

教师小结：我们发现当体系中 $c(H^+)$ 较大时，是 H^+ 作为氧化剂氧化铁粉。我们将该过程称为析氢腐蚀的过程。

【问题 5】请同学们总结：吸氧腐蚀和析氢腐蚀的发生条件分别是什么？

学生回答 1：当氢离子浓度较大时，以析氢腐蚀为主；当氢离子浓度较小时，以吸氧腐蚀为主。

学生回答 2：一定条件下，可能析氢腐蚀、吸氧腐蚀共存。我想知道氢离子浓度多大时是以析氢腐蚀为主。

教师小结：吸氧腐蚀和析氢腐蚀。

核心探究活动的功能价值："暖宝宝"发热原理的探究即金属电化学腐蚀原理的探究。该部分的教学设计由真实的问题情境提出探究性问题："暖宝宝"的发热原理是什么？学生提出预测：铁粉被氧化的过程是放热过程，且铁粉与碳粉形成原电池加速放热。在学生提出初步假设后，教师引导学生对探究问题进行细化，拆分为三个有梯度的问题：①设计实验，探究氧化铁粉的氧化剂是 O_2 还是 H^+；②设计实验，探究铁粉的氧化产物是 Fe^{2+} 还是 Fe^{3+}；③探究 O_2 和 H^+ 氧化铁粉的环境条件要求。教师引导学生结合已有知识经验提出假设，通过实验探究来收集证据，进行分析论证。通过探究过程训练学生假设检验、分析综合、反思论证的高阶思维，以期培养学生具备系统、精细思维的创新能力。

> **培养思维类型**：分析性思维、实践性思维。
>
> **培养核心素养**：宏观辨识与微观探析、证据推理与模型认知、科学探究与创新意识。

2.3.2 金属电化学防护的原理

【问题1】从对"暖宝宝"发热原理的探究过程中，我们发现同样是铁粉被氧化这一化学反应，一方面，我们可以利用它放出的热量，制作"暖宝宝"等，给人们的生活带来便利；另一方面，这个反应也体现了钢铁生锈的原理，反应的发生给社会生产带来了危害（图2-5）。**同学们如何看待这一问题呢？**

图2-5 金属电化学腐蚀原理的应用

学生回答1：认识化学反应，应该从物质变化和能量变化两个角度来看。有的化学反应可能从产物的角度看是有害的，但从能量的角度看是有利的。

学生回答2：科学知识是一把双刃剑，关键是掌握科学知识的人如何更好地应用知识。

教师小结：同学们的回答让老师感到非常振奋！我们不仅要从多角度认识化学反应，还要在现实生活和生产中更好地应用我们所学的知识来趋利避害，让科学知识为我们的生活服务。

【问题 2】应用所学的电化学知识，我们该如何对金属进行防护呢？请以钢闸门的防腐为例，应用电化学原理，设计防腐蚀装置，并绘制草图。

学生活动：绘制草图并交流分享。

教师小结：投影展示，板书总结（图 2-6）。

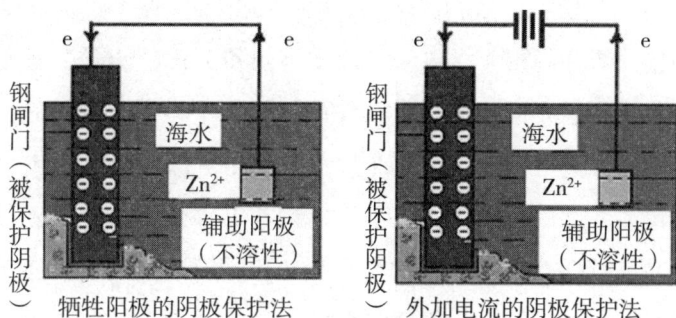

图 2-6 电化学防护装置图

核心探究活动的功能价值：该探究是在核心探究 2.3.1 基础上的应用探究。在学生已经掌握金属的电化学腐蚀原理后，教师提供应用电化学腐蚀原理的"暖宝宝"素材，与金属的电化学腐蚀危害形成对比，引导学生辩证地看待金属电化学氧化，以培养学生关联、评估、抉择的高阶思维和解决冲突、灵活思维的创新能力。由学生根据电化学原理设计防腐蚀装置，则是培养学生进行系统设计和模型建构的高阶思维，以及设计新颖独创性产品的创新能力。

培养思维类型：实践性思维。

培养核心素养：科学探究与创新意识、科学态度与社会责任。

3　教学反思

3.1　关于教学素材的选取和整合

金属的电化学腐蚀是生活中随处可见的现象，可用于设计"金属的电化学腐蚀与防护"的情境素材还有很多。在设计本节课之前，我一直试图寻找贴近学生生活且又能引起他们兴趣的素材。北京的冬天非常干冷，"暖宝宝"销售火爆。"暖宝宝"的成分中有 Fe、C、NaCl 等，这个产品正是利用了原电池原理加快放热并用相应材料保温逐步将热量放出。于是，我选择用"暖宝宝"作为本节课教学的情境素材，并设计了三个有层次的问题，引导学生对电化学腐蚀原理进行实验探究。课堂上，学生对探究"暖宝宝"的材料抱有极大的热情。在课后反馈中，有学生提到本节课最大的亮点就是使用生活中的真实物品进行探究，还通过铁粉、碳粉模拟反应过程，证实了原材料探究结果的可靠性，希望每一节化学课都能体现化学知识在生活中的应用价值。对本素材的选取、整合和挖掘，体现了"知识问题化、问题情境化、解决自主化"的设计理念，激发了学生的学习兴趣。学生不仅学到了知识，更重要的是学到了进行探究学习的方法，这样的探究设计有利于学生高阶思维和创新能力的培养。

3.2　情境创设的全程性

本节课以"暖宝宝"为情境素材，引导学生在探究"暖宝宝"发热原理的过程中，学习金属的电化学腐蚀原理。这种教学情境适合全程使用，能涵盖金属电化学腐蚀原理的核心知识，避免了学生在学习过程中对多种素材理解和适应的麻烦，有利于学生把最主要的精力集中到对核心问题的解决上。在探究过程中，学生的思维过程是连贯的，情感上的体验也具有整体性。这种情境创设的全程性不仅体现在课堂教学活动中，也突出体现在课后作业的布置中：用过后的"暖宝宝"，如何回收利用？请你帮"暖宝宝"的生产商设计一个广告，要既能达到促销的目的，又有利于垃圾的回收和资源化。这种设计体现了"知识来源于生活，知识指导生活"的理念，让学生将学习知识和应用知识统一起来，也就是"学中用，用中学"，有利于培养学生的创新意识。

3.3　教学设计中哲学思想的渗透

传统的教学设计一般先从金属电化学腐蚀的危害引入，探究金属电化学腐蚀的原理，然后再提到金属电化学腐蚀的原理也是可以被利用的。这种设计往往在金属电化学腐蚀的危害上用的笔墨较多。在设计本课时，我认为金属电化学腐蚀的原理本身并没有好坏之说，只不过在不同情况下带来的结果和影响有很大的差别。情境素材中"暖宝宝"的发热原理，实际上是对金属电化学腐蚀原理这一核心知识的正面应用。本节课教学设计从金属电化学腐蚀原理的应用切入，既能让学生客观地学习金属电化学腐蚀的原理，又能引导学生更全面、更客观地认识这一原理。在课堂发言中，有学生体会到知识是一把双刃剑，关键看掌握知识的人如何应用。可见这种设计方式在引导学生辩证地看问题上效果显著，同时，也有利于培养学生关联、评估、抉择的高阶思维与解决冲突、灵活思维的创新能力。

二、"难溶电解质的溶解平衡"教学设计

设计实施者：高　杰

教学设计缘起：从"致命的咸蛋"到"难溶电解质的溶解平衡"

一个周一的早上，一个热爱化学的男生跟我说："老师，您知道吗？我现在一看到咸鸭蛋就想到您给我们讲的沉淀溶解平衡那节课，想起钡盐中毒的案例。周末看到我妈妈买了很多咸鸭蛋，我赶紧问她从哪里买的，别随便从外面小摊上买，万一不法商贩用了工业盐来腌制，可了不得。"

我乐了，周围的同学也都乐了。为什么学生看到咸鸭蛋想起了一节化学课呢？这件事情还要从高二《化学》选修 4 "难溶电解质的溶解平衡"那节课的设计说起。在那节课中，我用了一个钡盐中毒的案例，将难溶电解质溶

解平衡的建立和平衡应用联系了起来。这种同一情境素材下"一案到底"的设计方式，让学生沉浸在情境中学知识、解决问题，所以那节课让他们印象深刻。我为什么要上这样一节课？这节课是如何设计出来的？下面我就来讲讲我和"难溶电解质的溶解平衡"这节课的故事。

最初想选择"难溶电解质的溶解平衡"开设研究课，缘起于我的家人的痛风和龋齿问题。我在查询病因与防治等问题时，发现了痛风和龋齿都与难溶电解质的溶解平衡有关。

于是，我对难溶电解质的溶解平衡问题产生了极大的兴趣。我查阅了大量的资料，想以痛风成因和龋齿的防治为情境素材，设计沉淀溶解平衡的课例。但是在设计的过程中，我发现如果想在中学化学实验中模拟这两个实验，不管是实验药品的获取还是现象的监测都存在困难。但如果放弃实验只跟学生进行理论分析，那会使得本来就理论性很强的课程显得更加枯燥。

为难之际，我在苏教版《化学》选修4教材上发现了关于碳酸钡、硫酸钡转化的案例，而且进一步研究后发现这一素材的内涵很丰富，可以将难溶电解质溶解平衡的很多知识和应用涵盖进来，唯一的不足就是与我们的生活离得远了一些。一个偶然的机会，中央电视台《每周质量报告》的一期节目《致命的咸蛋》进入我的视野。事情发生在端午节的江西上饶，当地的百姓因为食用了不法商贩用含有可溶性钡盐的工业废盐腌制的咸鸭蛋而出现了钡盐中毒现象。这起事故导致两名百姓死亡。深入挖掘这一素材，我发现该素材不仅可以作为"难溶电解质的溶解平衡"这一课的导入素材，更可以帮助学生建立沉淀溶解平衡的概念，同时有利于学生将沉淀的生成、溶解、转化联系起来。

教学设计过程

但是，在实际备课中，我还是遇到了一些问题，主要可概括为以下六个方面。

1. 素材中存在 $BaSO_4$ 和 $BaCO_3$ 两个沉淀溶解平衡体系，建立平衡用哪个更好？如何建立？

2. 关于第一阶段救治钡盐中毒的问题，定性建立平衡和定量救治患者两方面是不是都要呈现？如何呈现？对定量这方面的学习要求应如何设置？

3. 围绕钡盐中毒的事实，$BaSO_4$ 和 $BaCO_3$ 两个沉淀溶解平衡体系间该如何切换？如何挖掘情境素材的逻辑性和知识本体的逻辑性，使得过渡自然？

4. 重点实验是采用学生分组实验的形式还是教师演示的形式？如何保证实验效果？

5. 如何让学生辩证地、全面地认识沉淀的转化？如果通过定量任务来认识的话，定量要求应达到什么程度？

6. 这节课如何收尾？从三维目标来说，学生到底能收获什么？

在设计教学过程中，我先后设计了三个版本（图 2-7）。在第一个版本的设计中，在对患者钡盐中毒进行救治的背景下，试图以 $BaCO_3$ 建立沉淀溶解平衡，然而大多数学生都能想到胃酸与 $BaCO_3$ 反应，不能达到救治目的，所以在课堂上让大多数人去纠正少数人的认知错误是没什么价值的。特别是后续讨论影响 $BaCO_3$ 溶解平衡的因素的设计，几乎游离于情境素材之外。我感觉这种设计很粗糙，所以在试讲一次后全面否定。第二版和第三版的设计都是以 $BaSO_4$ 建立沉淀溶解平衡，两个版本的不同之处在于沉淀溶解平衡的应用环节。第二版借鉴了第一版的思路，让学生解释为什么不能用碳酸盐救治钡盐中毒，也就是为什么不能服用碳酸盐使 Ba^{2+} 转化为 $BaCO_3$。这个问题看似能解决沉淀溶解和沉淀转化的问题，但是思维容量太小，最终被我否决了。通过进一步挖掘知识本体的逻辑性与情境素材的逻辑性之间的关系，我发现可以追踪可溶性钡盐的来源问题。自然界中钡盐的主要存在方式是重晶石，其主要成分是 $BaSO_4$，$BaSO_4$ 的溶解度很小，那么，它是如何转化为可溶性钡盐的呢？通过查阅资料，我发现 $BaSO_4$ 转化为可溶性钡盐大概经历了这样一个过程：$BaSO_4 \rightarrow BaCO_3 \rightarrow$ 可溶性钡盐。利用这个过程往回推，我可以将问题转化为可溶性钡盐的来历：可溶性钡盐→$BaCO_3$→$BaSO_4$。可溶性钡盐是从哪里来的？来自$BaCO_3$（沉淀的溶解）。$BaCO_3$是从哪里来的？来自$BaSO_4$（沉淀的转化）。经过一个多月的反复琢磨、修改和试讲，我最终完成了这节课的设计（图 2-7 中的第三版本）。

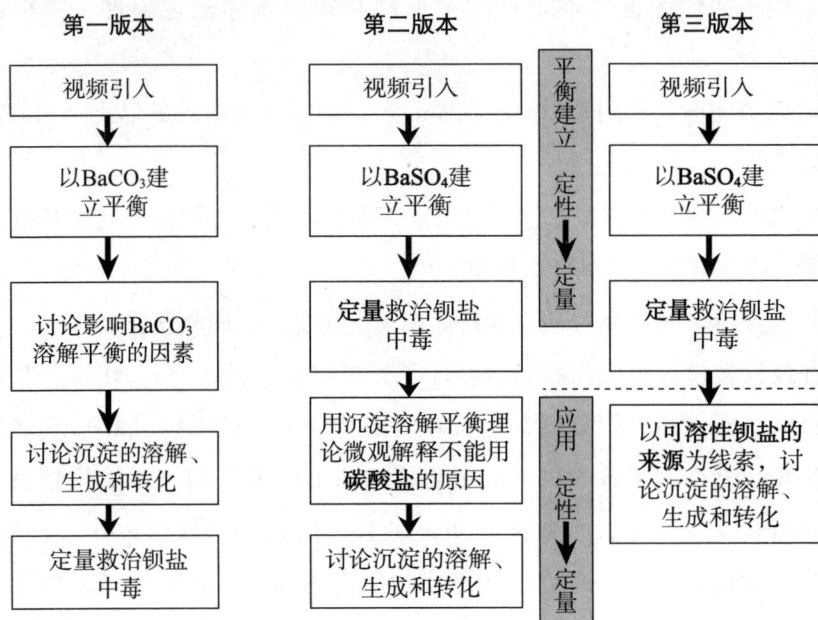

图 2-7　三个版本的教学设计

这节课的实施效果很好。在 1 课时内，从知识本体上来说，解决了难溶电解质的溶解平衡的建立和应用；从对情境问题的解决来说，定性、定量地解决了钡盐中毒的救治问题，并弄清楚了可溶性钡盐的制备原理。课后，我对学生的学习情况做了调查，在谈到本节课的收获时，学生写下了以下内容。

1. 知识上：

（1）了解了一些沉淀之间变化的关键，更深刻地了解平衡；

（2）知道了沉淀与离子间、与其他沉淀间存在相互转化关系；

（3）懂得了沉淀溶解平衡的知识，并了解了一些应用；

（4）知道了难溶物的相互转化及其条件，K_{sp} 的应用；

（5）了解了新知识，对化学平衡及沉淀有了更深的认识；

（6）了解沉淀溶解平衡的知识，发现了"不溶物"也能溶解；

（7）对平衡、平衡常数和溶解有了更深入的认识。

2. 过程和方法上：

（1）了解了沉淀平衡的相关知识，体会到化学反应真的都是可逆的，发现可用不同的方法解决同一问题；

（2）难溶不等于不溶，且难溶也可能全溶，很多反应的发生都是平衡移动的问题；

（3）知道了沉淀的生成、转化、溶解与 K_{sp} 的关系，体会到了生活中的化学无处不在；

（4）事物的状态，总是既有绝对的，又有相对的；难溶物也可溶，也存在（电离）平衡；

（5）了解沉淀溶解平衡，防止重金属中毒。

3. 情感、态度与价值观上：

（1）每次上化学公开课，都能感觉到化学与生活之间的紧密联系，完全从实际出发，这样不仅能引发我的思考和兴趣，更能体现这些知识的重要性，不然哪天真出事了，不会运用学到的知识处理，小命一不小心就没有了；

（2）化学知识在实际生活中的用处很大，知识来源于生活，又能对生活有所指导，感受到了知识的有用性；

（3）知识收获，化学好玩。

教学设计①

1　背景分析

"难溶电解质的溶解平衡"是人教版《化学》教材选修 4《化学反应原理》第三章第四节的内容，是高中水溶液化学的重要组成部分。传统的教学主要是讲定义，讲特征，讲影响因素，讲应用。虽然新课程在化学平衡中引入了化学平衡常数，但在"难溶电解质的溶解平衡"的教学中很少涉及有关 K_{sp} 的教学，很多教师担心会增加学生的学习难度。

本教学设计的核心探究活动属于模型建构和解释性探究，旨在培养学生的系统、整体、精细思维，培养学生解决冲突的能力。在探究过程中，教师选用真实生活案例作为整体性的情境素材贯穿始终，充分利用认知冲突，采用科学合理的教学策略引导学生自主建构沉淀溶解平衡，通过定性到借助 K_{sp} 定量认识沉淀溶解平衡，加深学生对沉淀溶解平衡本质的认识理解，实现核心知识向应用转化，培养学生的创造力。

2　教学设计与实施

2.1　整体设计思路

本节课的教学设计秉承"知识问题化、问题情境化、情境生活化"的设计理念，用"钡盐中毒、救治及可溶性钡盐的生产"的真实生活情境，将"沉淀溶解平衡的概念建构及应用"等核心探究有效串联起来（图 2-8）。这种设计既考虑到了知识的整体性，又注重与过程方法、情感态度价值观相融合，符合新课程的基本理念。在教学过程中，教师引导学生运用实验探究和理论分析相结合的方式进行探究学习，让学生体会到化学知识的价值和自主学习的乐趣。本节课设计了三个核心探究问题：沉淀溶解平衡的建立、沉淀的溶解及沉淀的转化。

---

①　高杰，王磊，刘银，等."难溶电解质的溶解平衡"的探究教学设计及反思 [J]. 化学教育，2014（21）：20-23.

情境素材 线索	问题线索	核心内容线索	学生活动线索	设计意图

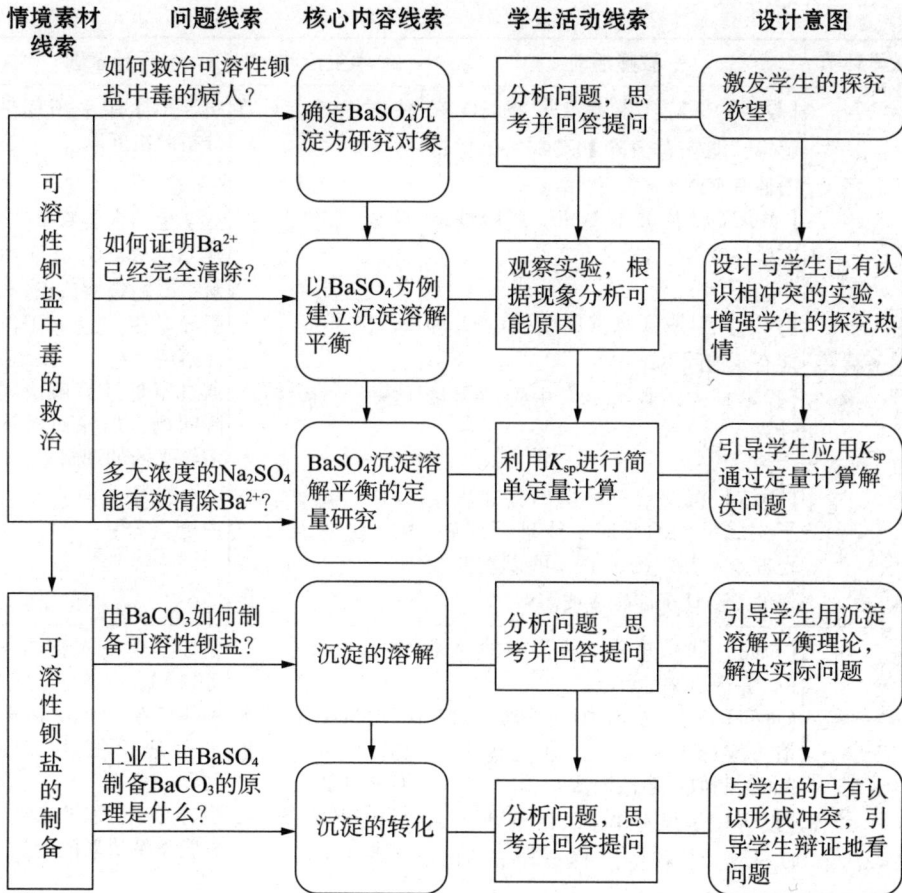

图 2-8　整体教学设计

2.2　教学过程设计

表 2-2

教学环节	教师活动	学生活动	设计意图
引入	【播放短片】播放钡离子中毒的短片。 【设问】根据你所学的知识，如何救治钡离子中毒的患者？请说明方法和原理。 【分析评价】评价学生的解决方案。	观看短片。 思考、回答提问。 倾听、思考。	通过播放短片，使学生进入问题情境，激发学生的探究欲望。 引导学生用分类的思想，整理钡离子中毒的救治方案。

续表

教学环节	教师活动	学生活动	设计意图
概念建立	【设问】医院让患者口服 Na_2SO_4 来解毒，能完全清除 Ba^{2+} 吗？怎样证明还有 Ba^{2+}？	独立思考、回答问题。	引导学生用平衡理论分析解决问题。
	【演示实验】关于 $BaSO_4$ 溶解性的实验探究。	观察、思考。	让学生结合实验事实，建立对 $BaSO_4$ 沉淀溶解平衡的定性认识。
	【设问】口服任意浓度的 Na_2SO_4 都能有效清除 Ba^{2+} 吗？	独立思考。	引导学生定量认识沉淀溶解平衡。
	【投影】关于救治 Ba^{2+} 中毒的定量计算。	思考、完成计算。	通过定量计算解决实际问题，加深对沉淀溶解平衡的理解。
	【小结】沉淀溶解平衡的存在决定了生成沉淀的反应不能进行到底。把握 Q_c 与 K_{sp} 的关系，可以按照我们的需要让沉淀生成或溶解。	聆听、思考，整理、记录。	引导学生及时总结和反思。
应用	【设问】回顾短片，咸蛋中的大量 Ba^{2+} 是怎么来的？	聆听。	引导学生进入新的任务环节。
	【设问】利用沉淀溶解平衡的知识，请从微观上解释，工业上怎样由 $BaCO_3$ 制取可溶性钡盐？	应用沉淀溶解平衡的知识，分析解决问题。	引导学生用沉淀溶解平衡理论解决实际问题。
	【设问】如果在 $BaCO_3$ 沉淀中加入 H_2SO_4，结果会怎样？如果加入 Na_2SO_4 又会怎样？	利用所学知识，分析思考。	引导学生发现问题，并尝试解决新问题。
	【投影】钡盐在自然界中的存在方式及工业上由重晶石制备 $BaCO_3$ 的方法。	聆听、思考。	与学生的已有认识形成冲突，增强学生的探究热情。
	【设问】怎么解释这个过程呢？你对沉淀的转化有哪些认识？所有的沉淀之间都能相互转化吗？	独立思考。	引导学生辩证地看问题。
	【演示实验】$AgCl$ 转化成 AgI。	观察，思考。	引导学生全面认识沉淀的转化。
	【小结】利用 Q_c 与 K_{sp} 的关系，在实际应用中，根据需要让沉淀生成、溶解或转化。	聆听、思考，整理、记录。	对本环节的基本知识和思路进行概括、整理。

续表

教学环节	教师活动	学生活动	设计意图
延伸与拓展	【布置作业】利用沉淀溶解平衡的知识，设计锅炉水垢的处理方案。	聆听，明确任务。	尝试利用所学知识解决实际问题，体会化学知识服务于生活。
板书设计	§3–4 沉淀溶解平衡 一、沉淀溶解平衡 $BaSO_4 \rightleftharpoons Ba^{2+} + SO_4^{2-}$ $K_{sp}=c（Ba^{2+}）\cdot c（SO_4^{2-}）$ $Q_c<K_{sp}$ 溶液未饱和，沉淀溶解 $Q_c=K_{sp}$ 溶液饱和，达到平衡 $Q_c>K_{sp}$ 溶液过饱和，形成沉淀 二、应用 1. 沉淀的生成 $Q_c>K_{sp}$ 2. 沉淀的溶解 $Q_c<K_{sp}$ 3. 沉淀的转化 $K_{sp}（A）$ $K_{sp}（B）$ $BaCO_3(s) \rightleftharpoons Ba^{2+}(aq)+CO_3^{2-}(aq)$ 　　　　　　　　$\parallel +SO_4^{2-}$　$\parallel +H^+$ 　　　　　　$BaSO_4(s)$　　HCO_3^- 　　　　　　　　　　　$\parallel +H^+$ 　　　　　　　$H_2CO_3 \rightleftharpoons CO_2+H_2O$		

2.3 核心探究活动的实施过程

2.3.1 沉淀溶解平衡的建立

【问题1】（模拟沉淀法救治钡盐中毒环节，见表2-3）加入过量沉淀剂后，**如何检验 Ba^{2+} 是否沉淀完全**？

表 2-3 模拟沉淀法救治钡盐中毒

实验目的	模拟沉淀法救治钡盐中毒
实验步骤	

（实验步骤示意图：1.5mL 0.1mol·L⁻¹ Na₂SO₄溶液与1mL 0.1mol·L⁻¹ BaCl₂溶液，取上清液，分别继续滴加0.1mol·L⁻¹ Na₂SO₄溶液和继续滴加饱和 Na₂SO₄溶液）

续表

实验现象	向上清液中滴加饱和 Na_2SO_4 溶液后又产生少量沉淀
分析结论	$BaSO_4$ 存在沉淀溶解平衡

学生回答：取上清液，向其中继续滴加原沉淀剂，如果没有沉淀生成，说明原体系中的 Ba^{2+} 沉淀完全。

【问题2】（按照学生回答进行实验，然后另取对照样品滴加高浓度的沉淀剂。）**滴加同浓度沉淀剂没有现象，滴加高浓度沉淀剂出现沉淀，如何解释？**

学生活动：四人一组交流讨论。

学生回答1：说明原先的体系中应该还有少量的 Ba^{2+} 存在，只是跟原浓度的沉淀剂达不到生成沉淀的要求，加入更高浓度的沉淀剂则可以。

学生回答2：上层清液是 $BaSO_4$ 的饱和溶液。溶液中有 Ba^{2+}，根据电荷守恒可知，同时还有跟 Ba^{2+} 浓度匹配的 SO_4^{2-}。这两种离子在一定的浓度范围内可以共存。当增大 SO_4^{2-} 的浓度时，达到了生成沉淀的条件，就会再有沉淀生成了。

追问1：如果我们向原沉淀中加水，沉淀量会有变化吗？

学生回答3：沉淀量会减少，因为沉淀应该会再溶解。

追问2：在同一体系中，改变条件后，沉淀可以生成也可以溶解。**能用化学语言描述一下这个体系吗？**

学生回答4：没有外界条件干扰时，原先的体系中沉淀生成和溶解的速度相同，达到了一种平衡状态。改变外界条件时，如增加 SO_4^{2-} 的浓度或加水稀释，平衡向生成沉淀或沉淀溶解的方向移动。

教师总结：（1）$BaSO_4$ 难溶解并非不溶解。当溶液中沉淀生成和溶解的速率相同时，就达到了平衡状态，这就是沉淀溶解平衡。（2）沉淀的生成是有条件的。在一定的外界条件下，生成沉淀的条件是可以定量衡量的。（3）依据化学平衡的特征和平衡常数的表达式，描述沉淀溶解平衡的特征，书写 K_{sp} 的表达式。

【问题 3】医学上救治可溶性钡盐中毒，一般用 5.0% 的 Na_2SO_4 溶液给患者洗胃。**请根据所给的数据和资料（表 2-4），判断这种方法能否有效解毒。**

学生活动：利用相关数据进行计算，判断能否达到有效解毒的目的。

表 2-4 沉淀生成的定量计算

事实材料	医学上救治可溶性钡盐中毒，一般用 5.0% 的 Na_2SO_4 溶液给患者洗胃。已知：K_{sp}（$BaSO_4$）= $1.1×10^{-10}$，5.0% 的 Na_2SO_4 溶液中的 c（SO_4^{2-}）≈ $0.38mol·L^{-1}$，请通过计算说明：当胃液中的 SO_4^{2-} 离子浓度达到该数值时，能否有效解毒？ （根据资料，当胃液中的 Ba^{2+} 浓度约小于 $10^{-4}mol·L^{-1}$ 时，可以达到解毒目的）
计算过程	c（Ba^{2+}）=（$1.1×10^{-10}$）／ $0.38 = 2.9×10^{-10}$（$mol·L^{-1}$）
分析结论	因为剩余的 c（Ba^{2+}）< $10^{-4}mol·L^{-1}$，所以有效除去了误食的 Ba^{2+}

教师总结：（引导学生体会 K_{sp} 的价值。）可以根据需要控制 Q_c（浓度商）的大小，让沉淀溶解、生成，还可以利用 K_{sp} 进行计算，获得更准确的数据，通过定量判断解决与沉淀生成和溶解相关的问题。

核心探究活动的功能价值：沉淀溶解平衡概念教学环节，突破以往以教师为主导的讲定义、讲特征的授课方式，由真实的问题情境提出探究性问题——如何检验沉淀完全？通过演示实验巧妙设计认知冲突，引导学生通过猜想假设、分析论证、类比推理的方式主动建构沉淀溶解平衡的模型，以培养学生的批判质疑思维和在陌生情境中解决冲突的能力。结合实际情境，引导学生对沉淀溶解平衡的认识由定性上升到定量，这对于培养学生的变量控制和精细思维具有重要价值。

培养思维类型：分析性思维、创造性思维和实践性思维。

培养核心素养：宏观辨识与微观探析、科学态度与社会责任。

2.3.2　沉淀的溶解

【问题】应用沉淀溶解平衡的知识和相关数据（表2-5），从微观上解释，工业上怎样由 $BaCO_3$ 制取可溶性钡盐呢？

表2-5　两种难溶盐的溶解度和 K_{sp} 数据

难溶盐	K_{sp}	溶解度 /g
$BaCO_3$	$2.6×10^{-9}$	$1.4×10^{-4}$
$BaSO_4$	$1.1×10^{-10}$	$2.3×10^{-5}$

学生回答1：写出表示 $BaCO_3$ 溶解平衡的化学方程式，当加入酸时，CO_3^{2-} 与 H^+ 结合，促进平衡向沉淀溶解的方向移动。

追问：加入的酸是什么样的酸呢？

学生回答2：只要强酸都行。

学生回答3：用硫酸不行，虽然 $BaCO_3$ 溶解，但是生成了 $BaSO_4$。

教师总结：利用沉淀溶解平衡的知识，我们不仅可以从微观上解释工业用碳酸钡制备可溶性钡盐的原理，同时我们还发现，由一种溶解度较大的沉淀可以转化为另一种溶解度较小的沉淀，这就是沉淀的转化问题。

> **核心探究活动的功能价值**：引导学生应用沉淀溶解平衡的知识，通过收集证据、分析综合，从微观的角度对沉淀的溶解进行说明解释，并引出沉淀转化的问题，以培养学生的发散思维、联想思维，促进对核心知识的应用。
>
> **培养思维类型**：分析性思维、实践性思维。
>
> **培养核心素养**：宏观辨识与微观探析。

2.3.3　沉淀的转化

【问题1】我国矿产资源丰富，盛产重晶石（主要成分为 $BaSO_4$）。已知

重晶石难溶于水，难溶于酸，如何制备其他的钡盐呢？（图 2-9 是工业制备钡盐的基本流程。）

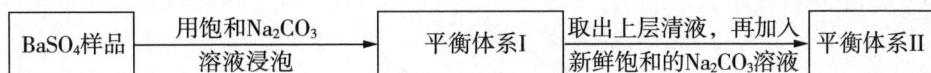

重复多次加入新鲜饱和的 Na_2CO_3 溶液，Ba_2SO_4 部分转化为 $BaCO_3$。由 $BaCO_3$ 与某些酸反应可制备可溶性钡盐。

图 2-9　工业制备钡盐

学生活动：四人一组交流讨论。

学生回答 1：由 $BaCO_3$ 转化为 $BaSO_4$ 的平衡表达式：$BaCO_3 + SO_4^{2-} \rightleftharpoons BaSO_4 + CO_3^{2-}$ 及 $BaCO_3$、$BaSO_4$ 的 K_{sp} 数值可知，当增大 CO_3^{2-} 的浓度时，$BaSO_4$ 可以向生成 $BaCO_3$ 的方向移动。

追问：**沉淀的相互转化有条件限制吗？**

学生回答 2：如果 $BaCO_3$ 和 $BaSO_4$ 的 K_{sp} 相差特别大，又找不到溶解度特别大的可溶性硫酸盐，就无法将 $BaSO_4$ 转化为 $BaCO_3$。

教师活动：引导学生总结沉淀的转化是有条件的。一般情况下，沉淀转化向着溶解度减小的方向进行。当同类型的难溶物如都是阴阳离子个数比为 1∶1 的 AB 型，可以直接比较 K_{sp}，当 K_{sp} 相差不大时，一定条件下可以相互转化。

【问题 2】以上分析过程中涉及的几个反应，都属于化学四大基本反应类型中的复分解反应。以前我们认为复分解反应发生的条件是"易溶制难溶"，现在由难溶的 $BaCO_3$ 不也制出了难溶的 $BaSO_4$ 吗？**学习了沉淀溶解平衡后，同学们现在对复分解反应的实质又有了怎样的认识呢？**

学生活动：独立思考，回答问题。

学生回答：复分解反应的实质是向着离子浓度减小的方向进行。

教师总结：沉淀的转化是有条件的。一般情况下，沉淀转化向着溶解度减小的方向进行，当同类型的难溶物（如 AB 型）K_{sp} 相差不大时，一定条件下可以相互转化。学习了沉淀溶解平衡后，我们再来看复分解反应的实质是向着离子浓度减小的方向进行。

核心探究活动的功能价值：结合实际情境，提出分析任务——解释用 $BaSO_4$ 制备 $BaCO_3$ 的原理。该任务内容与学生刚建立的沉淀转化的条件是相冲突的。学生通过猜想假设、反思评估，进行假设、创造和设计改进，提高了解决冲突和灵活思维的能力。该过程引导学生辩证、全面地认识沉淀转化的条件，使学生对沉淀转化的认识水平由定性认识上升到定量分析。

培养思维类型：分析性思维、实践性思维。

培养核心素养：宏观辨识与微观探析、变化观念与平衡思想。

3 教学反思

3.1 选择生活中的情境素材，激发学生的探究欲望

教师要善于挖掘蕴含化学知识的生活实例，引导学生在真实的问题情境中感受化学与生活的密切联系。本节课所选用的钡盐中毒的素材是生活中的真实案例，教学设计将沉淀溶解平衡的知识完全贯穿于同一情境素材中，带给学生的影响也是全程性的，引起了学生强烈的探究欲望。

3.2 厘清知识本体和情境素材的逻辑关系，实现知识与情境的统一

本节课要实现的知识目标是建立沉淀溶解平衡并实现沉淀溶解平衡的应用：沉淀的生成、溶解和转化。钡盐中毒的情境素材中存在 $BaSO_4$ 和 $BaCO_3$ 这两个沉淀溶解平衡体系。到底用哪个平衡体系来建立沉淀溶解平衡的概念？建立概念后又怎样从情境素材和知识自然过渡到沉淀溶解平衡的应用？基于对这些问题的思考，我在考虑科学性、知识的逻辑性以及学生认知水平的基础上，充分挖掘钡盐中毒的救治方法及工业上可溶性钡盐的生产原理，选定 $BaSO_4$ 体系建构沉淀溶解平衡并定量解决钡盐中毒的救治问题，然后以情境素材中出现的可溶性钡盐的来历过渡，自然转入沉淀溶解平衡的应用环节，最终以工业上可溶性钡盐来源于 $BaCO_3$，$BaCO_3$ 又来

源于 $BaSO_4$ 为线索，将沉淀的溶解和转化自然联系起来。在整个选择变化的过程中，情境素材的呈现顺序和知识的逻辑性是一致的，且是为核心问题的探究服务的。这种素材简单、整体性好，又与知识统一，有利于学生将更多精力和注意力投入到核心问题的探究上，为本节课的探究教学创设了有利环境。

3.3 对于核心探究环节，关键问题设置要精准

在建构沉淀溶解平衡概念时，从学生已有的认知出发，设计实验，提出问题：加入过量沉淀剂后，如何检验 Ba^{2+} 是否沉淀完全？该问题的提出非常关键，可以引导学生在实验探究中建立起沉淀溶解平衡。在探究沉淀溶解环节，提出的"从微观上解释，工业上怎样由 $BaCO_3$ 制取可溶性钡盐呢？"这一问题对于微观的强调，能有效引导学生从沉淀溶解平衡的角度分析

> 在设置探究问题时，只有将问题设置得精准、巧妙，才能更有效地引导学生进行生成性和多轮次的探究，促进学生高阶思维的发展。

问题。在引入沉淀转化时，设计问题"如果说用强酸就能溶解 $BaCO_3$，硫酸可以吗？"，实现了由沉淀溶解到沉淀转化的自然过渡。在设置探究问题时，只有将问题设置得精准、巧妙，才能更有效地引导学生进行生成性和多轮次的探究，促进学生高阶思维的发展。

三、"分子间作用力与物质性质"教学设计

设计实施者：高 杰

教学设计缘起：选修课的意外收获

北京高考规定了化学学科的必修和选修内容，选修 3《物质结构与性质》不是必修教材。我个人觉得，对于北京四中的学生来说，不学习这一部分内容是一种遗憾。所以，我在新课程实施伊始就坚持开设这门选修课，帮助对

化学感兴趣的学生进一步开阔视野。选修这门课程的学生上课的积极性都很高，通过课前演讲、课后写论文等方式积极主动参加学习活动。其中一名学生在学期小论文中写道："在高中化学学习中，我们有时会遇到一些看似很深奥的概念，比如化学键、晶体、氢键等。因为必修课教学对这部分内容涉及得很少，所以我一直处于一知半解又特别想系统学习一遍的状态。在'物质结构与性质'的选修课上，高老师带领我们走进物质结构的世界，逐一揭开它们的神秘面纱。在高老师的课上，她总会举出一些贴近生活的例子，让我们对一些抽象问题有更直观的感知。例如在学习化学键时，高老师会让我们了解烫发的原理，体会生活中化学键的变化；在学习晶体时，高老师会给我们举比较贴近生活的一些例子，让我们了解晶体在我们身边的应用；在学习氢键时，高老师会给我们看很多生活中的图片，让我们感受身边的氢键。通过这一学期的学习，我进一步体会到，如果一味地沉溺于理论，就会把知识学得很死，不懂得变通。这样的学习是毫无价值的！而与生活实际相联系，可以帮助我们学会把理论和生活结合在一起，更好地体会知识的意义与价值。"

连续开设 3 个学期的"物质结构与性质"的选修课后，我开始着手重新整理这门课的素材，准备进一步对教学素材和教学设计进行精致。这时，我收到了北京师范大学化学教育研究所王磊教授的邀请，她希望我为山东省高中新课程远程培训做一节示范课，主题是"分子间作用力与氢键"。我欣然接受了邀请，并投入到这节课的重新设计中。

教学设计过程

这节课经历了两个版本的设计过程。在第一个版本的设计中，我将本节课的核心问题聚焦于引导学生认识分子间作用力的本质与氢键的本质。对于范德华力的成因和影响因素来说，学生是比较容易进行深入探究的。而对于氢键本质的认识，在第一个版本设计中，学生的探究仅限于教师给定素材。北京师范大学王磊教授和王明召教授一起来听课后，给我提出了宝贵的修改建议。她们希望在这节课上，学生的探究能达到原子、分子轨道层面，而不仅仅是在范德华力水平上的浅尝辄止。两位老师鼓励我说："北京四中的学生可以完成这种接近科学前沿认识的探究，只要老师能选好素材，设计好梯度。"之后，又经过大量的文献研究，在第一个版本的基础上，我决定重点引导学生对氢键本质进行探究，设计了这样几个问题：氢键是在什么对象间形成的？怎样形成的？为什么能形成？能否用化学符号画出氢键模型？在实际教学时，我发现在这几个问题的引导下，学生能进行积极的探索，最后有学生提出："当氢原子允许带有部分负电荷的氮、氧、氟等原子充分接近它时，除了产生静电作用外，还可能有形成像化学键一样的一定程度的轨道重叠作用。所以氢键的作用力才那么强。特别强的氢键肯定能接近化学键的能量级别。"那一刻，我觉得之前反复的推敲、修改和试讲都是值得的。我又想起学生说过的一段话："你努力付出的每一分每一秒都不会白费，终将会让你变得与众不同，所有付出都是值得的！"

教学设计①

1　研究背景

"分子间作用力与物质性质"是北京四中校本选修课"化学世界探秘——物质结构篇"中的一节。选修该课的学生主要来自科技创新实验班，他们思维活跃，对物质结构方面的知识怀有强烈的好奇心和丰富的想象力，具备一定的创造性解决问题的能力。本节课的核心探究活动引导学生经历批判质疑、假设创造、模型建构等环节，主要针对范德华力的成因、影响因素和氢键的本质进行探究。

---

①　高杰，王磊. 培养学生高级思维能力的"分子间作用力与物质性质"探究教学 [J]. 化学教育，2014 (7)：10-12. 本书选用时有删减。

2 教学环节设计

表 2-6

教学环节	教师活动	学生活动	设计意图
环节一：引入课题	【材料展示】学生作业素材及关于水的宣传短片。	欣赏同学作业，观看短片。	通过展示素材，引导学生回顾所学化学键知识；通过播放短片，引发学生思考。
环节二：认识范德华力及其对物质性质的影响	【问题一】 1. H_2O 的三态变化破坏化学键吗？ 2. H_2O 的三态变化中有能量变化吗？ 3. H_2O 的三态变化需要破坏什么作用力？	思考，回答问题。	引导学生认识范德华力。
	【问题二】 关于范德华力，你想知道哪些知识？	独立思考。	引导学生建构范德华力的研究框架。
	【问题三】 分析表中的数据（见本书表 2-4），你对范德华力的大小有怎样的认识？	观察，思考。	引导学生认识范德华力的大小。
	【问题四】 我们通常认为像 H_2O 这样的分子是电中性的，猜想一下，范德华力是如何产生的？	分组交流。	引导学生分析范德华力产生的原因，为氢键的建构做铺垫。
	【问题五】 试分析影响范德华力大小的因素有哪些。范德华力的大小与物质的熔沸点之间有什么关系？	分析数据，思考并回答问题。	引导学生通过数据分析认识范德华力与物质熔沸点的关系。
环节三：引导学生建构氢键的概念并分析其对物质性质的影响	【问题六】 1. 导致熔沸点反常的可能原因是什么？ 2. 这种更强的作用力是在什么对象间形成的？怎样形成的？为什么能形成？ 3. 你能否用化学符号画出氢键模型？	分析数据，思考问题，形成假设；进行组内、组间交流，建构氢键的概念模型。	引导学生通过数据分析，组内、组间的交流碰撞，主动建构氢键的概念模型，并能用化学符号表达氢键。
	【问题七】 1. 氢键对物质的性质具有怎样的影响？ 2. 关于氢键，你还想研究哪些问题？	积极思考，回答教师提问。	引导学生利用氢键知识，思考氢键对物质性质的影响等问题。

续表

教学环节	教师活动	学生活动	设计意图
环节三：引导学生建构氢键的概念并分析其对物质性质的影响	【问题八】 请用所学知识解释下列问题。 1. 为什么 NH_3 极易溶于 H_2O? 2. 为什么氢氟酸是弱酸? 3. 为什么 CH_3OH、CH_3CH_2OH 等有机物的熔沸点都很高，而且能与 H_2O 互溶? 4. 为什么对羟基苯甲醛比邻羟基苯甲醛的熔沸点低?	交流思考，回答问题。	引导学生应用氢键模型的理论，解释分子间氢键和分子内氢键对物质性质的影响。
环节四：延伸与拓展	【布置作业】 写一篇小文章《如果没有氢键，世界将会怎样?》。	聆听，明确任务。	通过完成作业，进一步复习巩固范德华力和氢键的相关知识，并体会它们对自然界和生命科学的重大意义。
板书设计	§2-4　分子间作用力与物质性质 一、范德华力与物质性质 1. 范德华力 存在：分子之间 特点：它的作用能远远小于化学键键能 实质：电性作用 2. 范德华力对物质性质的影响 二、氢键与物质性质 1. 氢键 （1）形成条件 （2）特点：能量介于化学键键能与范德华力之间 （3）实质：静电作用和轨道重叠 2. 氢键对物质性质的影响 对物质熔沸点的影响：分子间氢键使物质熔沸点升高，分子内氢键使物质熔沸点降低		

3　核心探究活动的实施过程

3.1　范德华力成因的探究

【问题 1】分析表 2-7 中的数据，你对范德华力的大小有怎样的认识?

表 2-7　共价键键能与范德华力

分子	HCl	HBr	HI	Ar	CO
共价键键能/（kJ·mol⁻¹）	431.8	366	298.7	无	745
范德华力/（kJ·mol⁻¹）	21.14	23.11	26.00	8.50	8.75

学生活动：学生独立思考，对数据进行分析，然后回答问题。

学生回答 1：从表 2-7 中数据可以看出，范德华力的大小比共价键的键能小得多。

学生回答 2：不同的分子，共价键键能不同，极性分子的共价键键能要比非极性分子大得多。

【问题 2】范德华力是怎样形成的？

学生活动：四人一组进行交流讨论。

学生回答 1：我们认为范德华力与分子的极性有关。分子极性越强，正负电荷不重合的可能性就越大，虽然分子整体是电中性的，但是分子内部相当于分别形成了正负电荷中心，就像带不同电荷的微粒一样，它们可以和其他极性分子间产生静电作用。

学生回答 2：我们小组对他们的观点只有部分同意。因为我们发现非极性分子之间也是有范德华力的。如果按照极性分子间正负电荷中心不重合导致静电作用来考虑的话，那么非极性分子间的作用力是怎样产生的呢？

追问：对于同学 2 提出的疑问，其他小组有什么想法呢？

学生回答 3：我认为虽然非极性分子不像极性分子那样容易在分子内分别形成正负电荷的中心，但是非极性分子自身的原子核带正电，核外电子带负电，而且电子不断运动，所以它们也可能出现正负电荷瞬间的不重合，当然也会和其他分子间产生静电作用。

学生回答 4：我们也认为极性分子中一定是静电作用，非极性分子中也有静电作用，只不过后者作用力的大小可能跟极性分子中的有区别。

教师活动：引导学生整理归纳分析讨论的结果，从中抽提出色散力、取向力、诱导力模型。同时给出资料支持：对大多数分子来说，色散力是主要的；只有偶极矩很大的分子，如 H_2O、HF 分子，取向力才是主要的，诱导力通常是很小的。一般来说，分子内的电子数越多，分子的变形性越大，色散力越大。

> **核心探究活动的功能价值**：学生通过猜想假设、反思评估，对范德华力的成因进行假设创造和系统设计，培养了学生批判质疑、发散联想的高阶思维。特别值得肯定的是学生的质疑精神，正是因为有了批判质疑，更多的同学对范德华力的成因假设进行深入思考和优化改进，提升了全体学生的探究思维水平。
>
> **培养思维类型**：分析性思维、创造性思维和实践性思维。
>
> **培养核心素养**：宏观辨识与微观探析、证据推理与模型认知。

3.2　范德华力的影响因素

【问题1】结合范德华力成因的分析结论，请思考，哪些因素会影响范德华力的大小呢？

学生活动：四人一组进行交流讨论。

学生回答1：我认为分子体积越大、越"胖"，就越容易变形，范德华力就越大。

学生回答2：利用范德华力成因的分析结论，对大多数分子来说，色散力是主要的；分子内的电子数越多，分子的变形性越大，色散力越大，所以范德华力就越大。

【问题2】分析表2-8中的数据，范德华力的大小与物质的沸点有什么关系？

表2-8　范德华力与物质的沸点

分子	HCl	HBr	HI	Ar	CO
范德华力/（kJ·mol⁻¹）	21.14	23.11	26.00	8.50	8.75
沸点/℃	−84.9	−67.0	−35.5	−186	−191

学生回答 1：范德华力越大，要改变分子间的距离就越难，物质的熔沸点应该越高。

学生回答 2：我的问题是范德华力的大小需要我们查阅数据资料才能知道，是不是还有其他更方便的判断方法或者规律呢？

学生回答 3：从 HCl、HBr、HI 的数据来看，似乎是分子摩尔质量越大，范德华力就越大。

学生回答 4：应该不是绝对的吧，Ar 的摩尔量比 HCl 要大，但是范德华力的数值却要小呢。

学生回答 5：范德华力的大小与分子量的关系应该是有条件的吧，可能还与分子的组成结构或极性有关系。

教师活动：引导学生总结。一般来说，对于组成结构相似的分子，分子量越大，范德华力越大，物质的熔沸点越高。

> **核心探究活动的功能价值**：在该探究环节，教师引导学生结合范德华力成因的分析结论和数据信息，对范德华力的成因进行解释说明。这不是一个简单的"收集证据、归纳总结，对熟悉的问题进行解释说明"一般探究过程，而是对一个陌生问题经过批判质疑和设计改进后的假设创造，体现了对创新能力本质的聚焦，即将探究教学与创新能力培养通过高阶思维建立起本质上的联系，力求将探究教学与创新能力培养落到实处。
>
> **培养思维类型**：分析性思维、创造性思维。
>
> **培养核心素养**：证据推理与模型认知。

3.3 引导学生建构氢键模型

【问题 1】观察图 2-10 并思考，导致 H_2O、HF、NH_3 熔沸点反常的可能原因是什么？

学生活动：四人一组进行交流讨论。

学生回答 1：H_2O、HF、NH_3 中存在特别强的范德华力。

学生回答 2：同样是氢化物，为什么只有这些分子间的范德华力特别强呢？难道跟 N、F、O 这三种元素的结构有关吗？

学生回答 3：应该是 N、F、O 的非金属性特别强，它们吸引电子的能力就特别强，和原子半径特别小的 H 元素之间形成的作用力就特别强。

教师点拨：同学们的讨论非常精彩！这种特别强的作用力叫作氢键。

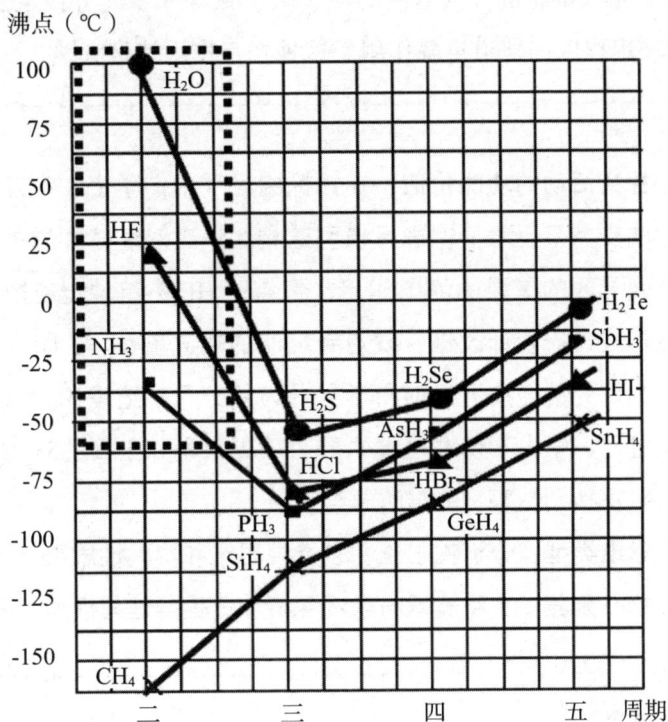

图 2-10　一些氢化物的熔沸点

【问题 2】 结合刚才大家的讨论，你认为氢键的本质是什么？

学生回答 1：应该主要是静电作用。

学生回答 2：是静电作用，但这种作用力的大小应该不如化学键那么强。

学生回答 3：我认为是大小介于范德华力和化学键之间的静电作用，有些特别强的氢键的键能有可能会接近化学键的键能。

追问：根据文献，HF 氢键的键能达到了 $100kJ \cdot mol^{-1}$ 以上。如果真的像同学们说的有点像化学键，那么**当形成氢键的原子靠近到一定程度，将会出现什么情况呢**？

学生回答 4：那有可能像原子形成分子一样，出现一定程度的轨道重叠。

学生回答 5：氢键应该就是静电作用再加上可能的轨道重叠。

教师活动：引导学生总结并用化学符号画出氢键模型——原子核"裸露"的氢原子允许带有部分负电荷的氮、氧、氟等原子充分接近它，并产生静电作用和一定程度的轨道重叠作用，这种相互作用就是氢键。

> **核心探究活动的功能价值**：在该探究过程中，学生在教师提供的关键素材的支持下，对氢键进行模型建构。学生对氢键本质的认识由元素极性强导致的更强的静电作用，到借助 HF 中氢键键能数值和类比化学键形成进行设计改进，联想到可能的轨道重叠。实际上学生对氢键本质的探究已经接近目前科学界认为的分子轨道理论。通过该模型的建构过程，学生不仅对氢键本质有了更科学和全面的认识，还锻炼了创造新颖独创性事物的高阶思维。
>
> **培养思维类型**：分析性思维、创造性思维和实践性思维。
>
> **培养核心素养**：宏观辨识与微观探析、证据推理与模型认知。

4 教学反思

如何在教学中实施高水平的科学探究？如何通过科学探究将培养学生的创造力落到实处？笔者有以下反思体会。

（1）优化核心探究问题的设计，为学生打造展示和发展思维的环境。这就要求教师选择的核心探究问题思维容量大，值得探究，而且通过探究确实能解决本节课的核心问题，能满足学生的探究欲望。同时更要求教师将问题进行有效拆解，做好铺垫，在必要的时候给学生提供富有价值但又不代替学生思考的资料。例如教师提问"氢键的本质是什么"时，学生经过分析综合提出氢键的本质是非常强的静电作用。此时教师提供 HF 中氢键键能数据，引导学生联想、比较，进一步提出类似化学键的轨道重叠。在建构氢键模型的过程中，培养学生假设创造的高阶思维。

（2）在实施探究教学过程中，教师要善于抓住机遇，充分展现学生的思维。例如在范德华力成因的探究环节，学生对非极性分子之间的静电作用提出批判质疑，此时教师并没有急于回应学生的疑问，而是将问题交给更多的学生去讨论。学生经过设计改进、假设创造后，进一步完善了对范德华力影响因素的分析，同时发展了系统设计的高阶思维。因此，在关键的探究环节，一定要给学生充分的思考机会。学生高阶思维的培养需要在日常教学中不断训练，这也是师生共同成长的过程。

> 实施高水平的科学探究，要求教师选择的核心探究问题思维容量大，值得探究，而且通过探究确实能解决本节课的核心问题，能满足学生的探究欲望。同时更要求教师将问题进行有效拆解，做好铺垫，在必要的时候给学生提供富有价值但又不代替学生思考的资料。

> 在关键的探究环节，一定要给学生充分的思考机会。学生高阶思维的培养需要在日常教学中不断训练，这也是师生共同成长的过程。

四、高三化学专题复习课的新型探究教学设计——以"高考题是怎样炼成的"一课为例

设计实施者：高　杰

教学设计缘起：从"高考题是怎样炼成的"说起

大多数学校在高三下学期的化学复习都以专题复习为主，由教师带着学生以知识专题的形式对上一学期的复习成果进行巩固、应用和查漏补缺。越是临近高考，我越想把与学科相关的所有知识和思想、与考试相关的技巧和

方法倾囊相授于学生。然而现实是虽然我掏心掏肺地讲解分析，他们也确实能豁然开朗，感觉掌握了核心知识和方法，但是再换陌生情境或者换一个角度考查，他们依然会出现各种错误。为了更好地了解学生的情况，我设计了简单的调查问卷，主要提出以下几个问题：

（1）通过前一阶段的复习，你的收获和不足是什么？

（2）通过高考真题测试，你认为自己现在最大的困难是什么？针对某种具体题型，你觉得自己最大的问题是什么？

（3）你认为我们可以如何改善现在的化学学习状况？

通过反馈，我发现很多学生在审题环节不能很好地抓准化学关键信息，体会不到出题人的意图，不知道要考什么。特别是近年来北京市的高考题非常注重试题素材的真实性和应用性，一些来自科学文献和学科前沿的材料对学生来说既新鲜更陌生，想阅读后精准抓住信息并不容易，这一点在科学探究实验题中尤为明显。如何在最后阶段的复习中提高学生吸收、整合化学信息的能力，增强他们分析、解决化学问题的能力和科学探究能力？怎样在最后的复习阶段让学生明白高考"考什么"，这些内容在高考题中是"怎么考"的，应该"怎样答"才能得分？如何让教师们"自嗨"于对出题人思路的探讨，而学生一头雾水的现实变成教师和学生"一起嗨"？在经过一段时间的研究以及对大量的学生进行访谈后，我决定设计一节课，带领学生利用真实的素材来模拟编制高考题，体会高考题的形成过程。

在形成第一版设计之前，我收集到了一些素材，并提出了以下几组问答（自我反思、自问自答）。

Q_1：一模（指第一次模拟考试）后的复习有什么价值？

A_1：进一步将知识系统化、方法策略化，缩短由知识到答题的距离，将题目中的情境去除，显露出知识本来的面貌。

Q_2：具体要解决什么问题？

A_2：实际问题中有效信息的提取→去情境的化学知识的有序整理→规范

表达，收获得分策略。

Q_3：以何种形式实现？

A_3：①先做题，再通过实验验证分析，归纳总结；②先探究，再分析解答，生成一道题目。（希望选用后者）

Q_4：利用目前素材基本的设计思路是什么？

A_4：以铁元素为核心，综合元素化合物知识（主要为氧化还原反应）、化学反应原理知识（化学平衡、水溶液中的平衡问题、化学反应与热能、化学反应与电能），形成指向知识和方法应用的铁的知识框架。让学生体会一道题目是如何生成的，自己所学的基础知识在题目解答中是如何应用的。

教学设计过程

第一版的设计主要包括以下几个环节。

环节 1：展示"暖宝宝"的成分组成，分析解释"暖宝宝"的发热原理。

"暖宝宝"的主要成分是还原性铁粉、活性炭、蛭石、无机盐、水等，其中蛭石是性能良好的保温材料。某研究小组对"暖宝宝"的发热原理及产物成分进行了探究。

I. "暖宝宝"发热原理的探究

（1）"暖宝宝"在使用时，需要打开包装，接触到空气才会发热，原因是 _____。

（2）活性炭是保证"暖宝宝"较快放热的重要因素，请解释原因。_____
_____。

环节 2：使用过后的"暖宝宝"成分的分析。

II. 使用过后的"暖宝宝"中，铁元素形态的探究

为探究使用过的"暖宝宝"中的铁元素的存在方式，甲同学进行了如下实验。

（1）甲同学将样品溶解于稀硫酸，现象和结论见表 2-9。

表 2-9

编号	操作	现象	结论
a	取 2mL 样品溶液，向其中逐滴滴加 0.1mol·L^{-1} 的酸性 KMnO$_4$ 溶液。		原样品中含有二价铁的化合物。
b	取 2mL 样品溶液，滴加 KSCN 溶液。	滴加 KSCN 溶液后，溶液变成红色。	

①实验 a 的现象为＿＿＿＿＿＿＿＿＿＿＿＿＿＿＿＿＿＿＿＿＿＿。

②实验 b 中反应的离子方程式为＿＿＿＿＿＿＿＿＿＿＿＿＿＿＿＿＿。

（2）乙同学分析了导致实验 a 现象的可能原因，并认为结合该实验操作和现象不能得出原样品中含有二价铁化合物的结论。理由是：＿＿＿＿＿＿＿

＿＿＿＿＿＿＿＿＿＿＿＿＿＿＿＿＿＿＿＿＿＿＿＿＿＿＿＿＿＿＿＿＿。

（至少给出两个理由）

（3）乙同学重新处理样品后，设计了如下实验。

表 2-10

编号	操作	现象	结论
c	取 2mL 样品溶液，逐滴滴加 0.1mol·L^{-1} 的酸性铁氰化钾溶液。		原样品中含有二价铁的化合物。
d	取 2mL 样品溶液，滴加 KSCN 溶液，后逐滴滴加饱和氯水。	滴加 KSCN 溶液后，溶液变成红色。滴加少量饱和氯水后，溶液依然为红色，继续滴加，红色消失，得到了黄色溶液。	

①实验 c 的现象为＿＿＿＿＿＿＿＿＿＿＿＿＿＿＿＿＿＿＿＿＿＿。

②乙同学对于继续滴加饱和氯水后红色溶液变为黄色溶液提出如下猜测：

（学生的猜想，课上广泛说，不限制，之后再生成题目，让学生体会题目是怎样编制出来的。）

猜想 1：过量的氯水将红色物质氧化，生成了其他显黄色的物质

猜想 2：过量的氯水将红色物质氧化，过量氯水使溶液显黄色

猜想 3：_____

......

在这一版的设计中，我对回归教材生成高考题的环节一直没有特别满意的思路。通过进一步查阅资料，与同事讨论后，在第二版的设计中加入了环节 3 和 4。

环节 3：思路总结及回归教材。

探究过程中涉及的问题解答所用的知识分别与教材中的哪一部分内容对应？

对典型物质和某个化学反应的认识角度有哪些？（物质变化、能量变化、速率限度、定量意识等。）

在探究过程中生成一道题目由学生解答，强调学生的规范表达、得分意识。

环节 4：使用过后的"暖宝宝"铁元素回收利用（可以设计成一个题目）。

使用后的"暖宝宝"，可以回收利用其中的铁的化合物，再生产出还原性铁粉。

经过两次试讲后，我将第二版的教学设计进行试题和答案编制的精致，最终完成第三版的教学设计，由以下 5 个环节组成。

环节 1：引入课题，"暖宝宝"发热原理的探究；

环节 2：由"暖宝宝"中铁粉的工业制备流程设计问题并解答；

环节 3：使用过后的"暖宝宝"中铁元素的价态分析及检验；

环节 4：审题解题策略的生成及应用；

环节 5：拓展延伸，布置作业。

教学设计①

1　背景分析

近几年的北京高考化学命题都体现了新课程的基本理念，侧重考查学生的化学学习能力，强调学生的探究能力和化学学科素养。北京市高考考试说明中对化学学习能力的要求有如下三点：（1）接受、吸收、整合化学信息的能力；（2）分析和解决（解答）化学问题的能力；（3）化学实验和科学探究的能力。

经过一轮基础知识复习后，很多学校在高三下学期的复习以专题复习为主。教师精选习题设计专题，学生课下完成练习，教师课上讲解习题，解答学生的疑问和困惑，帮助学生进一步梳理知识体系，优化解题策略，提高综合应用知识的能力。这样的专题复习确实能更有针对性地解决学生在知识和方法上存在的问题，帮助学生对熟悉的题型形成有效的得分策略。但是依靠做题进行查漏补缺的方式容易让学生产生疲劳，教师感觉倦怠，对于学生解决真实复杂问题的思维能力提升有限。若能将习题中的问题转化为新的探究问题，将学生被动接受的做题和听讲方式转化为自主探究式，让学生在动态体验和开放探究中解决问题，并在过程中生成解决问题的策略方法，将更加有利于培养学生的思维能力，提高学生分析和综合解决问题的能力。

基于以上思考和对本班学生学习情况的调查分析，我决定将知识方法本位的专题复习课转变成学生思维能力培养本位的复习课。在高三的课堂上充分调动学生的情感，激发学生的创造力，让学生体会方法和策略的生成性，引导学生在真实情境中应用核心物质的核心性质解决问题，体会到：高考"考什么—怎样考—怎样答"。

---

① 高杰，刘银，田军. 高三化学专题复习的新型探究教学设计：以"高考题是怎样炼成的"为例 [J]. 化学教育，2016（9）：34-38.

2 教学设计与实施

2.1 整体设计思路

本节课以"暖宝宝"为情境素材，以"铁及其化合物"的核心知识为内容，设计专题复习课——高考题是怎样炼成的。课堂上，以学生独立思考、小组讨论和实验探究为主要活动方式，旨在激发学生准确提取信息、分析解决问题的积极性与主动性，以提高学生创造性地解决实际问题的能力。在教学过程中，教师引导学生体会实验探究问题的设计过程和高考题的生成过程，掌握"看到事实→提取物质→联想反应"的信息接收和整合方法。教师引导学生在分析解决问题的过程中形成解题策略，引发学生"学以致用"的动机情感，增强解决问题的信心和能力。

本节课共由五个环节组成：（1）引入课题，"暖宝宝"发热原理的探究；（2）由"暖宝宝"中铁粉的工业制备流程设计问题并解答；（3）使用过后的"暖宝宝"中铁元素的价态分析及检验；（4）审题解题策略的生成及应用；（5）拓展延伸，布置作业。下面以"回收用过后的'暖宝宝'中的铁元素"为课题，设计实验方案和流程。

2.2 核心环节的实施过程

2.2.1 引入课题，"暖宝宝"发热原理的探究

表 2-11

问题线索	学生回答	设计意图
1. 结合"暖宝宝"的成分，请预测其发热原理是什么。	铁粉被氧化的过程放热。	引导学生初步体会从"物质—反应"的角度解读并分析题目信息。
2. 原料中还有碳粉、NaCl、水等，其作用又是什么呢?	铁粉和碳粉形成原电池加快反应速率，以实现快速放热。	
板书设计	事实　　　　　物质　　　　　反应 放热　　　　　Fe——O_2 快速放热　　　$Fe\dfrac{C、H_2O}{NaCl}O_2$	

教师小结	明确事实中的"物质"，用化学"符号"表达出来，学生就容易联想到用相关的"反应"来解释"事实"。

培养思维类型：分析性思维、实践性思维。

培养核心素养：宏观辨识与微观探析、证据推理与模型认知。

2.2.2 由"暖宝宝"中铁粉的工业制备流程设计问题并解答

表 2-12

问题线索	学生回答	设计意图
若你是出题人，结合工业流程步骤，你将在何处设问，并将如何作答？	学生进行设问和解答。工业流程及制备素材、学生设计问题及答案如下所示。	引导学生体会"看到事实→提取物质→联想反应"的问题设计思路和解题策略，引导学生关注高考考点和答题的规范性。

铁粉的工业流程制备素材：

工业上由绿矾（$FeSO_4 \cdot 7H_2O$）制备铁粉。其步骤和流程如下：

Ⅰ. 将 $FeSO_4 \cdot 7H_2O$ 溶解于稀硫酸溶液；

Ⅱ. 将 $FeSO_4$ 溶液与稍过量的 NH_4HCO_3 溶液混合，得到含 $FeCO_3$ 的浊液；

Ⅲ. 将浊液过滤，用 90°C 热水洗涤沉淀，干燥后得到 $FeCO_3$ 固体；

Ⅳ. 向 $FeCO_3$ 固体中加入碳粉焙烧，最终得到铁粉。

学生设计问题及答案：

（1）请结合化学用语解释将 $FeSO_4 \cdot 7H_2O$ 溶解于稀硫酸溶液的理由：

_____。

（答案：由 Fe^{2+} 水解的可逆反应可知，将 $FeSO_4 \cdot 7H_2O$ 溶解于稀硫酸溶液中，因溶液中 H^+ 浓度较大，可以抑制 Fe^{2+} 水解。）

（2）请写出步骤Ⅱ中生成 $FeCO_3$ 的离子方程式：

_____。

（答案：$Fe^{2+}+2HCO_3^{-} =\!=\!= FeCO_3+CO_2\uparrow+H_2O$）

（3）步骤Ⅲ用 90°C 热水洗涤沉淀的原因是：

_____。

（答案：加热，使步骤Ⅱ中引入的稍过量的 NH_4HCO_3 分解除去。）

板书设计	事实　　物质　　　　　　　　反应 　　　　Fe^{2+}　　　$Fe^{2+}+2H_2O =\!=\!= Fe(OH)_2+2H^+$ 　Fe^{2+}、HCO_3^{-}　$Fe^{2+}+2HCO_3^{-} =\!=\!= FeCO_3+CO_2\uparrow+H_2O$

续表

教师小结	在分析资料的过程中，同学们看到事实，提取物质，就容易联想到可能考查的物质的核心性质。我们将要考查的核心性质设计成问题，就形成了习题。在与原习题中的问题进行对照时，学生的设计思路进一步得到了肯定。通过问题设计，学生体会到了高考题的设计过程及核心内容的考查方式。

培养思维类型： 分析性思维、实践性思维。

培养核心素养： 宏观辨识与微观探析、变化观念与平衡思想。

2.2.3　使用过后的"暖宝宝"中铁元素的价态分析及检验

表 2–13

问题线索	学生回答	设计意图
1. 使用过后的"暖宝宝"，铁元素可能存在哪些价态？如何检验？	可能存在 Fe、Fe^{2+}、Fe^{3+}。将样品溶解后，Fe^{2+}、Fe^{3+} 检验可以分别用铁氰化钾溶液和硫氰化钾溶液。但 Fe 单质的存在会影响 Fe^{2+} 的检验，需要除去。	引导学生提炼并评估具体问题情境中 Fe^{2+}、Fe^{3+} 的检验方法。
2. 假设样品中的铁粉已除掉，将处理后的样品溶解于盐酸，能否用酸性高锰酸钾溶液检验 Fe^{2+}？有哪些干扰因素会影响检验结果？	（1）不可以。溶解样品所用的盐酸也可以与酸性高锰酸钾溶液反应，导致溶液褪色。 （2）（追问：换用稀硫酸溶解样品后，是否就可以用酸性高锰酸钾溶液检验 Fe^{2+}？）不可以。样品中有 NaCl，Cl^- 也可能导致酸性高锰酸钾溶液褪色。	引导学生体会在真实情境中解决问题的复杂性，进一步体会在审题中明确"核心物质"和"干扰物质"的重要性。
3. 取 2mL 样品溶液，滴加 1 滴 KSCN 溶液，后逐滴滴加饱和氯水。请预测实验现象，并说明依据。	预测 1：溶液由红色变为无色。理由是 SCN^- 可能被氯水氧化生成无色物质。 预测 2：溶液红色加深。理由是溶液中存在的 Fe^{2+} 与 Cl_2 反应生成 Fe^{3+}。由 $Fe^{3+} + 3SCN^- \rightleftharpoons Fe(SCN)_3$ 可知，Fe^{3+} 浓度增大后，促进平衡正向移动，溶液颜色变深。 预测 3：溶液红色先变深后退去。结合预测 1、2 理由综合考虑。（通过演示实验，证明该预测合理。）	引导学生明确体系中的"物质"，用平衡移动原理或氧化还原的知识分析解决问题。

续表

板书设计	事实　物质　反应 $Fe^{2+}(NaCl)$　$Cl^-+(MnO_4^-)$ $Fe^{2+}(Fe^{3+})$ → $Fe^{3+}+3SCN^- \rightleftharpoons Fe(SCN)_3$ $\xrightarrow{+Cl_2}$ SO_4^{2-}
教师小结	在实际问题中，“事实”中包含的“物质”多数情况下并不单一。在分析问题时，要注意可能的“干扰物质”，才能全面考虑可能的“反应”，以较科学全面地利用化学知识解释事实。 培养思维类型：分析性思维、创造性思维和实践性思维。

2.2.4　审题解题策略的生成及应用

在本环节，引导学生整理前三个环节用到的核心知识，并与教材中的相关内容进行对应；同时，将本节课的情境素材和探究分析的问题进行融合，生成一道类似北京高考题的实验探究题（图 2-11），并选取其中的两个问题，用课堂生成的方法和策略进行审题和解题训练。

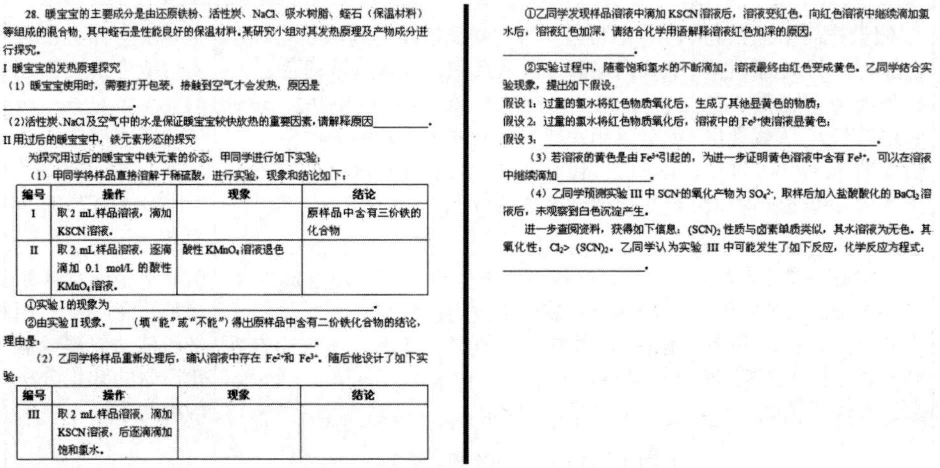

28. 暖宝宝的主要成分是由还原铁粉、活性炭、NaCl、吸水树脂、蛭石（保温材料）等组成的混合物，其中蛭石是性能良好的保温材料。某研究小组对其发热原理及产物成分进行探究。

I 暖宝宝的发热原理探究

（1）暖宝宝使用时，需要打开包装，接触到空气才会发热，原因是________。

（2）活性炭、NaCl 及空气中的水是保证暖宝宝较快放热的重要因素，请解释原因________。

II 用过后的暖宝宝中，铁元素形态的探究

为探究用过后的暖宝宝中铁元素的价态，甲同学进行如下实验：

（1）甲同学将样品直接溶解于稀硫酸，进行实验，现象和结论如下：

编号	操作	现象	结论
I	取 2 mL 样品溶液，滴加 KSCN 溶液。		原样品中含有三价铁的化合物
II	取 2 mL 样品溶液，逐滴滴加 0.1 mol/L 的酸性 $KMnO_4$ 溶液。	酸性 $KMnO_4$ 溶液退色	

①实验 I 的现象为________。

②由实验 II 现象，____（填“能”或“不能”）得出原样品中含有二价铁化合物的结论，理由是：________。

（2）乙同学将样品重新处理后，确认溶液中存在 Fe^{2+} 和 Fe^{3+}。随后他设计了如下实验：

编号	操作	现象	结论
III	取 2 mL 样品溶液，滴加 KSCN 溶液，后逐滴滴加饱和氯水。		

①乙同学发现样品溶液中滴加 KSCN 溶液后，溶液变红色。向红色溶液中继续滴加氯水后，溶液红色加深。请结合化学用语解释溶液红色加深的原因：________。

②实验过程中，随着饱和氯水的不断滴加，溶液最终由红色变成黄色。乙同学结合实验现象，提出如下假设：

假设 1：过量的氯水将红色物质氧化后，生成了其他显黄色的物质；

假设 2：过量的氯水将红色物质氧化后，溶液中的 Fe^{3+} 使溶液显黄色；

假设 3：________。

（3）若溶液的黄色是由 Fe^{3+} 引起的，为进一步证明黄色溶液中含有 Fe^{3+}，可以在溶液中继续滴加________。

（4）乙同学预测实验 III 中 SCN^- 的氧化产物为 SO_4^{2-}，取样后加入盐酸酸化的 $BaCl_2$ 溶液后，未观察到白色沉淀产生。

进一步查阅资料，获得如下信息：$(SCN)_2$ 性质与卤素单质类似，其水溶液为无色。其氧化性：$Cl_2 > (SCN)_2$。乙同学认为实验 III 中可能发生了如下反应，化学反应方程式：________。

图 2-11　本节课生成的模拟北京高考题的实验探究题

该环节的分析总结，旨在引导学生体会：（1）在高考题的设计过程即“成题”过程中，核心知识与教材之间的联系；（2）在解题过程中，“看到事实→提取物质→联想反应”的审题、解题策略在具体问题解决中的价值。最

终生成审题解题策略流程图（图 2-12）。

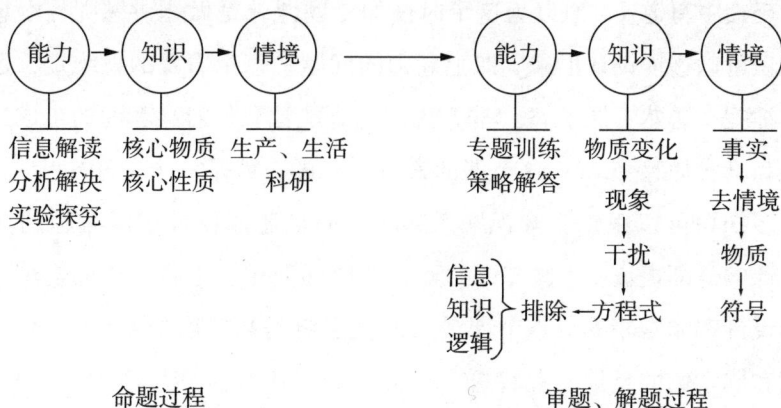

图 2-12　生成的审题解题策略流程图

3　教学反思

3.1　关于高三专题复习有效性的思考

高三第一次模拟考试后，我通过问卷了解了学生在当前化学学习中最需要解决的问题。从统计结果来看，约 70% 的学生提到了审题有时不能快速有效地解读信息，还有一部分学生提到平时基础知识学得没什么问题了，但是具体应用这些知识来解答一些综合问题（特别是实验探究题）时，总是不能准确体会出题人的意图，有一些问题答不到点子上。怎样才能帮助学生在审题时有效提取信息呢？怎样才能帮助学生在系统复习知识的同时进行审题和解题策略的提升呢？怎样才能有效提升学生在综合复杂情境中准确应用知识的能力呢？带着对这些问题的思考，我认为本节课在整体设计上要回答"考什么—怎么考—怎么答"的问题。知道了"考什么—怎么考"，可以帮助学生更客观地认识高考题，减少心理上的畏难情绪；对"怎么答"形成有效的策略，可以帮助学生有效提取、整合信息，提高问题解答能力。在课堂组织形式上，是选好合适的题目让学生完成，上课讲解重难点，还是让学生在课堂上体会题目的生成过程和解答过程？我选择了后者。因为习题是做不完的，也是讲不完的，与其让学生"雾里看花"般地自己体会方法，不如让设计过程外显出来，让他们在有梯度有层次的探究和解答中实践，形成策略。学生在课后反馈中写道："原以为这个时候的专题课就是做题讲题呢，没想到熟悉的知识可以这样设计出来。课上老师的问题一直牵着我的思维走，还没来得及走神呢，居然下课了。""非常感谢老师能让我们对高考题的生成过程有更直观和真实的感受。""这节课的素材很有趣，就是一个'暖宝宝'，原来有这么多知识可以跟化学知识联系起来，而且还能设计成高考题的样子。"也有听课的老师提道："这节课的素材选取和使用、思路方法的提炼、驱动问题的设计都非常精彩。这节课最大的亮点就是高考题的生成过程。"结合老师们和同学们的反馈，我将进一步挖掘教材中和生产生活中的一些素材，进行主题式的探究教学设计；继续引领学生使用策略性的方法，系统性地复习核心知识，提高问题解决能力，培养学生的高阶思维。

3.2 本节课有待改进和深入研究的问题

在课后作业中，我要求学生梳理在本节课问题解决中遇到的知识应用和思维问题，并设计解决方案，这样的策略是有效的。

本节课的活动有学生分组交流和教师演示实验这两种形式，在一课时的时间内，这样的活动形式确实有助于高效完成内容学习。但在高考考场上，学生要独立解答试题。不同的学生在解决这些问题时，各自的知识储备和思维流程中欠缺的是什么，这个问题在课堂中无法展现出来。这就需要学生在课后解答习题时独自梳理，形成元认知认识，如此对他们才更有价值。因此课后的作业中，我设置了一项任务，即要求学生梳理在本节课问题解决中遇到的知识应用和思维问题，并设计解决方案。从课后的习题反馈来看，本节课生成的审题答题策略对学生是有效的，但是不是最科学有效的？还有待进一步的检验和修正。

本节课的教学环节还可以设计另一种呈现顺序："暖宝宝"发热原理的探究→使用过后的"暖宝宝"中铁元素的探究→废弃"暖宝宝"中铁元素的回收利用。这样设计可以使探究环节更紧凑，情境素材的逻辑性和知识的逻辑性更匹配。不管设计成何种形式，一定要把握的原则是：为解决真实问题而应用知识，考查学生的思维水平，而不是仅为考查知识而虚设问题。

这一节公开课是在高三第二次模拟考试之后实施的，当时我担任班主任，班里的部分学生表现出一些浮躁的情绪。我结合自身教学设计过程和实施公开课的过程，写了一篇文章跟学生分享，起到了意想不到的效果。小文章《我的公开课经历对同学们的启发》如下。

> 为解决真实问题而应用知识，考查学生的思维水平，而不是仅为考查知识而虚设问题。

表 2-14

1. 公开课是上还是不上？	1. 拼还是不拼？
我有诸多的理由可以不上。连续三年高三了，别人可以理解你会有些"疲"。我当着毕业班的班主任，自己家里还有孩子刚上小学需要辅导。最后，我上公开课的理由是我需要再一次激发自己，用激情感染学生。我告诉自己，生命不息，奋斗不止。我不仅要上而且要用尽全力，上到最好。	你可能觉得跟自己相比已经很好了，比高一高二努力多了。但是，高考本来就不是一件只跟自己比较的事情，是选拔，是挑选，你和别人相比没有足够好时，就不会被挑选出来。比你优秀的人都还在努力，你没有理由不努力，你不可以放弃。
2. 标准是把课"上得最好"还是"差不多就好"？	2. 拼一下还是全力以赴、坚持到底？
一件事情在时间节点到来之前，根本就没有最好出现，所以我要一直不断地练下去。我至少写了3版教案，做了9版课件，试讲了6遍，最终都没有达到我心目中最好的结果。如果没有这么多磨砺，那么估计连现在这样的结果都达不到，只会更不好吧。	如果高考这件事情对你来说有些枯燥的话，那么将来总有一件事情你会真心喜欢，真心想获得最好的结果，你想全力以赴地追求。可是，如果你从来没有全力以赴、坚持到底的经历，你如何保证到时一定能做到呢?! 高考本是人生中难得出现的演练机会！
3. 态度是投入进去还是浅尝辄止？	3. 投入进去还是浅尝辄止？
以一种浅尝辄止的态度做事，只能取得很一般的效果，因为在这个过程中激发自己的事情从未发生。我在投入备课后，曾经几次在图书馆错过了吃中午饭的时间。我常常走路、吃饭的时候都在琢磨怎么讲课，做梦也备课，早上会因为一个想法激动得睡不着。这些都是不投入就不会有的收获。	觉得很难实现或者不可能实现的事情，最终却实现了，这就算是奇迹。而奇迹一定不是凭空产生的，它需要一些质变或突变。不全身心投入，就无法产生激情，无法产生超越，当然就很难有什么奇迹。质变的产生就是在量变积累下的必然结果！全身心的投入可以让质变来得更早一点，更猛烈一点！

续表

4. 定稿后为什么要反复试讲？	4. "二模"后为什么还要反复练习，还得拼？
每次试讲都是模拟演练，你掌握再熟练的内容，在实际操作中也会出现新情境，所以多练有益，会让你的思维一直"醒着"，时刻准备接受新鲜的事物和新鲜的想法。每一次试讲后我都会反思，都在积累经验。	即使能拿到700多分的成绩，你也说不清楚到底是练到哪个时间节点时，是哪一次的积累让自己达到了这样的能力。但是，你能清楚地知道：只要你勤而得法地跟着大家一起努力向前，结果一定会越来越好！
5. 每次试讲前的心态和细节都要规划吗？	5. 每次考试前都要调整心态、规划策略吗？
每次试讲前一定要认真思考细节，重做实验。这种准备可以保证你开始讲课后一直保持着不错的节奏，因为心里踏实，有信心！若有一次你是仓促上课的，结果首先是你自己感觉没有节奏感，没有成就感！	之所以说现在的高考是能力考试，就是因为不是你会的就能百分百表达出来。它绝对不是知识的简单重现，它考能力，考心态，考大智慧！调整心态、规划策略可以让你更踏实，更有信心应对各种突发状况！
6. 正式上课前的心态准备？	6. 高考前的心态准备？
当准备充分后，我对正式的上课跃跃欲试，甚至有一些期待和激动，信心满满。但是正式上课的效果没有我预期的好，因为过于熟悉和自信后，我欠缺了几分警惕和谦虚，缺乏对意外事件的预案规划。当时更好的心态应该是平常心！过于自信就容易自负起来，嘚瑟起来！……	即使你的能力真的很强了，信心"爆棚"了，也一定要保持几分警惕。要以冷静的头脑对待万一出现的不太熟悉的题型和从未见过的奇葩现象。每科正式考试前，都可以拿已经做过的题目来练习一下手感。心态上要保持平和，操作上要先过脑子再动手。不要瞻前顾后，过于小心翼翼，没有多少意外会出现！万一出现也能把控得很好！……

送给"我"和"你"：人总得学会自己长大，自我调整。要学会悦纳自己，不能妄自菲薄；也不能妄自尊大，要学会欣赏别人。祝大家高考夺冠！

五、提高元素化合物复习时效性的新探索

设计实施者：高 杰

教学设计缘起：从高三教育教学中我的"爱折腾"谈起

从 2011 年至 2015 年，我连续几年承担高三的教育教学工作。虽然在高

三跟学生相处的时间不到一年，但是我与每一届学生都结下了深厚的情谊。2015 届 6 班的同学们送给我的毕业纪念礼物尤其令我印象深刻。那是一张学生自制的卡片，一面画着我的卡通头像，另一面写着这样几句话：**"感谢您带领我们走过别人看起来是地狱，而我们却深觉是天堂的高三。天涯海角有尽处，只有师恩无穷期，真诚地感谢您，高老师!"** 我觉得这短短的几句话是对我高三一年的教育教学工作最大的褒奖。在高三的一年中，学习时间紧、任务重，学生和教师都会感到疲惫。让我感到欣慰的是，即使在最辛苦的高三下学期的课堂上，我依然能看到我的学生们精神抖擞地听课，此起彼伏地举手发问。这或多或少得益于我在高三的教学中依然"爱折腾"，即使临近高考依然保持着创作设计课例的热情，尽最大可能地激励学生，让他们在课堂上能常常有耳目一新的感觉。

本节课的设计主题并非我自选，而是来自区级展示课的任务，属于"命题作文"。最初的设计是我跟同在高三年级教学的另一位教师设计同课异构，然后进一步进行研究。离上课不到一个月时，因为一些原因变成我独自来上这节展示课。我一时感到茫然无助和缺乏思路，好在有同事的帮助，我几乎一气呵成地设计出了这节展示课。

教学设计①

1　问题的提出

元素化合物知识是中学化学知识的基础和骨架，约占中学化学教学内容的 60%。在高三复习中，很多学生将元素化合物知识的复习列为最难把握的一部分，原因如下：（1）从知识类别上来说，该部分内容属于事实性知识或陈述性知识，具有庞杂、琐碎的特点，需要记忆的内容较多；（2）从课程安排上来说，元素化合物知识主要在高一必修教材中系统地呈现，与高三系统复习的时间间隔较长，而且在高一学习时学生的知识储备不足，因此很多知

① 高杰，郑长军，刘银，等 . 提高元素化合物复习时效性的新探索［J］. 化学教与学，2016（7）：5-9.

识目标都是靠短时记忆达成的；（3）从近几年各省市的高考化学题来看，元素化合物知识往往作为考查其他各部分知识的载体出现，对学生综合应用元素化合物知识的能力要求较高，学生往往出现"能记住知识，却不能灵活应用知识"的情况。

北京四中的高三化学复习历来采用一轮复习的模式，即复习每一个知识模块时，都先梳理基础知识，建立知识体系，然后在精选精讲的习题解答中提高学生对知识的理解和把握程度，最后用模拟题和高考真题检测复习效果，并对学生的能力进行再提升。因为学生的基础较好，在单一知识模块的复习中，我们并不完全回避还没有复习过的知识内容。在下一模块知识的复习中，注重与之前复习过的知识模块间的联系。多年的实践证明，这样的复习方式对我校学生的复习效果较好，同时也存在着些许问题：比如在某一模块的复习中，基础知识已经掌握得比较扎实了，知识体系的建立也比较完善了，但是在习题解答时，还是有很多学生不能准确地提取有效知识来解决实际问题；又比如前面已经复习过的模块内容，在后面的模块复习完后就遗忘得差不多了，不能有意识地应用复习过的知识和方法来解决新的复习模块中的问题。**怎样才能提高高三化学复习的时效性？怎样在模块复习中培养学生的实践性思维？怎样让学生在主动探究中完善认识、收获方法、加深对化学学科及其思维方法的认识？**这些问题是我一直在思考并尝试解决的。在新一学年的高三化学复习中，我校按照"有机化学—基本概念—基本原理—元素化合物—化学实验"的顺序进行复习。在进行元素化合物模块的复习时，我选择"铁及其化合物"知识的复习为样本，注重用基本概念和基本原理的工具辅助元素化合物知识体系的建构和应用，尝试应用基于物质转化的元素化合物复习模式来提高复习课的时效性。

2 教学过程

2.1 整体设计思路

以"氢氧化亚铁的制备"为目标任务，以基本概念和基本原理为工具，以"铁及其化合物"的知识体系复习构建元素化合物知识的复习新模式，以培养学生的实践性思维和提高元素化合物模块基本概念、基本原理的相关知识的综合应用能力为目的，设计元素化合物知识的复习课"铁——百炼才能成钢"。课堂上，教师运用基于物质转化的元素化合物知识体系的构建策略，引导学生以独立思考和小组讨论为主要方式，在应用基本概念、基本原理及基础实验工具解决问题的过程中，提取出铁及其化合物的核心知识，并从"物质分类和价态变化"两个认识维度建构知识体系。在分析解决实际问题的过程中，引导学生学会运用基本概念和基本原理的相关方法进行元素化合物知识复习，形成问题解答策略；引导学生认识到：解决问题时，能对已复习内容有效应用就是对复习成果最好的跟进、落实，引发学生提高"学以致用"的动机情感，增强解决问题的信心和能力。

2.2　核心环节的实施过程

核心环节的设计流程见图 2-13：

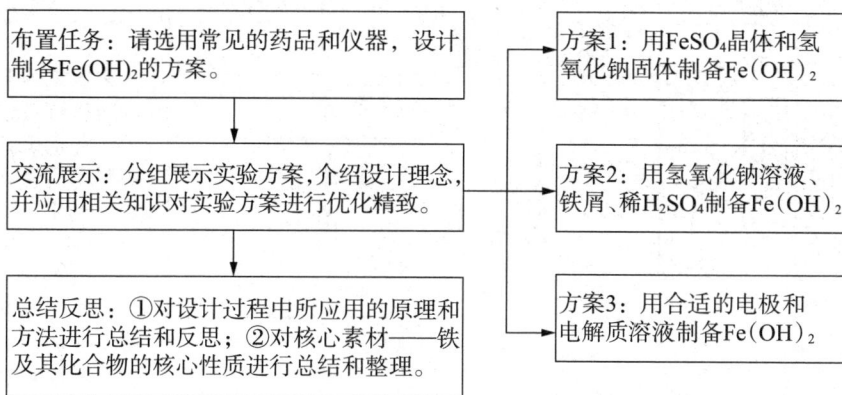

图 2-13　核心环节设计流程

核心环节的实施过程见表 2-15。

表 2-15　基于物质转化的铁及其化合物的复习教学

环节	问题线索	设计意图
环节 1：布置任务	任务：请选用常见的药品和仪器，设计制备 $Fe(OH)_2$ 的方案，要求 $Fe(OH)_2$ 能在一段时间内保持白色（可以选用的药品：Fe、$FeSO_4$ 晶体、$NaOH$ 固体、稀 H_2SO_4 等）。	引导学生应用已复习的基本概念和基本原理，以铁及其化合物为素材，设计实验方案，以期诊断并培养学生的应用实践能力。

培养思维类型：分析性思维、实践性思维。
培养核心素养：科学探究与创新意识。

环节	问题线索	设计意图
环节 2：$Fe(OH)_2$ 制备方案的交流展示	方案 1：用 $FeSO_4$ 晶体和氢氧化钠固体制备 $Fe(OH)_2$。 方法 1：取 $FeSO_4$ 晶体直接溶解于蒸馏水中，取少量 $FeSO_4$ 溶液，快速滴入刚刚配制的 $NaOH$ 溶液中，并加入少量油进行油封。 组间交流，优化设计，优化方案见图 2-14： 图 2-14　$FeSO_4$ 晶体和氢氧化钠固体制备 $Fe(OH)_2$ 的优化方案 引导学生总结反思： 根据二价铁的核心性质（还原性），用基本原理、基本概念和基础实验的相关知识来设计方案，通过简单的设计任务来培养学生对核心元素二价铁的核心性质（还原性）的实践应用。 方法 2：用图 2-15 提供的装置制备 $Fe(OH)_2$（可以选用的药品：氢氧化钠溶液、铁屑、稀 H_2SO_4）。	引导学生设计不同的方案完成制备任务；在每个实验方案的分析中，引导学生体会：在以元素化合物知识为载体的问题解决过程中，有意识地应用基本概念（主要为氧化还原反应）、基本原理（盐类的水解、电化学等）和基础实验的工具知识，不仅有利于高效准确地完成实验方案的设计任务，更有利于准确解答习题中的问题。

环节	问题线索	设计意图
环节 2：Fe(OH)₂ 制备方案的交流展示	设计问题： **1. 药品如何放置？** **2. 加入药品后，如何操作？** **3. 制备的 Fe(OH)$_2$ 沉淀较长时间保持白色的理由是什么？** 分组讨论，问题解决： 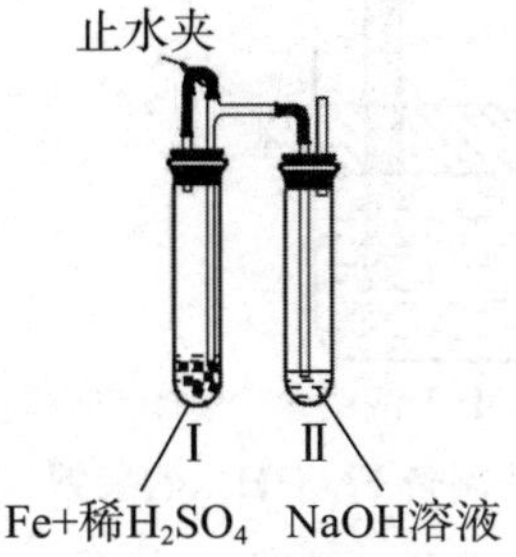 图 2-15　制备 Fe(OH)$_2$ 的组合装置 操作说明：先打开止水夹，Ⅰ装置中产生的 H$_2$ 充满装置Ⅰ和Ⅱ，将整套装置中的空气排尽。后关闭止水夹，利用压强差，将装置Ⅰ中的 FeSO$_4$ 溶液压入装置Ⅱ与 NaOH 溶液接触，生成 Fe(OH)$_2$。因整个体系处于充满 H$_2$ 的氛围中，外界空气难以进入装置，所以 Fe(OH)$_2$ 沉淀较长时间保持白色。 引导学生总结反思： 根据二价铁的核心性质（还原性），用基本原理和基础实验的相关知识来分析解释方案，是对二价铁的核心性质（还原性）的实践应用。 实践应用：分析解答图 2-16 中的习题。 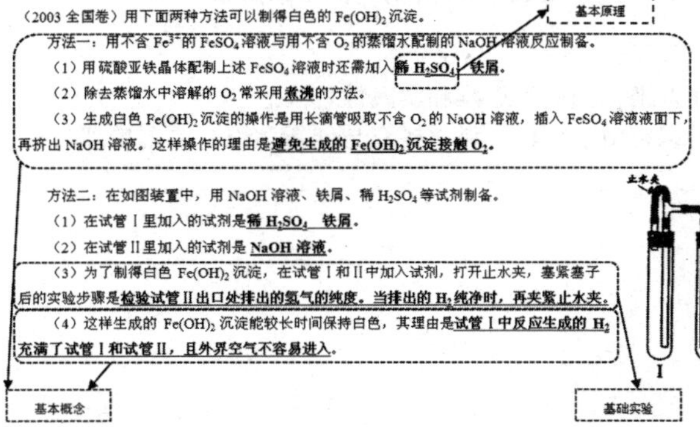 图 2-16　由 Fe 制备 Fe(OH)$_2$ 的试题解析	

环节	问题线索	设计意图
环节2：Fe(OH)₂制备方案的交流展示	方案2：利用电解原理制备 $Fe(OH)_2$。 学生设计并优化的方案（图2-17）： 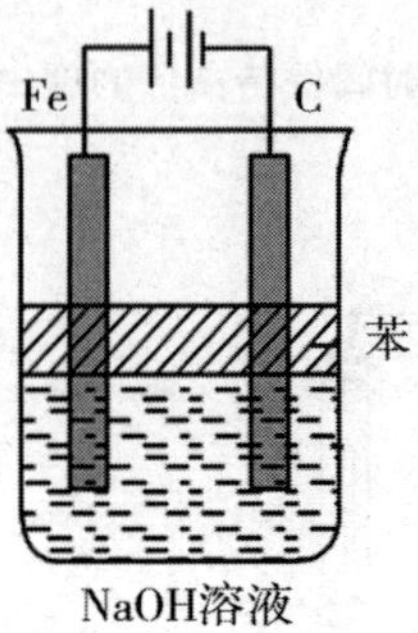 图2-17 电解法制备 $Fe(OH)_2$ 的装置 阳极：$Fe-2e^-{=\!=\!=}Fe^{2+}$ 阴极：$2H^++2e^-{=\!=\!=}H_2\uparrow$ 阳极生成的 Fe^{2+} 遇到溶液中的 OH^- 生成 $Fe(OH)_2$。 实践应用（图2-18）： 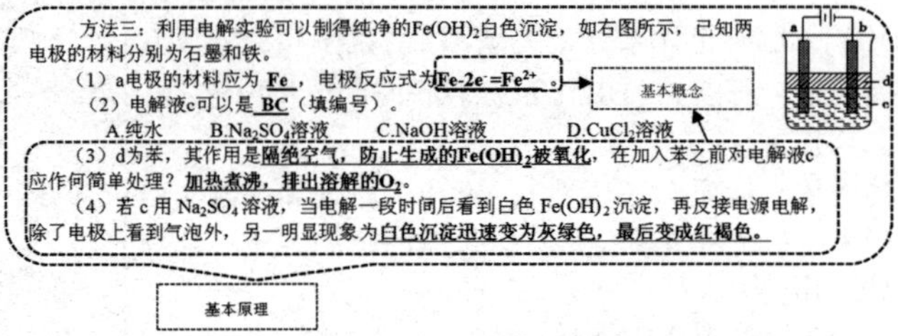 图2-18 电解法制备 $Fe(OH)_2$ 的试题解析	

培养思维类型：分析性思维、创造性思维和实践性思维。

培养核心素养：宏观辨识与微观探析、科学探究与创新意识、证据推理与模型认知。

环节	问题线索	设计意图
环节 3：$Fe(OH)_2$ 制备方案的总结反思与铁及其化合物二维关系图的建立	任务：在整理制备氢氧化亚铁的过程中，你发现所用的主要方法有哪些？核心知识有哪些？ 主要工具：基本概念+基本原理。 核心知识：铁及其化合物 [Fe、铁的氧化物、$Fe(OH)_2$、$Fe(OH)_3$、Fe^{2+}、Fe^{3+}等]。 设问：如何整理这些铁及其化合物以便更容易系统掌握它们？尝试绘制铁及其化合物的转化关系图（图 2-19）。 **图 2-19　铁及其化合物的二维关系图**	引导学生体会用"基本原理和基本概念"工具分析解决以元素化合物知识为载体的问题，引导学生梳理铁及其化合物的相关知识，复习高一学习时建构的元素化合物的认识模型（二维关系图），启发学生从方法和知识两个维度来认识元素化合物知识。
培养思维类型：分析性思维、创造性思维。 培养核心素养：证据推理与模型认知、科学态度与社会责任。		

3　教学反思

3.1　通过优选教学模式实现高三化学复习高效课堂的思考

高三复习阶段是学生的化学学科知识进一步丰富和学科能力全面提升的阶段，教师和学生比以往学段更期待低消耗、高质量和全维度的高效课堂。教师既希望在单位时间内通过精心设计的课堂教学，让学生在知识容量和学科能力提升等方面收益最大，又期待能让学生在兴趣培养、习惯养成、学习能力、思维能力与品质等诸多方面有所发展。在教学实践中，可以通过教学模式和教学设计的优化来实现高效课堂。就高三元素化合物知识的复习来说，有两种复习模式可供选择：一是基于核心物质的元素化合物知识复习，二是基于转化的元素化合物知识复习。通过前者，学生对元素化合物知识的掌握一般是线性的，较难认识到相关物质之间的联系和转化关系，在对有关物质形成系统化、结构化的认识方面有一定的欠缺。而后者使学生在完成转化任务（转化过程的设计也是基于物质类别和化合价两种视角）的过程中，形成对知识的认识和理解，因此其认识过程是有序的，认识思路是有逻辑的，容易帮助学生形成系统化、结构化的认识。这种教学策略也兼顾了核心物质性质的落实，基本路径是从物质转化到物质性质。

3.2　通过优化教学方法实现高三化学复习高效课堂的思考

在高三的一节元素化合物知识复习课中要达成什么目标？应该让学生"学会"解决与该元素相关的一些基本问题。这里的"学会"，不仅是听"懂"知识，"会"简单应用，更重要的是在解决具体问题的过程中能用"对"，也就是既要掌握"知识"，又要熟悉"方法"，更要培养出对相应信息解读、判断等一系列高阶思维。而要达到这一目标就不仅仅涉及元素化合物的知识，还要涉及化学复习中各模块的知识。而在高三上学期的模块复习中，学生往往是复习后一模块时，前一模块复习过的知识又大量遗忘了。这就要求教师在进行教学设计时，注意模块复习的顺序设计和不同的模块复习之间的有效衔接。在后一模块的复习中，引导学生积极主动地应用前面模块复习过的知识和方法。在本节课的教学方法上，教师要注重引导学生提炼分析问题中所使用的方法和工具，并将其在板书和课件素材中外显出来，以引起学生的关注，引导学生在本阶段的复习中能主动思考解决问题所用的方法，体会高考考查的能力要求，学会用已经掌握的工具和方法来进行新的模块复习。

> 教师要注重引导学生提炼分析问题中所使用的方法和工具，并将其在板书和课件素材中外显出来，以引起学生的关注

3.3　通过唤醒学生的学习热情实现高三化学复习高效课堂的思考

高三复习的第一阶段是耗时最长的阶段。传统的"炒冷饭"式的知识梳理方式往往缺乏真实生动的情境，导致在课堂上缺乏真正的师生互动，学生越来越缺少学习热情，只能靠机械地重复"刷题"来维持对知识和方法的熟练程度，最终为了高考而枯燥备考。本节课的教学设计，在任务设计上给了

学生较大的思考空间（就如何制备氢氧化亚铁的问题，高三的学生能够想到各种各样的方法，给学生提供了思考广度；就氢氧化亚铁防氧化的问题，给学生提供了精致设计方案的思考深度），在解答问题的形式上给了学生较多的自由度（可以独立思考，也可以同桌或前后桌小组讨论），在解答问题的过程中给了学生较多的展示机会，在问题解决的结果上给学生呈现了多种成果（总结出的解题方法、已解答的高考习题和形成的铁及其化合物的二维关系图）。

　　学生在课后反馈中写道："我现在最头疼的问题就是'后面复习，前面忘'。基本概念还有一些应用得不熟练，就又开始了琐碎的元素化合物知识的复习。通过这节课老师的启发，我认识到了一个新的跟进落实前面已复习内容的方法，就是做元素化合物的习题时，要主动用基本原理和基本概念的知识来分析。分析做过的习题时，也要主动从基本概念、基本原理以及元素化合物知识等多个角度来思考。

　　"刚开始上课时，我以为老师这节课要讲解一道探究题，结果讲习题时发现老师在教我们跟进落实刚刚复习过的基本概念和基本原理，我以为就是上一节复习课，最后才发现用的素材主要就是跟铁有关系的，居然在不知不觉中建立了铁及其化合物的主要转化关系。太有意思了，印象深刻啊！希望所有的元素都能这样复习！

　　"这节课的制备任务并不陌生，但是没想到这个任务具有这么多功能，落实了旧知识的同时复习了新知识，还收获了复习方法和认识角度，很有趣！"

　　爱因斯坦说："如果把学生的热情激发出来，那么学校所规定的功课就会被当作一种礼物来领受。"学生是学习的主体，在高三复习中激发学生的学习热情，发挥他们的积极主动性才能达到事半功倍的效果。

> 爱因斯坦说："如果把学生的热情激发出来，那么学校所规定的功课就会被当作一种礼物来领受。"

六、"生活中两种常见的有机物——乙醇"教学设计

设计实施者：高　杰

教学设计缘起：从央视节目《看好你的孩子》到"生活中两种常见的有机物——乙醇"

还记得儿子刚学会走路的时候，特别爱到每个房间溜达，也特别爱随手拿或者摸不该触碰的东西。那时，孩子的姥姥、姥爷装常备药的各种小药瓶经常成为他手中的玩具。有一次，孩子爸爸让我提醒姥姥、姥爷一定要把药瓶放在孩子够不着的地方。我当时不以为然地说："没事的，药品都是苦的，孩子才不会吃呢！而且药瓶的盖子都是拧紧的，孩子打不开，没必要担心。"当时孩子爸爸依然坚持让我检查所有可能对孩子造成的安全隐患，并推荐我看央视系列节目《看好你的孩子》。

这个系列片真实地记录了一些生活中的安全隐患对孩子造成的伤害，其中一期关于"酒精中毒"的事件令我印象深刻。两岁的小娴父母长年外出打工，小娴由爷爷、奶奶照看。一天上午，小娴跑过来跟爷爷说："爷爷、爷爷，我要睡觉。"爷爷以为是孩子困了，就让孩子睡觉了，可是孩子躺下没多久就开始全身抽搐。这时候家人发现客厅的半瓶米酒不见了，应该是被孩子偷偷喝了。小娴的姑父赶紧把孩子送去家附近的医院，后来又辗转去了省医院，最终孩子被诊断为脑损伤，后期治疗和康复程度不得而知。鲜活的生命遭受损伤是让人特别痛心的，而一次常见的"醉酒"（也就是酒精中毒）居然能对孩子造成如此大的伤害，这让我很是震惊。这一期节目让我一下子对孩子生活的环境警惕起来，开始逐一消除家中所有可能对孩子造成的安全隐患。带孩子外出时，我也开始特别注意安全问题。对于酒精中毒的危害，我更是有了新的认识。作为一名化学老师，我特别希望有机会向我的学生们传达这种新认识。

教学设计过程

2009 年，我送走一批高三学生后，经学校安排承担高一的教育教学任务。

那是北京市新课程改革实施的第二年，我第一次接触到新课程改革教材。当看到必修 2 教材中"生活中两种常见的有机物——乙醇"这部分内容时，我就想到了那期《看好你的孩子》节目，我想用节目中的内容作为情境素材来设计一节课。在第一版的设计中，我认为节目内容至少可以作为一个很好的引入素材。但是，仅仅作为引入素材，后续知识的建构与这个素材就没什么关系了，就出现了所谓情境素材使用和知识建构过程脱离，情境和知识"两张皮"的情况。我个人感觉这样设计很没意思，既是对情境素材的浪费，也是对知识建构时间的浪费。在第二版的设计中，在反复考虑了情境素材的逻辑性与知识本体的逻辑性之后，我发现可以充分利用情境素材中"酒精中毒"这一关键词，带着学生探究酒精中毒的原理和酒精中毒的检测，这样可以把乙醇的催化氧化、乙醇与强氧化剂发生反应的相关内容整合到情境素材中来。如此一来，本节课还有乙醇和钠的反应这一知识点未涉及，并且大概与该情境素材很难自然联系到一起了，对我来说这或多或少有一些遗憾。之后不久，我去参加西城区教学研修时，听一位教师在教材分析中提到有文献介绍乙醇和钠的反应可用于合成一种药物——"脑复康"，而"脑复康"正是治疗酒精中毒造成的脑损伤的常用药物。这一信息立刻让我想起这节课，用这一药物合成的信息能将乙醇和钠反应的相关知识涵盖进来，这样，我的第三版设计出现了：酒精中毒的原理探究→乙醇的催化氧化，酒精中毒的检测→乙醇与强氧化剂的反应，酒精中毒的救治→乙醇和钠的反应。这样将情境素材贯穿于知识建构的整个过程，实现了知识建构和情境素材的浑然一体，也就是让情境素材在教学案例的设计中实现"一案到底"。

教学设计

1　教学目标

1.1　知识与技能

了解乙醇的主要化学性质：催化氧化、与金属钠反应；通过对化学性质的分析，初步认识乙醇的官能团。

1.2 过程与方法

从生活实际出发，结合实验探究，培养观察能力、合作探究问题的能力；尝试利用所学知识分析解决实际生活中的问题，培养知识应用能力和分析解决问题的能力。

1.3 情感、态度与价值观

引发对生活的关注，体会化学对生活的指导和促进作用，激发学习化学的兴趣。

2 教学重点与难点

乙醇的化学性质。

3 教学过程结构图

如图 2-20 所示。

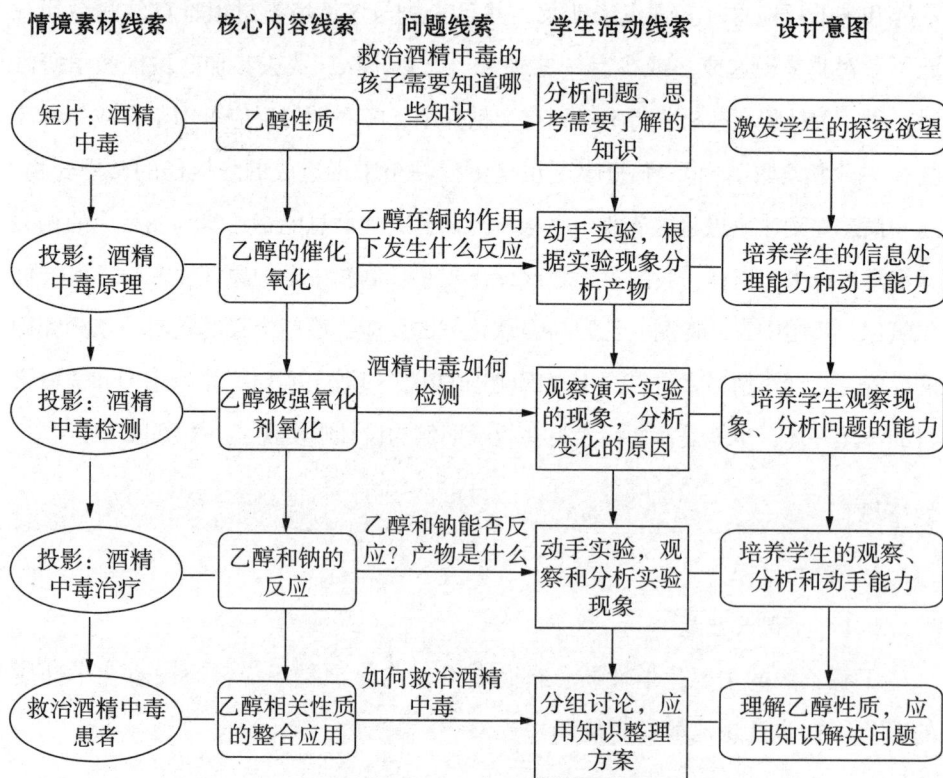

图 2-20 乙醇教学过程结构图

4　教学过程

表 2-16　乙醇教学过程表

教学环节	教师活动	学生活动	设计意图
环节 1：从生活中引入	【课题引入】中国酒文化的介绍、播放酒精中毒短片。 【提问】救助酒精中毒的孩子需要知道哪些知识？	观看影片。 倾听、思考。	使学生进入问题情境，引导学生形成分析问题的思路。
环节 2：乙醇的氧化反应	【投影】乙醇在人体内的代谢过程 【讲解】酒精中毒的原理。 【板书】§ 3-3-1　乙醇 一、乙醇的化学性质 【分组实验】实验探究乙醇变乙醛。 【提问】实验过程中你看到了什么？根据实验现象，分析可能发生的反应。 【分组汇报】汇报观察到的实验现象，预测可能发生的化学反应。 【讲解】乙醇变乙醛的反应是铜作催化剂的氧化还原反应，乙醇作为还原剂被氧化成乙醛，乙醛是酒精中毒最重要的因素。乙醇和氧气反应除了可以催化氧化外，还可以在氧气中直接点燃，反应条件不同，产物不同。 【投影】酒精的快速检测的图片。 【演示实验】乙醇和重铬酸钾的反应。 【板书】 $$CH_3CH_2OH \xrightarrow[K_2Cr_2O_7\ (H^+)]{KMnO_4\ (H^+)} CH_3COOH$$ 酒精中毒的检测	分析信息，了解乙醇在人体内的代谢过程。 动手实验、观察、记录。 观察到铜在反应过程中，先变黑后变红。分析铜丝和乙醇接触的过程中，铜变红了是被还原了，乙醇应该是被氧化了。 倾听，体会乙醇被催化氧化的过程，分析反应条件对产物的影响，记笔记。 观察实验现象，分析乙醇可能发生的反应。	培养学生通过分析信息进行推理的能力。 培养学生动手能力、实验观察和分析能力。 培养学生观察实验现象、分析问题的能力。

教学环节	教师活动	学生活动	设计意图
环节3：乙醇与金属钠的反应	【投影】"脑复康"的合成过程 【分组实验】探究乙醇和钠的反应并汇报。 【演示实验】验证乙醇与钠反应产生的气体。 了解救治酒精中毒药物的合成。	观察、思考。 动手实验，观察到乙醇与钠发生反应，并有气体产生，利用已学知识分析实验现象并预测产物。 根据实验现象，确定产生的气体为氢气。	培养学生的动手能力、观察能力和分析能力。 确认乙醇与钠反应产生气体的成分。
环节4：认识乙醇的官能团	【过渡】分析乙醇的三个化学反应，可以看出乙醇结构中的哪一部分发生了变化？ 【板书】二、乙醇的结构 官能团：羟基 【讲解】乙醇中的羟基就像乙烯中的碳碳双键一样，对于乙醇的化学性质起重要作用。像这样的原子或原子团叫作官能团。	—OH 原子团。 倾听、记录、思考。	通过对乙醇化学性质的分析，认识乙醇的官能团——羟基。
环节5：知识服务生活	【任务驱动】回顾短片，如果当时你在现场发现孩子偷喝了米酒，如何利用所学的知识救助孩子呢？ 【投影】酒精在人体内的代谢过程 【分组讨论】酒精中毒救治办法。 【板书】小结：救治酒精中毒 化学方法： 物理方法： 【总结】知识就是力量，掌握一定的化学知识不仅可以更好地保护自己，还可以帮助他人，服务社会。 【投影】小结与反思 在学习乙醇的过程中，你有哪些收获和感受？	思考、小组内交流讨论。 归纳总结学完本节课在知识、过程方法和情感上的收获。	尝试利用所学知识解决实际问题，体会知识服务生活。 引导学生及时总结和反思。

续表

| 板书设计 | §3-3-1 乙醇

一、乙醇的化学性质
 1.氧化反应

$2C_2H_5OH+O_2 \xrightarrow[\triangle]{Cu} 2CH_3CHO+2H_2O$

$CH_3CH_2OH \xrightarrow{KMnO_4(H^+)} CH_3COOH$
$\xrightarrow{K_2Cr_2O_7(H^+)}$ 羟基

 2.与Na反应

$2CH_3CH_2OH+2Na \longrightarrow 2CH_3CH_2ONa+H_2\uparrow$

救治方法小结：物理方法
 化学方法

二、乙醇的结构
官能团：羟基 —OH | 酒精中毒原理的模拟

酒精中毒的检测

了解救治酒精中毒药物的合成

救治酒精中毒 |

5 教学反思

5.1 关于素材的收集、整理和使用的反思

从一个电视节目到一节化学课的设计，作为一名化学老师，我觉得关注生活中的化学，及时收集生活中与化学相关的资料是很重要的。在多媒体技术的使用上，我不断尝试，学到了很多技能；从仅仅使用影音软件的播放功能到联合使用各类软件剪辑、合成视频，以及利用画图等多种图片处理软件合成、编辑图片，我在多媒体技术的应用上又收获了很多。

5.2 关于组织实验教学的反思

本节课的几个演示实验现象明显，还是比较成功的。在实验教学中，演示实验一定要保证效果，而且实验的演示要面向全体学生，应该让所有的学生都能观察到实验现象。对于需要学生设计探究的分组实验，提供必要的材料，在方案步骤上不必要讲述得特别细致。对于需要通过具体实验观察现象做出分析的，实验要布置得尽可能详细，强调规范操作。

布置完实验后，要先关注学生对实验过程和操作是否有疑问，问题解决后再开始实验。实验过程中，教师要注意全面巡视，以便及时纠正不正确的操作。

5.3 对于学生解决酒精中毒方案的反思

最后学生关于酒精中毒的解决方案让我感到震惊和兴奋。学生的解决方案主要有物理方法和化学方法。化学方法主要集中在去除乙醇和乙醛上。因为要除掉乙醇，所以有的学生想到催吐、导泻、喝水稀释加快代谢等方法，想到使用口服的氧化剂，将乙醇或生成的乙醛氧化成无毒的乙酸。有的学生想到从还原的角度，将乙醛还原成乙醇，这时有学生提出来这种方法并不能彻底解决问题，存留在体内的乙醇会进一步氧化成乙醛。有的学生想到注射乙醛脱氢酶，加快乙醛氧化成乙酸。还有的学生从化学反应速率的角度联想到救治煤气中毒患者的方法，想到用高压氧的方式或者是吸氧的方式加快反应速率，让乙醇、乙醛尽快变成乙酸。且不评价学生的这些方案在现实中是不是可行，最起码在方向上是没有问题的，听到他们的答案后，我觉得特别欣慰。我们不期望从一节课中收获多少解决问题的实际方法，我们要的是让学生感觉到知识给他们指引的方向，感受到现在所学知识的实用性，感受到知识就是力量。

5.4 关于化学知识的生活性和生命力的反思

2009 年毕业考入名校化学专业的我的课代表，在大学正式开学之前曾到学校看望老师们。当时，他看到我的桌子上放着当年北京高考理综卷。他跟我说："老师，现在高考过去还不到 3 个月，如果让我再做这份卷子的话，我可能连 2/3 都答不对。"我说："高中留给你的不只是具体的知识，更多的是学习的过程和方法，你从这个学习过程中学会了很多分析解决问题的方法，学会了很多为人处世的态度。"学生走后，我也在思考，我们的中学教育留给学生最重要的是什么。知识上，通过反复强化，可以让学生在考试中获得不错的成绩，但是这种强化一旦停止，知识本身留给学生的东西就很少了。一个成绩相当不错的学生在我做的一次学习情况调查问卷上，写的困惑是

"现在学的知识有什么用"。教师如果仅仅跟学生强调学习的境界和品质，但在教学过程中没有让学生体会到学习的价值的话，学习的效果是比较差的。我们在平时的教学中要有意识地从生活中挖掘一些和知识相联系的素材，让学生在学习的过程中能体会到知识的实用性，激发学生学习化学的兴趣。在日常的教学中，我们要注意赋予化学知识更多的灵动的空间，给课堂注入生命的活力。

5.5　关于教师基本功的反思

课堂上有的问题需要有所引申和拓展。比如学完乙醇的性质后，可以问学生："你想怎样救助中毒的孩子？学习乙醇的过程中，你有哪些收获和感受？"有的问题要问得具体、细致。比如在乙醇的催化氧化反应中，教师一定要问到从氧化还原的角度来分析，乙醇在反应中的作用是什么。对于具体问题设问要准确。在本节课中，"观察乙醇的化学反应，都是哪一部分发生了反应"的问题问得不够准确。在以后的教学过程中，我要注意对语言的锤炼。教师问得准，学生才能答得快、答得对，才能更有利于教学的顺利开展。

5.6　反思后的再设计

上完这节课后，全教研组教师集体评课。一位同事向我提出一个问题："乙醇和钠的反应与'脑复康'合成过程之间的联系比较远，一般教学设计中很难想到，而且为了实现情境素材的'一案到底'进行这样的联系未免有些牵强。"我对他提出的这一问题非常重视，思考了很久如何改进。之后我对教学进行了再设计，产生了两个新方案。再设计方案一："酒精中毒的原理探究→乙醇的催化氧化，酒精中毒的检测→乙醇与强氧化剂的反应，酒精中毒的救治→乙醇与乙酸的反应。"将乙醇与钠的反应更换为乙醇与乙酸的反应是因为在讨论酒精中毒（醉酒）的救治方案时，有学生提出来"听说喝醋可以解酒"这一话题。喝醋到底能不能解酒，醋（主要成分为乙酸）与酒精在什么条件下容易反应？反应又生成了什么？不管从探究环节中问题产生的来源来看还是从探究环节中对学生思维培养的要求来看，似乎重视并解决这一问题更符合逻辑性。但是从单元设计中知识呈现的先后顺序来考虑，乙酸是下一节课要探究的物质，学生在本节课中对乙酸的相关知识还是欠缺的。如果调整教学顺序，将乙酸调整到前一节课来探究，那么随之而来的问题是当学生清楚了乙醇和乙酸的反应条件后，可能就不会轻易再提出用醋来解酒的酒精中毒解决方案。再设计方案二："酒精中毒的原理探究→乙醇的催化氧化，酒精中毒的检测→乙醇与强氧化剂的反应。"就如原教学设计第二版的设计，情境素材的使用到此结束，不再将乙醇和钠的反应与该情境进行联系。那接下来怎样处理呢？可能会是讨论乙醇催化氧化中断键的位置，提出官能团。然后再从官能团的角度出发，引导学生考虑羟基中的O—H键是否容易断裂，并和水与钠的反应进行对比，探究乙醇与钠的反应。这种设计思路倒也可取，不再强求情境的"一案到底"，进行片段探究。但是从新课程对必修部分有机物教学的定位来说，这种设计又不太符合最初教材编写的设定。必修部分的典型有机物教学，课程标准的定位是从典型有机物的性质来认识官能团，而不是从对官能团的分析来学习官能团的性质。同时，我个人认为仅仅从乙醇的催化氧化一个典型反应就锁定羟基是官能团，显得支撑材料太单薄了。想来想去，我还是喜欢之前的设计，虽然从"脑复康"的合成到乙醇和钠的反应也许让人感觉略显牵强，但是考虑到整节课的情境问题，也不必追求探究问题一定是学生提出来的更好，教师从可靠的文献中发现的问题也可以抛出来让学生探究。

> 不必追求探究问题一定是学生提出来的更好，教师从可靠的文献中发现的问题也可以抛出来让学生探究。

5.7 新的再思考

回看这节课的设计，虽然还有很多不完善的地方，虽然还有很多当初设计教学的稚嫩和固执，但依然令我感慨良多。这节课对于我来说具有特别重要的意义，它是我追求教学改革的开始。从这节课开始，我特别关注情境素材和知识本体的关系，开始尝试让情境素材在课例设计中"一案到底"地贯穿，开始喜欢研究案例教学，开始有意识地收集和整理与情境素材相关的资料。当时的课后调查问卷中，学生的反馈让我感动和激动。其实，学生一直很期待"知识问题化，问题情境化，情境生活化"的化学课堂，应该说不只是化学课堂。在这样的课堂中，学生能感受到知识的力量和魅力。和传统的知识教学课堂相比，这样的课堂不仅培养学生的分析性思维，更培养学生的创造性思维和实践性思维，不仅是"做中学"的过程体验，更强调问题解决。

七、"无机非金属材料的主角——硅"教学设计

设计实施者：刘　银

教学设计缘起：从材料中诞生的参赛课

2010 年 8 月，我被告知要参加 10 月在洛阳举办的全国高中化学优质课比赛。当时离比赛不到 2 个月的时间，考虑再三，我决定以 2010 年北京市说课比赛时用过的素材"无机非金属材料的主角——硅"作为上课的课题。

教学设计过程

当时说课的思路是从原子结构、化学性质、物理性质三个角度对硅、碳进行对比。这个讲法过于常规，难以出彩。重新审视硅，我发现，人教版化学必修 1 将"无机非金属材料的主角——硅"放在第四章非金属元素之首，无疑彰显了硅在社会发展中的突出地位：硅，不仅被看作带来人类文明的古老元素，也因为其在信息时代所承载的重要作用而焕发出勃勃生机。换一个视角［从知识（元素）到应用（材料）］认识硅，一定会有不一样的感受。

在第一版设计中，通过讲述一天中我们和硅的亲密接触，学生们深切感

受到硅作为材料世界的主角，无处不在。但材料主角在开头闪亮登场后，迅速消失，后面的教学又落入俗套，虎头蛇尾。

在第二版设计中，我以"硅石中提取粗硅，为芯片提供高纯硅的原料"为任务展开教学。

由于硅石成分复杂，我将硅石体系简化为二氧化硅中含有硅酸钠，在教学处理中简单地选择了"二氧化硅→硅酸钠→硅酸→二氧化硅"的提纯思路。这个"一厢情愿"的思路，与实际生产操作过程大相径庭，最终也被我摒弃了。

两次设计虽然失败，却让我对硅的教学有了更加清晰的认识。

（1）材料是情境素材主线，不是噱头。坚决不能仅仅在硅上扣一顶材料的帽子，然后又回到传统的元素化合物的教学套路中。

（2）"从化学的视角看材料，从材料的视角学化学"是贯穿全课的教学方法。内容的设计要有梯度，有逻辑。要创新，但不能脱离学生的实际。学生刚刚结束金属元素的学习，对元素化合物的学习方法还需要巩固。

> 元素知识的选择要有取舍，主要突出学习过程的思维活动，而不是知识内容的全面性。

（3）二氧化硅是物质主角，研究应该围绕二氧化硅进行。

（4）元素知识的选择要有取舍，主要突出学习过程的思维活动，而不是知识内容的全面性。

（5）要渗透中国在硅的应用这一领域中的作用。

最终，我以"二氧化硅的昨天、今天和明天"为情境线索，确定了教学设计主线。

"昨天"——以古代的一则传说讲起，从化学角度解释玻璃的形成原理；通过"china"一词的含义宣扬中国人民的勤劳与智慧。

"今天"——用硅胶和玻璃黏合剂两个典型的含硅材料的生产建构硅及其化合物知识体系。

"明天"——展望太空技术中的多项含硅材料，并以"你还想研究硅的哪些材料？你想怎么研究？"发问，为后面的学习留下期待，也为学生勾勒出一个更加美好的未来。

教学设计

硅是构成地壳的骨干元素，硅及其化合物在材料科学、航空航天和信息技术等领域的应用前景十分广阔，硅酸盐工业在经济建设和日常生活中有着非常重要的地位。介绍以二氧化硅为核心的含硅材料，突出它们在社会发展历程和科学现代化进程中的重要价值。

对于含硅材料，学生有丰富的感性认识，但缺乏从化学的角度系统、理性地了解和认识它们。

通过本节课的学习，可以加深学生对硅作为无机非金属材料的主角的理解，认识实验、分类、比较等科学方法在化学研究中的作用，加强对学习非金属元素及其化合物的一般程序和方法的认识及应用。

1　整体设计思路

本节课以"二氧化硅的昨天、今天和明天"为情境线索，将硅及其化合物的相关性质以含硅材料的视角串联起来，通过解决核心探究问题"制造玻璃的原理是什么？""如何以二氧化硅为原料合成硅胶？"，让学生建立"从材料视角学化学，从化学视角看材料"的学习思路，学会从物质类别角度提炼和解决实际情境中的化学问题，了解实验探究的一般过程，体会硅作为材料世界的主角的重要价值。整体设计思路如图 2-21 所示。

情境素材线索	学生活动线索	核心内容	设计意图
制造玻璃的原理是什么	独立思考、分组交流汇报	玻璃制造的化学原理、二氧化硅酸性氧化物的性质	初步学习分析信息的方法，建立从类别学习性质的意识
以二氧化硅为原料，如何获得硅胶	思考、分组交流汇报、总结	硅及其重要化合物间的转化关系	运用反应规律预测物质性质，初步构建物质研究程序
	观察并记录演示实验现象，交流对实验的思考	1.实验室制备硅酸的方法 2.硅酸和硅酸钠的主要性质	1.提升设计、评价实验的能力 2.了解进行科学探究的一般过程
太阳能电池板材料的研究思路是什么	思考、分组交流汇报、总结	二氧化硅的还原性	运用从材料中提炼化学问题的一般程序来解决实际问题

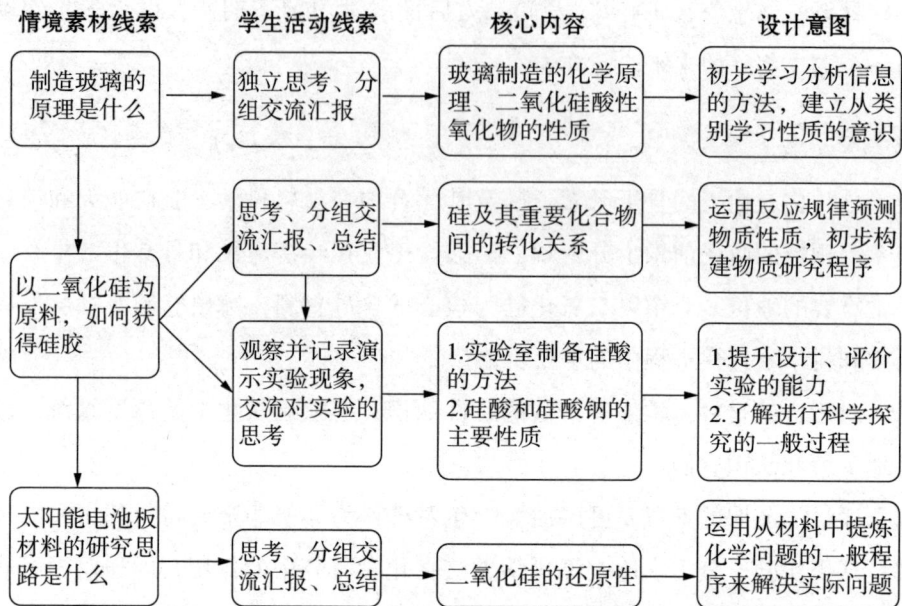

图 2-21 "无机非金属材料的主角——硅"整体设计思路

2 教学过程

表 2-17 "无机非金属材料的主角——硅"教学过程

核心环节	活动		
	教师活动		**学生活动**
环节一：二氧化硅的昨天 通过对玻璃制造原理及成分的分析，初步建立从材料的角度学习物质性质的意识，明确课题。	情境创设：传说中的玻璃的形成。		倾听、思考，进入古代材料世界。
			原理分析：从原料的组成和反应条件推测反应过程，确定玻璃的主要成分。
	提出问题：玻璃的制造原理是什么？		方法渗透：从物质分类角度了解二氧化硅酸性氧化物的性质。
			知识拓展：了解玻璃、陶瓷、水泥等早期传统含硅材料。
	明确课题：走进以硅为核心元素的材料世界。		明确课题。

续表

核心环节	活动

教师活动　　　　　　　　　学生活动

创设情境:当代生活中的含硅材料有哪些?
→
1.寻找生活中的含硅材料,体会它们在提升生活质量方面的重要作用。
2.明确含硅材料的化学组成。

提出问题:如何由二氧化硅制备硅酸凝胶?演示实验。
→
小组讨论,全班交流,确定合理的制备方案。

观察演示实验,验证预测。

环节二:二氧化硅的今天

通过以二氧化硅为基础原料制备硅胶和水玻璃,初步形成从材料学性质的研究思路,建立硅的化合物的转化间的关系。

由实验引发问题:
1.敞口存放的水玻璃为什么会变浑浊?
2.保存水玻璃为什么用橡皮塞?
3.为什么保存碱性溶液也要用橡皮塞?
→
从空气的主要成分入手,推测可能发生的反应。

设计实验方案,评价实验方案,观察演示实验,了解实验是化学研究中的重要方法。

从玻璃的成分入手,运用所学知识解决实际问题。

方法渗透:硅酸钠溶液的黏性带给我们的启示。
→
辩证、全面地看待物质的性质,扬长避短、趋利避害。

拓展应用:硅酸钠溶液还可能有哪些用途呢?
→
学生和教师合作完成耐火性对比实验,体会硅酸钠溶液的阻燃性。

追根溯源:硅酸钠用途如此广泛,它是如何制备的?
→
通过回顾前面涉及的制备硅酸钠的反应,了解二氧化硅在地壳中的存在形式和含量。

续表

核心环节	活动

环节三：
归纳总结含硅物质的转化关系和研究思路、方法

教师活动

知识落实：完成含硅化合物的转化关系和相关化学反应方程式。

整理从材料的角度学化学、从化学的角度认识材料的学习方法。

研究拓展：如果我想研究电脑芯片这种材料，我想研究什么？想怎么开展研究？

学生活动

书写相关化学反应方程式，落实以硅为核心元素的含硅物质的转化。

研究思路：
材料→主要成分→化学性质
研究方法：
分类、比较、实验、归纳

确定组成硅，通过查阅资料、访谈、实验等途径了解硅的特性及应用等，运用所学反应规律预测制备硅的反应，拓展研究的思路和方法。

环节四：二氧化硅的明天	展望以二氧化硅为核心的含硅材料在推动未来社会发展中的重要作用。

板书设计	无机非金属材料的主角——硅

材料　　太阳能电池板　玻璃　　　水玻璃　　　硅胶

主要成分　　　$Si \Longleftrightarrow SiO_2 \xrightarrow[Na_2CO_3]{NaOH} Na_2SiO_3 \xrightarrow[CO_2+H_2O]{HCl} H_2SiO_3$

分类　　　单质　酸性氧化物　弱酸强碱盐　弱酸

化学性质　通性　$Na_2SiO_3+2HCl == H_2SiO_3（胶体）+2NaCl$

3　核心探究活动的实施过程

3.1　SiO_2酸性氧化物的性质

【问题1】已知玻璃的主要成分是硅酸钙，贝壳、沙子是如何变成玻璃的？发生了什么神奇的变化？

学生回答 1：沙子的主要成分是二氧化硅，贝壳的主要成分是碳酸钙，反应原理应该是二氧化硅和碳酸钙在加热条件下生成了硅酸钙。

学生回答 2：我猜想是二氧化硅和氧化钙反应得到了硅酸钙。

追问：你是怎么想的？氧化钙是哪来的？

学生回答 3：氧化钙是贝壳碳酸钙受热分解来的，从元素组成的角度猜的。

【问题 2】从物质分类的角度看，上述反应体现了二氧化硅的哪类性质？

学生回答：氧化钙是碱性氧化物，能和它反应生成盐，体现了二氧化硅酸性氧化物的性质。

教师小结：通过分析，我们了解了一种学习物质性质的主要思路——从材料的角度入手，先了解材料的主要成分，再从分类的角度了解它的主要化学性质。

核心探究活动的功能价值： 该部分的教学设计由传说入手，提出问题——沙子和贝壳在加热条件下是如何变成玻璃的？学生需要从沙子、贝壳、玻璃的主要成分中收集证据，结合已有知识（碳酸钙受热分解），通过比较联想（将贝壳、沙子的成分与玻璃的成分相对照）提出猜想，并形成研究的一般思路。这一环节主要培养学生假设、分析综合、反思论证的高阶思维。

培养思维类型： 分析性思维。

培养核心素养： 宏观辨识与微观探析、证据推理与模型认知。

3.2　H_2SiO_3 和 Na_2SiO_3 的主要性质

【问题 1】以 SiO_2 为原料，如何获得硅酸凝胶？

学生活动：将设计思路写在学案上，包括原料、硅酸凝胶的主要成分、反应原理等要素。

学生回答 1：类比 CO_2 酸性氧化物的性质，SiO_2 与水反应生成硅酸。

学生回答 2：类比 CO_2 酸性氧化物的性质，硅酸应该是弱酸，所以用硅酸盐和盐酸反应可以获得。

追问：**如果你是厂长，你会选哪种方案？**

学生回答3：第一种，因为操作简便。

学生回答4：第二种，因为沙子的主要成分就是 SiO_2，而沙子是不溶于水的。

教师小结：刚才同学们在设计的时候，经常拿 SiO_2 和 CO_2 类比，现在我们注意到，至少在和水的反应中，它们是有差别的。这也说明类比的时候要注意同中求异。

【问题2】**敞口放置的 Na_2SiO_3 溶液为什么会变浑浊？**

学生回答1：空气中有 CO_2，CO_2 和水、Na_2SiO_3 反应会生成 H_2SiO_3。

追问1：**能设计实验证明吗？**

学生回答2：向 Na_2SiO_3 溶液中通入 CO_2，产生浑浊就能证明。

追问2：**CO_2 怎么产生？**

学生回答3：用大理石和稀盐酸反应产生 CO_2。

追问3：**这样能证明是碳酸制出硅酸吗？**

学生回答4：不能，盐酸有挥发，造成干扰，需要用饱和的碳酸氢钠溶液吸收挥发的 HCl。

【问题3】**已知 Na_2SiO_3 有黏性，为什么盛放 NaOH 的试剂瓶要用橡胶塞？**

学生回答1：玻璃的主要成分有 SiO_2，NaOH 会和 SiO_2 反应生成 Na_2SiO_3，会粘住打不开。

追问：**Na_2SiO_3 的黏性也可以用来粘纸张或玻璃，由此你对 Na_2SiO_3 的性质有什么认识呢？**

> 物质（Na_2SiO_3）的黏性并没有好坏之分。我们学习它的性质，正是为了了解它的性质，在使用时趋利避害。

学生回答2：事物都有两面性。硅酸盐有好的一面，可以用于工业上做黏合剂，但是在实验室，要根据它的性质，注意保存方式，避免可能引起的一些麻烦。

教师小结：Na_2SiO_3 的黏性本身没有好坏之分。我们学习它的性质，正是为了了解它的性质，在使用时趋利避害。

核心探究活动的功能价值： 该部分教学以 SiO_2 制备 H_2SiO_3 为任务，需要学生从分类角度，类比 CO_2 提出设计思路，由教师完成实验验证。接着，教师提出一系列问题"敞口放置的 Na_2SiO_3 溶液为什么会变浑浊？""如何设计实验证实你的猜想？""盛放 Na_2SiO_3 和 $NaOH$ 的试剂瓶为什么用橡胶塞？"，学生通过"想一想""试一试""比一比"三个环节，完成对实验的设计和评价。该活动培养了学生的假设、分析综合的高阶思维和实验设计与评价能力。

培养思维类型： 分析性思维、探究性思维。

培养核心素养： 科学探究与创新意识。

4　教学反思

经过近十次试讲，多轮次的教案修改，这节课最终获得了 2010 年在洛阳举办的全国新课程化学优质课评比特等奖！欣喜之余，我对这节课进行了认真的反思。

4.1　创设情境的全程性

本节课整体设计的提出是基于学生对硅的最初认识。玻璃、陶瓷、水泥、电脑芯片、硅胶干燥剂、水玻璃等，都是生活中常见的材料；材料是本节课贯穿始终的情境素材。而从化学的角度认识材料、从材料的视角学习化学，则是本节课的研究主线。学生通过学习，建立材料和物质性质的关系，体会到从材料的角度入手了解核心物质的性质的学习方法，丰富学生学习物质性质的途径。

4.2　知识体系构建的层次性

首先，本节课通过传说将学生的思路带入古代的材料世界，通过对玻璃的制造原理的讨论交流，帮助学生挖掘信息［反应条件（烧火做饭）、化学组成（贝壳、沙子）等］，引导学生在分析化学反应的过程中从物质分类的角度来了解性质，自然建立起从化学的角度认识材料、从材料的角度学习化学的研究主线。

其次，通过讲述"我的一天"，让学生"身临其境"地体验我们身边的含硅材料。通过讨论"以 SiO_2 为基础原料，制备其他含硅材料的途径"，引导学生运用反应规律推测，辅以实验验证，并从实验中发现问题，解决问题，在构建硅及其重要化合物之间的主要转化关系的同时，学习实验、分类、对比等多种研究方法，感受以 SiO_2 为核心的含硅材料在提高人们生活质量方面的重要作用。

最后，通过"嫦娥二号"卫星上使用的大量含硅材料，将学生带入 SiO_2 的明天，畅想含硅材料对我们未来生活的影响。

4.3 突出生活与化学、化学与社会的相关性

水晶、玛瑙、石英砂、玻璃、硅胶干燥剂、水玻璃、太阳能电池板，这些有的是生活中随处可见的含硅物质或材料，有的和科技发展联系紧密。由于有了这些生活场景做支撑，知识的出现不显突兀，知识的学习不显枯燥，知识的应用更加自然。学习不再是以知识为主体的"为了学而学"，而是和生活紧密联系的"为了用而学"，大大丰富了学生对"生活因化学而精彩，化学在社会中闪光"的理解。

4.4 学生学习的自主性

本节课创设的情境生动自然，设问有梯度。例如："从物质分类的角度看，玻璃制造中涉及了 SiO_2 的哪类性质？""面对如此丰富的含硅物质，我们研究的方法是什么？""以 SiO_2 为原料，通过什么类型的反应可以制造这些含硅物质？"这些问题既运用了原有知识，又提供新信息做参考，有助于学生温故知新，在思考、讨论和交流中获得提升。

几个月的新课程教学给我最大的感受就是变"授之以鱼"为"授之以渔"。其实"鱼"和"渔"都要教给学生，但注重哪一个体现了观念的不同。

"硅"在过去的教学中显得"无足轻重"，其教学设计曾经被视为"沙漠"。过去很少有教师愿意选择这个内容做公开课，原因是感觉知识简单，实验少，缺少可展示的设计。但在当今高速发展的信息时代，硅承担起重要的作用。教材将其作为非金属元素的开篇，无疑有非常好的导向作用。

经过本节课的教学，我深刻地体会到，并不是硅没得可教，而是过去的教学理念注重对知识本身的挖掘，缺少对学生学以致用能力的培养。而新课程在知识难度上的大大降低使得教学设计的重心转移到对方法的引导和化学实用性的轨道上。面对学生积极的学习热情，教师有责任为他们创设出更富有启发、更贴近生活的情境，让他们在质疑中学习，在讨论中提高，在问题解决中成长。只要我们更有创造性、更贴近生活地进行教学设计，就一定能让生活因化学而精彩，让化学在社会中闪光！

八、"苯酚"教学设计

设计实施者：刘　银

教学设计缘起：十年磨一课

从教十余年来，我分别在 2006 年、2010 年、2014 年进行了苯酚（第一课时）这一内容的不同版本的教学设计（图 2-22）。

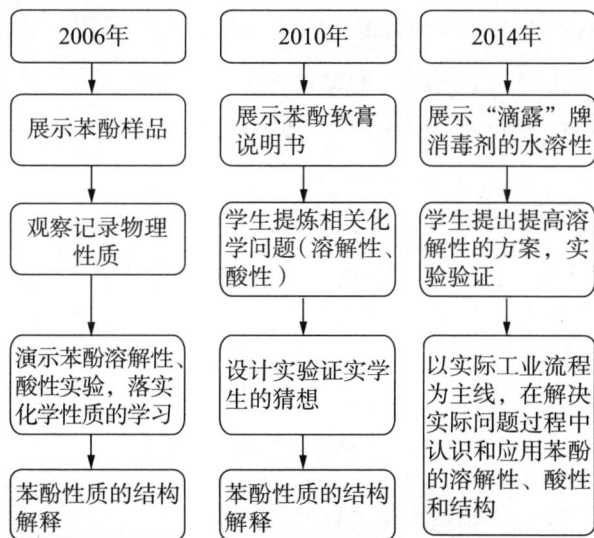

2006年	2010年	2014年
展示苯酚样品	展示苯酚软膏说明书	展示"滴露"牌消毒剂的水溶性
观察记录物理性质	学生提炼相关化学问题（溶解性、酸性）	学生提出提高溶解性的方案，实验验证
演示苯酚溶解性、酸性实验，落实化学性质的学习	设计实验证实学生的猜想	以实际工业流程为主线，在解决实际问题过程中认识和应用苯酚的溶解性、酸性和结构
苯酚性质的结构解释	苯酚性质的结构解释	

图 2-22　苯酚第一课时教学设计三个版本对比

可以看出，三个版本的教学设计从"亦步亦趋"的讲授式教学，到开始关注生活中的化学问题，再到解决工业情境中的实际问题；从教师主动给予事实性知识、学生被动接受知识，逐渐演变成教师引导学生进入一个发现问题（为什么不能与碱性物质混用？为什么要密闭保存？如何洗净？）、提出假设、实验验证、得出结论和解释的完整的科学探究过程；从应用到性质的"倒叙"；从"照方抓药"到由学生提出方案、进行验证……这些变化都凸显了以学生为主体、突出科学探究过程、学以致用的教学观念逐渐落地。

教学设计过程

2010年，在观摩全国高中化学优质课（华北区）大赛时，"铝的前世今生"和"如何证明苯和液溴发生取代反应"这两节课给我留下了深刻印象。两位老师都是截取了相关物质的典型性质，设计了精巧的情境线索，创设了具有思维容量的问题，给学生一个又一个展现思维的空间，学生在交流中不断碰撞出思维的火花。

我也想尝试这种"一案到底"的教学设计，但是苦于没有特别合适的素材。这时，一道关于工业处理含酚废水的流程题吸引了我，流程图如图2-23所示，它正符合我"一案到底"的设计追求。我把它作为"苯酚"课题的情境素材，形成了我2014年"苯酚"一课"一案到底"的思路。

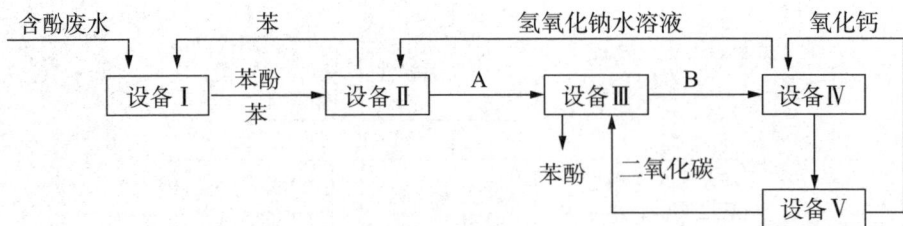

图2-23 含酚工业废水处理流程图

2014年后，受北京师范大学王磊教授"高端备课"项目的影响，我对教学的侧重点有了更进一步的认识。过去，我注重的仅仅是把知识讲清楚，讲明白，是"解惑"，"一案到底"也只不过是把知识的讲授变得更有条理，更符合认知逻辑。现在，我应该在"授业""传道"方面多加关注——传授给学生解决问题的思考角度和方法，帮助学生树立科学观念。

2016 年 3 月，在北京四中全国教学开放日展示活动中，我再次以"苯酚"作为课题，以"含酚废水的处理"作为情境素材，在板书设计、教师点评、实验设计等方面，将学生的高阶思维外显，受到来自全国同行们的一致好评。

课的结尾，我给出了"溶剂萃取脱酚法"的流程图（图 2-24）。

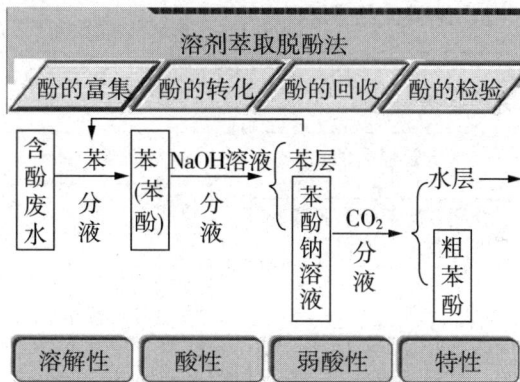

图 2-24　溶剂萃取脱酚法流程图

教学设计

在高中化学教科书中，苯酚是安排在乙醇之后介绍的又一种烃的含氧衍生物。苯酚中也含有羟基，学生通过对苯酚的学习可以进一步了解羟基官能团的性质，理解"结构决定性质""有机基团之间相互影响"等重要的化学观念。苯酚的溶解性和酸性为实验探究提供了很好的素材。本节课所采用的"溶剂萃取脱酚法处理含酚废水"这一工艺流程为学生运用知识解决实际问题搭建了平台。

1 教学过程

表 2-18 "苯酚"教学过程

核心环节	活动
环节一：认识苯酚的主要物理性质，了解物质结构对其物理性质的影响	**教师活动**　**学生活动** 演示实验：向水中加入"滴露"牌消毒液。 → 观察实验现象，倾听问题并思考，明确学习主题。 组织活动：引导学生观察实验现象，总结苯酚的主要物理性质，并能从结构角度给予解释。 → 观察，记录，归纳苯酚的溶解性。 微观解释：苯酚中的羟基和苯环共同影响了苯酚的物理性质。
环节二：认识苯酚的弱酸性，了解有机基团之间的相互影响	**教师活动**　**学生活动** 介绍"溶剂萃取脱酚法"的主要工业流程。 → 倾听，记录。 组织活动：引导学生关注苯酚性质在工艺流程中的应用及合理分离提纯方法的应用。通过数据对比，能从结构角度了解性质差异的根本原因。 → 酚的富集：利用苯酚的溶解性合理选择萃取剂。 酚的转化：增强设计、实施、评价实验的能力；提高运用所学知识解决实际问题的能力；了解有机基团间的相互影响。 酚的回收：进一步利用所学知识解决实际问题。 酚的检验：了解两种检验苯酚的方法。
环节三：总结脱酚工艺流程	**教师活动**　**学生活动** 引导学生关注苯酚性质在实际工艺流程中的运用。 → 加深对结构→性质→用途这一学习主线的理解，了解工艺流程设计的基本思路。

续表

板书设计	分子结构　⌬—OH

（板书内容）

分子结构　⌬—OH

物理性质　　　　　　化学性质
1.无色晶体，有特殊气味　　1.弱酸性

2.常温，在水中溶解性不大　⌬—OH+NaOH——→⌬—ONa+H₂O

$T>65℃$，与水混溶　　⌬—OH+Na₂CO₃——→⌬—ONa+NaHCO₃

易溶于乙醇、苯等有机溶剂　⌬—OH+NaHCO₃—✕→

⌬—ONa+H₂O+CO₂——→⌬—OH+NaHCO₃

电离H⁺能力H₂CO₃>⌬—OH>HCO₃⁻

结合H⁺能力HCO₃⁻<⌬—O⁻<CO₃²⁻

2　核心探究活动的实施过程

2.1　苯酚的溶解性

教师演示：苯酚溶于少量水中，呈乳浊液状。

【问题 1】怎么增大它的溶解性？

学生回答 1：加水。

学生回答 2：加热。

学生回答 3：加碱。

追问 1：为什么加碱？什么目的？

学生回答 4：相似相溶，苯酚和氢氧化钠都含有氢氧根。

教师引导：苯酚含有的是羟基，不是氢氧根。氢氧根带负电荷，可以自由移动，羟基不带电荷，不能自由移动。

学生回答 5：加入助溶剂。

追问 2：你选什么助溶剂？

学生回答 6：乙醇。

教师演示：将苯酚乳浊液平分三份，分别加水、加热、加乙醇至澄清，对比。

【问题2】你如何描述苯酚的溶解性？

学生回答：苯酚在水中溶解性小，在乙醇中溶解性大，加热能增大苯酚的溶解性。

【问题3】为什么苯酚在水、乙醇、苯中都有一定的溶解性？能否从结构角度进行解释？

学生回答：苯酚中含有羟基，与水和乙醇结构相似，又有苯环，所以既能溶于水中，又能溶于苯、乙醇中。

教师小结：苯酚溶解性与结构的关系。

核心探究活动的功能价值：本环节针对苯酚溶解性提出三个层次的问题，分别培养了学生多角度分析问题、观察与对比思维、认识结构决定性质的化学素养，也为后面苯酚性质的应用做了铺垫。

培养思维类型：分析性思维、探究性思维。

培养核心素养：宏观辨识与微观探析、科学探究与创新意识。

2.2 苯酚的酸性

教师展示：溶剂萃取脱酚法工艺流程图局部（图2-25）。

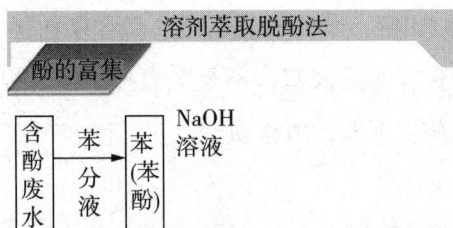

图2-25 溶剂萃取脱酚法工艺流程图局部

【问题1】工业上用NaOH溶液处理含苯酚的苯溶液，这预示着苯酚有酸性。**如何设计实验证明苯酚的酸性？**

学生 2 人一组，讨论。

全班交流。

学生回答 1：用 pH 试纸检测。

学生回答 2：选择金属。

追问 1：选什么金属？

学生回答 3：选金属钠，因为我觉得苯酚的酸性挺弱的，应该选一个活泼的金属和它反应。

追问 2：大家的意见呢？

学生回答 4：不能选金属钠，钠会先和水反应的。

学生回答 5：可以选一个不和水反应的金属，比如铁、锌。

追问 3：还有其他的方案吗？

学生回答 6：还可以用 Na_2CO_3 或者 $NaHCO_3$，看是否产生气体。

追问 4：你们为什么都不选 NaOH 呢？

学生回答 7：没现象啊！

教师引导：你们可以创造现象啊！

学生回答 8：我明白了！向含有酚酞的 NaOH 溶液中滴加苯酚溶液，看红色是否褪去。

追问 5：如果我没有酚酞呢？能看到现象吗？

学生回答 9：可以向苯酚的乳浊液中滴入 NaOH 溶液，如果溶液变澄清（生成苯酚钠），就能证明了。

教师布置实验：苯酚酸性的实验验证（实验方案见图 2-26）。

【问题 2】如何从苯酚钠的水溶液中回收苯酚？

学生回答 1：加酸。

追问 1：你是怎么想的？

学生回答 2：因为苯酚钠是苯酚加碱得到的，加酸能让它回去。

教师点评：非常好的逆向思维！

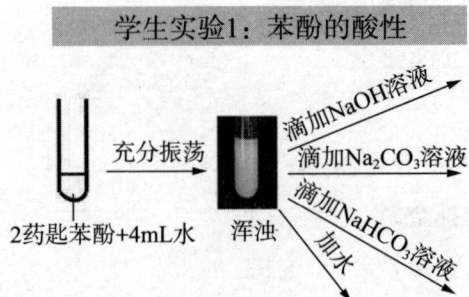

图 2-26　验证苯酚酸性的实验方案

追问 2：加什么酸？

学生回答 3：加盐酸，或者比苯酚强的酸就行。

追问 3：你的依据是什么？

学生回答 4：强酸制弱酸。

学生实验：向苯酚钠溶液中滴加醋酸，观察现象。

【问题 3】有的同学加入醋酸后并没有看到浑浊，你们觉得原因是什么？

学生回答 1：苯酚和醋酸反应了。

学生回答 2：苯酚溶在过量的醋酸里了。

追问：怎么证明谁说得对？

学生回答 3：滴加醋酸，别过量，看现象。

教师演示：向澄清的苯酚钠溶液中滴加醋酸，看到浑浊出现。

> **核心探究活动的功能价值**：本环节设计了两个核心问题"如何设计实验证明苯酚的酸性？""如何从苯酚钠的水溶液中回收苯酚？"，完成了"用以致学"和"学以致用"。同时，本环节涉及分析和实证两个层次。分析阶段，学生需要从酸的通性入手，以有关知识经验为前提、科学原理为依据，经过逻辑推理，提出系统假设。特别是 NaOH

溶液遇到苯酚是否有现象的问题，既可以激发学生的创造思维，又可以引起学生对前一演示实验中苯酚乳浊液的关注。实证阶段学生需要充分调动观察、比较、分析性思维，需要识别变量（苯酚的量、药品的量、水的量）和控制变量。

　　培养思维类型：系统性思维、探究性思维。

　　培养核心素养：科学探究与创新意识。

3　教学反思

3.1　什么样的引入是好的引入

苯酚软膏说明书的引入方式，贴近生活，能够激起学生的兴趣。但该素材最终指向的还是苯酚性质，最终学习的方向也还是性质。这样的设计有点虎头蛇尾，不能使学生形成持久的探究欲望，学习缺乏后劲。

在2014年的设计中，我再现了生活中使用"滴露"牌消毒液时出现的现象：将消毒液倒进水中，立即产生大量白色浑浊物。这一生活素材引起学生极大的兴趣，我借机提出了值得探究的一个问题："同为酚类物质，苯酚的溶解性如何？如何提高苯酚的溶解性？"通过对比实验，不仅使学生了解到苯酚的溶解性受溶剂、温度及苯酚结构的影响，也为后面含酚废水的富集提供了可靠的知识支撑。

我认为，如果教学设计开头的"惊艳"没有了后续有分量的内容（特别是思维层面）的支撑，未免昙花一现，甚至沦为噱头，不可取。

> 好的引入，应该能引发一系列有思维容量、有层次的问题，为学生的思维活动打开一扇窗。

好的引入，应该能引发一系列有思维容量、有层次的问题，为学生的思维活动打开一扇窗，使学生在解决问题中主动调用知识和技能，在思维火花的碰撞中慢慢接近事实的真相。

3.2　教师如何将思维培养外显化

2014 年和 2016 年的两版教学设计变化不大，但我在课上的教学行为却有很大的变化。**2014 年，我关注的是苯酚的性质学生能否顺利得出，是否总结准确；2016 年，我更关注学生得出结论的过程和思考角度。**

如果能对学生的回答给予肯定，并把思维到底优秀在哪儿点出来，传递给学生的就是思维的奥妙！

例如，当学生提出使用活泼的金属钠检验苯酚酸性，所给出的依据是"我觉得苯酚的酸性挺弱的，应该选一个活泼的金属和它反应"时，学生这个"遇弱则强"的思维给我留下了很深的印象：遇弱则强，强能制弱、强弱互补……。我发现学生的思维亮点不一定是说出了正确的答案，而是找到了一种解决问题的思维模式，这个回答比说出选择什么金属更有生命力。而能否关注到这一回答的价值，则体现出教师的教学观念和关注点。如果教师的关注点是知识，是标准答案，学生的这一答案很快会被否定。但如果能对学生的回答给予肯定，并把思维到底优秀在哪儿点出来，传递给学生的就是思维的奥妙！

再如：为了证明苯酚的酸性，大部分学生是向等浓度、等体积浑浊的苯酚中滴加 NaOH 溶液、Na_2CO_3 溶液、$NaHCO_3$ 溶液和 H_2O 直至澄清，观察溶液的体积变化（图 2-27、图 2-28）。

但有一个学生，则是控制加入等体积的溶液，来看苯酚浑浊的程度。这个控制变量的设计太精彩了！我向全班展示了他的实验成果，并给予了他高度的评价。

图 2-27　四等份苯酚与水形成的乳浊液

图2-28　从左至右分别向苯酚乳浊液中加入 NaOH 溶液、Na_2CO_3 溶液、$NaHCO_3$ 溶液、水至澄清

课堂上，只要有学生回答问题，就会有思维展现。很多时候，我们不缺少学生思维展现的机会，但缺少发现思维亮点的眼睛！一直以来我把关注学生思维活动看得比教学内容的落实更为重要，即便学生没有给出正确答案，我也会继续追问："你是怎么想到的？"并问其他学生："他说得有道理吗？你们有什么补充吗？"这样的问答方式能够将学生的思维充分外显，保护学生回答的积极性，在学生获得正确知识的同时更加体会到思维的力量。

> 很多时候，我们不缺少学生思维展现的机会，但缺少发现思维亮点的眼睛！

3.3　如何进行有效的科学探究

科学探究的一般过程是发现问题→提出假设→实验验证→解释结论，大部分教师已非常熟悉，并熟练应用于自己的教学设计中。然而，是不是有了这样的环节就叫作科学探究了呢？问题如何发现？假设由谁提出？哪些假设需要验证？如何验证？结论或解释怎样得出？这些问题需要教师认真思考。有些所谓的科学探究过程，要么是教师代替了学生的思与行，问题由教师提出，实验由教师设计，只是走一个探究的程序；要么是假装探究，故弄玄虚。这些探究都只是有了"形"，但缺乏"魂"。

在苯酚检验这一环节，在 2016 年的设计中，我展示了两种黄色的液体（溴水和 $FeCl_3$ 溶液），分别滴入苯酚溶液后，显出不同的变化，从而引出两种检验（图 2-29）。别小看这试剂滴入顺序的改变，它把学生被动接受、模仿记忆的学习过程，变成了像看魔术一样的质疑、思考和体验过程。

分别向溴水和 $FeCl_3$ 溶液中滴入苯酚溶液的预期现象是出现白色沉淀（三溴苯酚）和紫色溶液（苯酚和 $FeCl_3$ 的络合物）。演示时，由于没有控制好苯酚的量，导致溴水的黄色褪去，但没有出现白色沉淀；向 $FeCl_3$ 溶液中滴入苯酚后溶液更是变得黑乎乎的。是重做一遍？还是继续探究？我选择了后者。

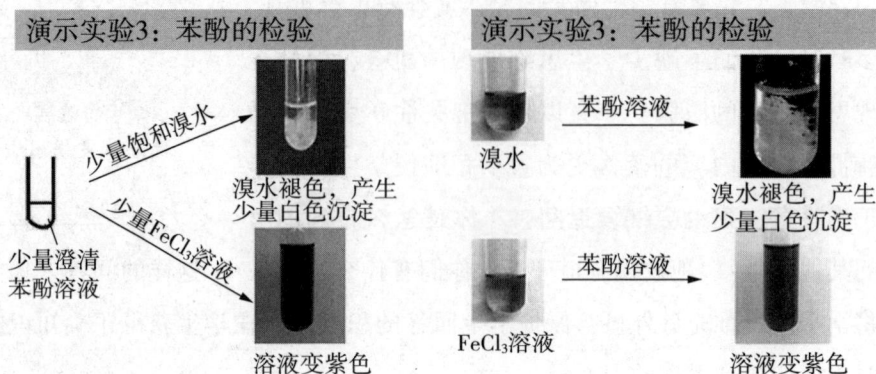

图 2-29　两次苯酚检验的实验设计

我首先落实：这个实验现象的不同可以证明苯酚可以用于二者鉴别（实验设计的目的已经达到）。

那么，为什么没有出现图 2-29 中的现象呢？如何让图片中的现象出现呢？经过讨论，有学生意识到既然现象和滴加的量有关，只要减少苯酚溶液的用量就可以。

这个课堂小插曲让我随机应变地把一次失误转变成又一次探究活动，虽然"FeCl₃溶液遇到过量苯酚为什么是黑乎乎的"这个问题没能完全解释，却让学生体会了探索未知的过程。

在现在的很多课堂上，探究的方向是教师暗示好的，探究的结果是教师预期到的，结论或解释也是早有公论。然而这更像是验证，而不是探究。二者的关键差别，就是所探究的内容是否已知，所得结论是否已知。这两个问题引申出的新问题，则是我们学习的最终目的——获取知识，掌握科学探究的一般方法，并把它们运用到实践当中。

重要的是学生面对未知问题能否自觉运用科学探究的一般流程来解决，这样才真正检验了方法是否在用、会用、好用。

我认为，对于一些教师准备的好的探究素材，要充分挖掘它值得探究的点，尽量将问题设计得"大"一些，给学生留足思维的空间。不要畏首畏尾，把问题人为拆解，这样会使学生的思维活动很难展开，探究流于形式。另外，教师还要抓住课堂上突发的一些思维亮点、异常现象等，把它转化成探究问题。这时，答案是什么已经不重要了，重要的是学生面对未知问题能否自觉运用科学探究的一般流程来解决，这样才真正检验了方法是否在用、会用、好用。在未知问题面前，教师不要把自己定位为解惑的"不倒翁"，教师应该是学生的引路者、辅助者甚至是同行者。知识是无穷尽的，教师要是把自己修炼成"百科全书"，仅仅是成就了自己；而若能把思维方法渗透给学生，就能够激发学生的创造力和学习动力，就能成就更多人。

在现阶段探究式教学与探究式学习实践中，只注重活动而不注重过程，只注重表面操作而不重视思维活动的现象较普遍。这也提醒我们：实实在在的科学思维培养未必要有大量的学生实验，未必要有激烈的思维冲突，如果能够对思维亮点进行及时的把握、深入的挖掘、恰当的点评，一样能让学生体会到思维的力量！一线教师在这方面的长期坚持与实践积累，必然能润物细无声地带给学生巨大的收获！

> 实实在在的科学思维培养未必要有大量的学生实验，未必要有激烈的思维冲突，如果能够对思维亮点进行及时的把握、深入的挖掘、恰当的点评，一样能让学生体会到思维的力量！

九、"蒸馏"和"物质的量浓度"（第一课时）教学设计

设计实施者：刘　银

教学设计缘起：从"学以致用"到"用以致学"

"学以致用"是现在教学改革的方向，教学和考试中都强调呈现真实的问题情境，把解决实际问题作为知识应用的目标。但是，现在的情况常常是"学以致用"变成"学后再用"。有没有可能把"学"和"用"的位置颠倒，在"用"中"学"呢？

我注意到了"蒸馏"这个课题。该课题以海水淡化为目的，分离提纯为手段，让学生学习蒸馏的原理、操作和适用体系。在初中，学生对蒸馏已经有了简单的了解，还见过其简易装置。在此基础上将蒸馏知识传授给学生，大约半节课就够了。然而，在这样的设计中，教师完全是课堂主体，蒸馏的知识体系（蒸馏原理、装置、操作、适用范围）都由教师按部就班地给出，学生只需要抄、记即可，是典型的"被动接受、模仿记忆"学习模式。在这样的课堂上，学生和教师都忽略了一些重要的问题，但恰恰又是最考验思维的本源问题：为什么会有蒸馏操作？蒸馏装置为什么是这样设计的？它到底解决了什么实际问题？于是，我开始思考：能不能让学生自主设计蒸馏装置呢？

教学设计过程

我发现，与初中阶段只要求学生知道蒸馏可以用于实验室制备蒸馏水相比，高中阶段对蒸馏的讲解更为系统和普适化，因此，初、高中阶段蒸馏装置的演变过程成了我备课的主要突破口。我以"如何提高海水淡化的效率"为任务，引导学生从发生装置、冷凝装置、接收装置三方面自主设计蒸馏装置，并在设计分离乙醇和水混合物的装置中进一步反思、评价、改进装置。通过两个进阶的核心探究问题"①如何改进实验室海水淡化的简易装置，提高蒸馏效率？②如何从乙醇和水的混合溶液中获得乙醇？"，鼓励学生逐渐搭建出蒸馏装置，体现了"用以致学"的设计初衷。

后来，我在"物质的量浓度"的教学中，再次尝试了这种设计，以"如何准确配制 100mL NaCl 溶液，使其含溶质 0.1mol？"为任务，使学生完成了对容量瓶这一仪器构造的自主设计。

教学设计

因为只在局部教学内容进行了尝试，所以以下只列出核心探究活动过程。

1　核心探究活动的实施过程

1.1　蒸馏装置改进

1.1.1　海水淡化装置的问题提出

【问题】海水淡化的简易装置如图 2-30 所示。**请思考这套装置的缺陷是什么，如何改进。**

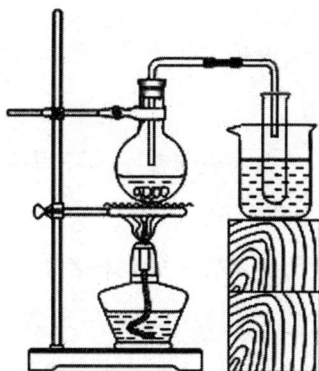

图 2-30　海水淡化的简易装置

学生活动：学生以小组为单位讨论、交流，各抒己见。

学生回答 1：插入冷凝烧杯中的导气管过短，冷凝不彻底。

学生回答 2：圆底烧瓶上方的出气口导管过长，水蒸气没出去就冷凝回流。

学生回答 3：接收烧杯中的水是死水，后来就变热了，冷凝效果差。

教师点评：非常好，大家都关注到了冷凝效率。下面我们一个一个解决大家发现的问题。

1.1.2　对冷凝装置的改进

【问题 1】针对后边导气管过短，如何改进呢？

学生回答 1：可以加长导气管。

学生回答 2：导气管太长，有些水蒸气在管内就冷凝了，流不出去。

学生回答 3：把管倾斜向下，让冷凝水流出来。

学生回答 4：把直管变成螺旋状，保证冷凝效果，又不占空间。（蛇形管雏形）

【问题2】圆底烧瓶上方的出气口导管过长，水蒸气没出去就冷凝回流了，如何改进呢？

学生回答：让导管从侧面出来。（蒸馏烧瓶雏形）

【问题3】接收烧杯中的水是死水，后来就变热了，怎么办？

（此处学生思维最为活跃，建议和质疑声此起彼伏。）

学生回答1：经常换水。

学生回答2：（质疑）太麻烦了！

学生回答3：用冷水浴。

学生回答4：（质疑）一会儿就又热了，还得换水，也麻烦。

学生回答5：让水流动起来。

学生回答6：（质疑）**想法不错，如何做到？**

学生回答7：（补充）突然想起小学的一道数学题，在烧杯上开两个口，一边进水，一边出水，不就流动了吗?！（冷凝管雏形）

学生回答8：（补充）用一个高级装置。（听说过冷凝管，没见过）

学生回答9：（质疑）上进水，下出水，根据热的物体密度小这一规律，流出去的永远是比较冷的水，效果并不好。

学生回答10：那就下进上出呗。（冷凝管使用的水流方向）

教师展示：改进过的蒸馏装置，将冷凝管（被学生称为高级仪器）的上下水接通。

【问题4】请观察，并解释为什么水流方向是下进上出。

学生回答1：让气体和冷水充分接触，否则同向流动，冷水还没有冷却气体就溜走了。

学生回答2：气体的方向是由热到冷，水流的方向是由冷到热，二者交互可以防止骤冷骤热，损坏仪器。

学生回答3：（恍然大悟）如果自上而下通入冷水，总会有一部分冷凝管没有被水充满，冷凝效果降低。

教师点评：第一，这种冷热接触的方式就好比两个人之间的交流，面对面的交流肯定比两人朝同一方向的交流要顺畅、方便、有效得多。第二，百闻不如一见。如果不让大家看看蒸馏装置中水上进下出，"冷凝管难被充满导致冷凝效率降低"这个问题就很难被意识到。

1.1.3　对接收装置的改进

【问题】**原接收装置有哪些缺陷？**

学生回答 1：试管体积小，接收冷凝水太少。

学生回答 2：烧杯体积大，但口径也大，有些来不及冷凝的水蒸气就损失掉了。

学生回答 3：圆底烧瓶体积大，口径小，但立不住。

追问：**如何改进呢？**

学生回答 4：用锥形瓶，兼顾了试管、烧杯的优点。

学生回答 5：用橡胶塞把锥形瓶的瓶口塞住。

学生质疑 6：整套装置处于密闭状态，会有安全隐患。

学生回答 7：在橡胶塞上打孔，装一个短玻璃管，与大气接通。（尾接管雏形）

核心探究活动的功能价值：本教学环节在改进蒸馏简易装置的任务驱动下，在类似头脑风暴的活动中充分调动了学生的观察、分析、评价、质疑、创新等多种思维活动，培养学生分类、对比等多种思维能力。在一波又一波质疑、解决、再质疑、再解决的思维碰撞中，蒸馏的三大主体装置（发生、冷凝、接收）被学生自主搭建起来。学生对提高冷凝效率的诸多建议（斜放、尽量短、用水代替空气冷凝、让水流动起来……）让冷凝管的结构呼之欲出。而冷凝水流动的实验展

示让学生预先的假设有了事实的支撑。学生通过观察、思考，对冷凝管的设计、使用原理有了更加深入的了解。

　　培养思维类型：分析性思维、创造性思维。

　　培养核心素养：证据推理与模型认知、科学探究与创新意识。

1.1.4　构建液态混合物的蒸馏装置

【问题1】要把"二锅头"酒中的酒精和水分开，**获得更纯净的酒精，如何改进装置**？

　　数据支持：酒精沸点，78.5℃；水沸点，100℃。（常压下）

　　学生活动：小组交流，各抒己见。

　　全班交流。

　　学生回答1：利用沸点差异，蒸发溶液。（方案①）

　　学生回答2：利用二者在某溶剂的溶解性差异，进行萃取。（方案②）

　　学生回答3：利用熔点差异，采用冰冻的办法。（方案③）

　　学生回答4：用浓硫酸吸水。（方案④）

　　学生回答5：用生石灰等与水反应。（方案⑤）

　　学生回答6：（质疑及改进）方案①中，水也会大量蒸发，可以控制温度减少水蒸发（初步形成设置温度计的想法）。

　　学生回答7：（质疑及改进）方案②中乙醇和水以任意比互溶，萃取剂选择困难。

　　学生回答8：（质疑及改进）方案③中乙醇也会被冰裹住，有损失，但可行。

　　学生回答9：（质疑及改进）方案④⑤过程放热，乙醇易挥发，且分离操作更加复杂。

　　教师点评：同学们都能利用二者化学、物理性质的差异进行分离，很好。

从可行性上看，首选物理方法，简便易行。蒸出去，或冻起来，都属于物理方法，创造了二者的不同状态。蒸馏是创造了气液不同状态，冰冻是创造液固不同状态。萃取不可取，冰冻没必要。蒸馏可行。

【问题2】温度计放在哪里？水银球置于什么位置？

学生回答1：把出气口改在瓶颈下面一点，上面开口留给温度计。

学生回答2：水银球的位置应该在距离出气口很近的地方，测量马上要被冷凝的蒸气的温度。

教师展示改进思路（图2-31）。

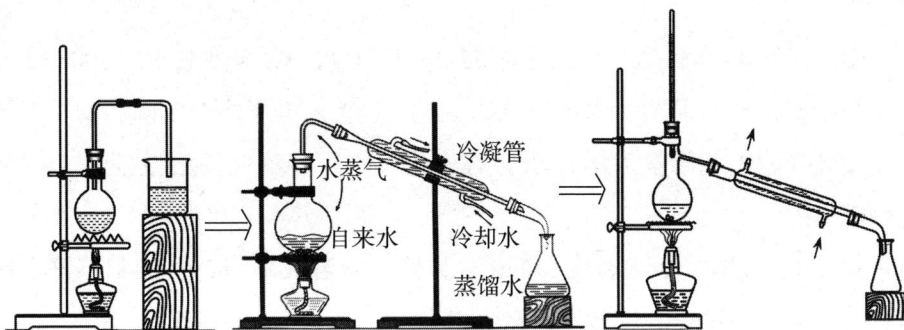

图 2-31　蒸馏装置改进对比

　　核心探究活动的功能价值：本教学环节以"二锅头"酒的蒸馏过程为情境，将探究重点聚焦在乙醇和水的性质差异上。学生能够从物理性质、化学性质两大角度寻找两种物质的差异，选择合理可行的分离方法。在进一步改进装置的过程中，学生的发散、评价、质疑、创新思维进一步得到锻炼。

　　培养思维类型：分析性思维、创造性思维。

　　培养核心素养：证据推理与模型认知、科学探究与创新意识。

1.2　配制精确浓度的溶液

【问题】上节课我们留了一道思考题：**如何准确配制 100mL NaCl 溶液，使其含溶质 0.1mol？** 下面请同学们谈谈自己的实验设计思路。

学生回答1：称量 5.85g NaCl 于烧杯中，用量筒量取 100mL 水加入烧杯中溶解。（方案①）

学生回答2：称量 5.85g NaCl 于烧杯中，用量筒量取（100－58.5）mL 的水溶解。（方案②）

学生回答3：（质疑）托盘天平怎么称量 5.85g NaCl？（教师告知可用电子天平）

学生回答4：（解惑）可以先称 58.5g 于 1L 水中，再取其中的 100mL。

学生回答5：（质疑）初中好像听说过，因为水分子中有缝隙，物质溶解时是钻到缝隙中。溶解后的体积会有变化。所以溶解完的溶液还是 1L 吗？（关键问题）

追问1：**方案①中溶剂是 100mL，方案②中溶液是 100g，但都不符合我的任务要求——100mL 溶液。怎么办？**

学生回答6：（改进）称量 5.85g NaCl 于烧杯中，慢慢加水至 0.1L。

学生回答7：（质疑）烧杯有刻度吗？

教师展示烧杯，确实有刻度。

学生回答8：（质疑）那烧杯的表面积那么大，加很多水，液面高度变化也不大，会配不准的。

学生回答9：（改进）称量 5.85g NaCl 于量筒中，加水至 0.1L。因为量筒比较瘦长，体积变化会比较明显。

学生回答10：（质疑）初中老师说过，量筒里不能溶解固体，必须在烧杯中操作。

学生回答11：（解惑）那就先在烧杯中溶解，再转移到量筒里。

学生回答12：（质疑并解惑）转移会有溶液挂壁，不准。可以用少量水洗涤，一并转移到烧杯中。

追问 2：**这样做会带来什么新问题吗？**

学生回答 13：量筒下方的溶液浓度大，上面的浓度小，不均匀。

学生回答 14：（改进）用玻璃棒搅拌就行。

学生回答 15：（质疑）量筒太瘦了，怎么搅？

学生回答 16：（改进）那就把量筒翻过来晃晃。

追问 3：**量筒没有配相应的盖子，怎么办？**

教师引导：烧杯只能溶解不能量，量筒只能量不能溶解，二者一起用又不能混合均匀，怎么办？

学生回答 17：（解惑）私人定制！肚大、脖细、有盖！（容量瓶的构造呼之欲出！）

教师展示：多种量程的容量瓶，仔细观察其构造，思考使用方法。

　　核心探究活动的功能价值：本教学环节在"准确配制溶液"的任务驱动下，为了实现对溶液浓度"准确"的要求，学生在自主构造容量瓶的过程中，要经历思维的发散和收敛，包括分析、评价、联想、想象、比较、质疑等思维活动。该环节的设计旨在培养学生的创新思维和质疑精神。

　　培养思维类型：分析性思维、创造性思维。

　　培养核心素养：证据推理与模型认知、科学探究与创新意识。

2　教学反思

2.1　学生的主体作用

"蒸馏"和"物质的量浓度"（第一课时）两节课的设计，有许多相似之处。例如：

（1）从解决一个实际问题出发，学生都有一定的知识和能力储备，入手容易，是"学以致用"；

（2）任务思维容量较大，可探究的点多，有层次感；

（3）由学生在解决问题的过程中自主建构知识体系；

（4）新知识的构建都在课堂后期水到渠成，是"用以致学"；

（5）选择的自主学习内容只是新知识的一小部分，并没有贯穿整堂课。

这样的设计，把最能突出学生思维培养的探究活动作为课堂教学重点，真正把学生定位为学习主体，在自主构建知识的过程中舍得把时间和精力留给学生，教师只起"穿针引线"的作用，在关键处点拨。

这样的探究过程充满了创新思维和质疑精神，学生和教师思在其中，学在其中，乐在其中。整堂课中最动人、最闪亮的就是交流中产生的疑问火花，刚被解决，又有新的质疑。提问者言之凿凿，切中要害；回答者据理力争，令人信服。就在这一来一往中，学生的高阶思维得以充分展现和发展。

2.2 教师的主导作用

对于学生的各种改进意见，我首先会给予肯定，再进一步引导"有没有更可行的方法?"。这样既保护了每一个学生的创造积极性，又保证了探究过程顺畅、科学地进行下去。

这样的教学设计，让教师腾出更多的精力关注学生的思维发展，关注学生的表达、交流能力。例如"蒸馏"一课中，学生的思路涉及很多知识点（如水浴、漏斗的妙用、检验乙醇中微量的水及无水乙醇的制取等），各种方案饱含了学生思维活跃的激情，显示了充分调动已有知识解决实际问题的强烈动机，这是学生未来发展重要的潜质，也是学生身上宝贵的想象力和创造性的见证。作为教师，我为学生的创造激情而鼓掌，也为能和这样的学生交流、体验创造的乐趣而骄傲！所以，对于学生的各种改进意见，我首先会给予肯定，哪怕有学生提出用水泵将简易装置中的水抽走，虽然不实际，也要先肯定他"把死水变活"的思路，再进一步引导"有没有更可行的方法?"。这样既保护了每一个学生的创造积极性，又保证了探究过程顺畅、科学地进行下去。

十、"硝酸氧化性的再认识"教学设计

设计实施者：刘　银

教学设计缘起：让课堂"翻转"起来！

2013 年寒假，我接到任务需要在西城区展示一节翻转课堂教学公开课，让其他老师对翻转课堂有直观认识。通过查阅资料，我对翻转课堂这种新的教学模式有了一定认识。所谓"翻转"，就是把"先教后学"变为"先学后教"，这种做法对提高课堂效率非常有好处。

仅仅对翻转课堂有概念上的了解还远远不够。化学翻转课堂的课怎么上？选什么课题？以什么样的形式翻转？准备的流程是什么？我咨询了北京市第五十六中学的高建忠老师。高老师带领北京市第五十六中学化学团队已经进行了一年半的翻转课堂实践活动。他非常详细地介绍了他们的一些课例，对我提出的疑惑进行了认真解答，让我在脑海中渐渐有了教学设计的雏形。

教学设计过程

结合教学进度，我把课题聚焦在氮元素上，初步设定了"课前自学""课下反馈""课上集中答疑"三个阶段。"课前自学"阶段以"氮的固定"微课为情境素材，将氮及其化合物的相关性质讲授给学生；"课下反馈"阶段是通过预先设计好的 10 道题，了解学生的自学效果，收集学生感到最困惑的问题；在试讲中我完成了"课上集中答疑"的阶段。

试讲下来，感觉课堂是翻转了，但就是一节"答疑课"，缺乏主线设计，重点不突出。经过思考我发现，学生当前最大的问题集中在对硝酸氧化性的认识上。硝酸具有氧化性，氢离子的作用是什么？浓、稀硝酸的氧化性谁更强？铝、铁为什么会有"钝化"现象？对于这些细节问题，学生并不清楚。

因此，我将设计的重点放在关注学生的这些模糊认识上，帮助学生从微观角度认识硝酸的氧化性，并通过学习感受氧化还原反应中内外因结合的特点。我决定以"硝酸氧化性的再认识"为核心课题，以"硝酸中体现氧化性的微粒是什么？""硝酸氧化性的强弱受什么因素影响？""硝酸和金属反应的规律是什么？"为问题线索，展开教学设计。

教学设计

1 背景分析

从内容上看，氮及其化合物之间的相互转化，不仅是自然界中非常重要的物质转化过程，也因为其价态多变、条件多变、产物多变而成为化学学习的难点。

从教学方式上看，充分利用课堂上师生面对面交流这一优势，在课堂上解决最核心、最难、最普遍的问题，提高课堂效率，是翻转课堂教学设计的关键。

从学情上看，经过第三章金属及其化合物、第四章非金属及其化合物前三节的学习，学生已经掌握了一定的元素化合物的知识和学习方法。此外，学生已经了解了硝酸的通性，对氢前金属与酸反应的规律也比较熟悉，这为采用翻转课堂教学模式研究含氮元素的物质转化提供了知识和能力基础。

2 教学过程

2.1 整体教学流程

整体教学流程如图 2-32 所示。

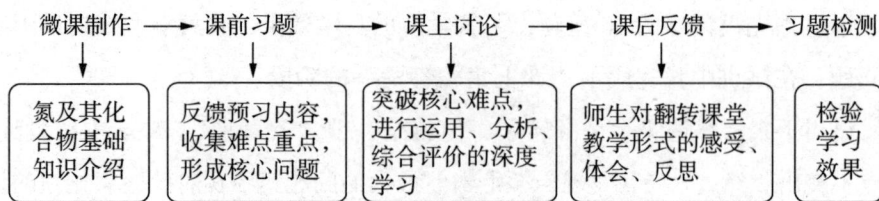

微课制作 ⟶ 课前习题 ⟶ 课上讨论 ⟶ 课后反馈 ⟶ 习题检测

| 氮及其化合物基础知识介绍 | 反馈预习内容，收集难点重点，形成核心问题 | 突破核心难点，进行运用、分析、综合评价的深度学习 | 师生对翻转课堂教学形式的感受、体会、反思 | 检验学习效果 |

图 2-32 硝酸氧化性的再认识的整体教学流程

2.2 整体教学设计

整体教学设计如图 2-33 所示。

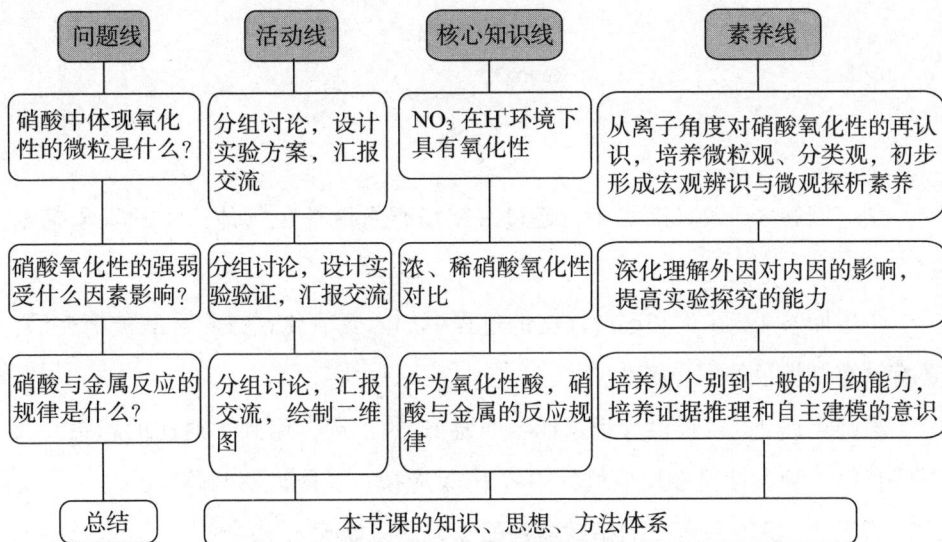

图 2-33　硝酸氧化性的再认识的整体教学设计

2.3　核心探究活动的实施过程

2.3.1　从微粒观角度认识硝酸根的氧化性以及氢离子的作用

【问题 1】硝酸中体现氧化性的微粒是什么？依据是什么？

学生回答 1：是 NO_3^-，事实依据是 Cu 与硝酸反应，无论是浓硝酸还是稀硝酸，均产生 NO_x，NO_3^- 中 N（+5）得电子，体现氧化性。

学生回答 2：浓硝酸和红热的 C 反应，NO_3^- 中 N（+5）得电子变成 NO_2，体现氧化性。

教师点评 1：体现氧化性的微粒、变价元素的价态、还原的产物，表述得非常清楚。

追问 1：NO_3^- 体现氧化性时，H^+ 有作用吗？NO_3^- 氧化金属需要酸性环境吗？能设计实验证实你的想法吗？

小组讨论、交流，充分发表意见。

$$Cu+NO_3^- \begin{cases} +H^+ \to ? \\ +Na^+ \to ? \end{cases}$$

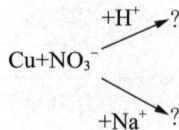

学生回答3：做对比实验，通过观察是否有红棕色气体产生的现象判断H^+的作用。

学生回答4：在铜和硝酸反应的过程中加入氢氧化钠，看看酸被消耗后，还有没有红棕色的气体产生。

教师点评2：两种设计都选择了回避H^+的干扰，用到了对比的思想，非常棒！第二种设计是在反应过程中将H^+反应掉，更能说明问题！

追问2：**是不是所有的硝酸盐都能选为反应物呢？**

学生回答5：应该是。

学生回答6：不是，$AgNO_3$不行，Cu会和Ag^+置换。

教师点评3：选择硝酸盐时应注意控制变量，不要选择具有氧化性的Ag^+、Fe^{3+}等硝酸盐。

教师按照学生的设计思路，展示实验图片（图2-34），学生描述，教师点评。

盐酸　$NaNO_3$溶液　等浓度的盐酸和$NaNO_3$溶液混合

加入锌片后的反应过程

图2-34　氢离子在硝酸与金属反应中的作用对比实验

【问题2】铜与稀硫酸不反应。那么，**向铜与稀硫酸的混合溶液中加入什**

么试剂，就能让铜溶解？请大家从分类的角度将所选试剂写在小题板上。

学生以小组为单位讨论，书写。

教师展示学生的书写结果。

第一种分类法：必须含有 NO_3^-，如 HNO_3、$NaNO_3$ 等。

第二种分类法：高价态的盐类物质，如 Ag^+、Fe^{3+}、NO_3^- 等。

第三种分类法：从物质类别的角度，酸、氧化物、盐类物质，可以选硝酸、N_2O_5、Fe^{3+} 等。

教师点评：选择角度——加氧化剂；选择方法——分类法（非金属单质、氧化物、氧化性酸、某些盐）；活学活用——选择 NO_3^- 的同学意识到稀硫酸提供酸性环境可帮助 NO_3^- 氧化 Cu，是对刚学过的从微粒角度看硝酸的应用。值得表扬！

【问题 3】向铁、铜混合粉末中加入一定量的稀硝酸，充分反应，剩余金属 m_1g。再向其中加入一定量的稀硫酸，充分反应，剩余金属 m_2g。则 m_1 与 m_2 的大小关系是什么？

学生小组交流、汇报。

学生回答 1：我认为 $m_1 \geq m_2$。我的思路是，首先，铁比铜活泼，先和硝酸反应。假设硝酸先反应完，铁有剩余，加入硫酸后铁会继续和硫酸反应，剩余金属质量减少，$m_1 > m_2$；假设铁先反应完，铜继续消耗硝酸。待硝酸反应完，有铜剩余，再加稀硫酸，不再溶解铜，剩余金属质量不变。所以 $m_1 = m_2$。

学生回答 2：我认为 $m_1 > m_2$。只需要反驳"="就可以了。硝酸虽然反应完了，但溶液中有 NO_3^- 存在，加入稀硫酸，提供了 H^+，NO_3^- 在 H^+ 环境中会继续氧化金属，所以肯定是 $m_1 > m_2$。

追问 1：那么在第一阶段，有 NO_3^- 剩余，为什么不能继续溶解铜了呢？

学生回答 3：因为 H^+ 没有了。

追问 2：加入稀硫酸的作用是什么呢？

学生回答4：补充 H^+，让 NO_3^- 继续体现氧化性。

追问3：NO_3^- 都去体现氧化性了，谁做阴离子平衡电荷呢？

学生回答5：SO_4^{2-}。

教师小结：通过讨论，我们再一次认识到，硝酸的氧化性，是在 H^+ 作用下 NO_3^- 的体现。我们要从微粒的角度认识这一点。

核心探究活动的功能价值：本教学环节，通过定性和定量两个方面，三个有梯度的问题，帮助学生从微粒观角度认识和理解硝酸的氧化性。在第一个问题中，不论是从现象中提取实证信息，还是设计对比实验，都需要学生具备观察、信息提取、变量控制等能力要素。第二个问题训练了学生分类、有序的思维习惯。第三个问题从半定量角度考查了学生思维的全面性、有序性、逻辑性。

2.3.2　浓、稀硝酸氧化性对比

【问题】硝酸氧化性的强弱受什么因素影响？浓、稀硝酸谁的氧化性更强？

教师展示学生对浓、稀硝酸氧化性比较的认识。

学生观点1：稀硝酸氧化性强，因为反应过程中元素价态变化大，说明生成物得电子更多，氧化性更强。

学生观点2：氧化性取决于得电子的能力，而非化合价的变化。

学生观点3：浓硝酸氧化性强，即便生成 NO，也能将 NO 氧化为 NO_2，所以最终产物是 NO_2。

学生观点4：浓硝酸氧化性强，因为它的还原产物 NO_2 比稀硝酸的还原产物 NO 氧化性强。

学生观点5：浓硝酸氧化性强，因为浓硝酸能将 I^- 氧化到 IO_3^-，稀硝酸只能把 I^- 氧化到 I_2（查阅的资料）。

追问1：**大多数同学都同意浓硝酸氧化性更强，那么，如何否定第一种观点？**

学生回答1：氧化性强弱和得电子多少无关。Na、Mg、Al 的还原性逐渐递减，但失电子的个数是逐渐增多的。化合价变化最大的是 Al。

学生回答2：浓硝酸得到更少的电子就能氧化同样多的铜，更说明浓硝酸的氧化性强。

追问2：**解决这个问题的最好办法，就是实证研究。大家看看，以上观点中哪种观点有实证的影子？你能否设计一个实验来证明你的想法？**

学生回答3：以验证浓硝酸能将 NO 氧化而稀硝酸不能将 NO 氧化为实验目的，进行对比实验设计。

学生活动：以小组为单位，设计浓、稀硝酸氧化性对比的实验方案。

方案展示（见图 2-35）。

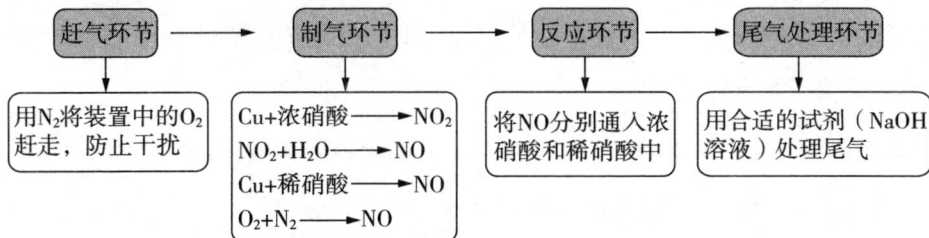

图 2-35 浓、稀硝酸氧化性对比实验方案

实验装置图如图 2-36 所示。

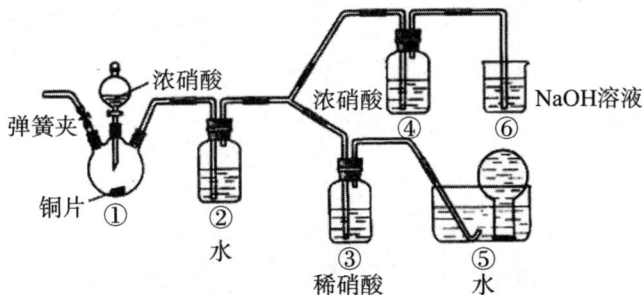

图 2-36 浓、稀硝酸氧化性强弱对比实验装置图

教师点评：

（1）制气方法很多，如果考虑反应速度的话，那么用装置①制备 NO 比较合适；

（2）整个方案设计的环节非常完整，特别是尾气处理环节，环保意识很好。

核心探究活动的功能价值：本教学环节设计了论证和实证两个层次。论证环节通过创设矛盾冲突"产物的化合价高低到底能不能证明硝酸的氧化性强弱？"，深化学生关于外因对内因影响的认识，深化对氧化还原反应原理的认识，反映的是学生的观察、对比、分析、论证、批判等思维过程。实证环节学生需要明确原理，选择合适的试剂、实验装置和反应条件，设计完整、步骤有序的实验方案，锻炼了学生的设计、改进、优化、评价等多种能力，旨在提升学生的证据推理能力和实验方案设计能力。

2.3.3 硝酸与金属的反应规律

【问题】**硝酸和金属的反应规律是什么？**

学生回答 1：硝酸能把常见金属氧化到最高价态，自身被还原成 NO 或 NO_2。

学生回答 2：我们把硝酸分成浓、稀两类，金属分成氢前、氢后两类。

①氢前金属 Al 与浓硝酸会发生"钝化"；

②氢前金属 Zn 与浓硝酸生成 NO_2；

③氢后金属 Cu 与浓硝酸生成 NO_2；

④氢后金属 Au、Pt 与浓硝酸不反应。

追问：**什么是"钝化"？**

学生回答 3：一种剧烈的反应，生成致密氧化膜，阻碍进一步反应。

教师点评：有分类的意识，面对复杂的问题，能从分类的角度说得更清楚，非常好。

教师小结：金属与硝酸的反应规律，与微粒 NO_3^- 和 H^+、硝酸的浓度及金属的活泼性都有密切关系。可以用二维图表示这种关系。（图 2-37）

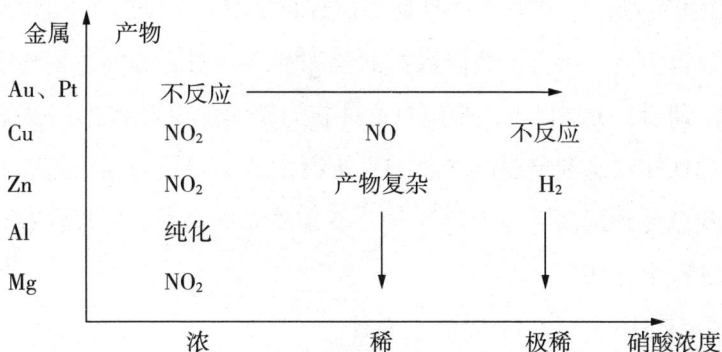

图 2-37　硝酸与金属反应规律二维图

核心探究活动的功能价值：本教学环节的设计已经从微观走向宏观，从个别走向一般。面对硝酸浓度和金属活泼性两个变量，学生需要从分类、控制变量两个角度组织思维和语言，这是一个将前面对硝酸氧化性的认识上升到结构化的过程。

3　教学反思

3.1　对"翻转课堂"的一点感悟

翻转课堂到底"翻转"了什么？

翻转课堂将"先教后学"变为"先学后教"，讨论的是从学生的提问中精选的带有普遍性的问题。在翻转课堂中，教师更有精力和时间去挖掘、设计深层次的问题，对重难点进行突破，发展学生的高阶思维，将课堂效率最大化。

3.2 翻转课堂模式是否提高了课堂效率

从授课时间上说，基础知识和实验均在课前微课和习题中呈现，课上集中解决核心问题。原本需要4课时的内容，我们用了2.5课时完成，而且讨论得特别充分。

90%以上的学生能够非常认真地完成课前习题，在课上分组选题和交流中，学生显得主动、兴奋，共同探讨的氛围浓厚，对较难问题的质疑和思维碰撞明显。课后，90%以上的学生对这种新的教学模式表示出了浓厚兴趣。

学生的认知状态和情感准备状态直接决定着学习的效果。这次翻转课堂的经验让我感受到提高学生学习兴趣，不光要有好素材、好授课设计，还要有吸引人的教学方式。

3.3 如何让知识的内化过程更有效

在课题的选取上，我们按照普遍性、综合性、专题性原则，抽提出"硝酸氧化性的再认识"专题，将问题聚焦。

在组织形式上，我们将学生分成6组，每组6~7人。每组限定一个小专题，每专题限定两个组完成，在短时间内集中解决问题。

在辅助设施上，我们选择用小题板来展示学生思维，用小闹钟来控制讨论时间的方式，效果良好。

3.4 教师在知识内化过程中的角色担当

这堂课中，学生是学习的主体，教师把自己定位成组织者、协作者、提炼者。

面对学生的表述，教师不是用简单的"好，不错"来评价，而是非常具体地把"好在哪里"表达出来。

面对学生的表述，教师不是用简单的"好，不错"来评价，而是非常具体地把"好在哪里"表达出来。例如，当学生描述完硝酸中氧化性的微粒后，教师点评"体现氧化性的微粒、变价元素的价态、还原的产物，表述得非常清楚"；当学生描述实验现象时，教师点评"观察仔细，描述准确，推理合理"。

这样的点评不仅让受表扬的学生更有成就感，明确自己获得表扬的原因，也为其他学生提供了思维展现和语言表达的标准，培养了学生的精细思维。

另外，教师在点评时也非常注意渗透学科思想和方法。比如，在三个核心问题解决中，教师一直追问："有事实依据吗?""能实验验证吗?"，引导学生体会"实证"在研究中的重要价值。

> 教师在点评时要注意渗透学科思想和方法，比如，教师可以追问"有事实依据吗?""能实验验证吗?"，引导学生体会"实证"在研究中的重要价值。

本节课非常重视分类法的使用，教学中多次渗透。例如，在引入中，教师面对学生提出的大量问题，指出"解决这么多问题，有效的办法是将它们分类，并提炼出核心问题，集中加以解决"；在选择试剂溶解 Cu 和稀硫酸混合物中的 Cu 的时候，在解决 m_1 和 m_2 的大小关系时，在请学生描述硝酸与金属反应规律时，教师都引导或肯定了学生分类的思想。

第三章 TCIM 模式指导下的探究教学中情境创设的价值、原则和实践

第一节 TCIM 模式指导下的探究教学中情境创设的价值和原则

科学探究教学的深入开展要求教师从学生的现有知识或当前概念背景出发，创设相应的教学情境，引导学生发现问题、提出假设和检验假设，主动建构对核心概念的科学认识，提高高阶思维和创造力。探究教学中的情境创设在更高层次上要求教师为其教学过程和教学效果负责，要求教师的教学设计既有技术性，又体现艺术性。

一、科学探究教学中情境创设的价值是什么

教学情境是课程教学系统的内在组成部分，是教学的具体情境的认知逻辑、情感、行为、社会和发展历程等方面背景的综合体，是一种可以选择和创造的知识获得、理解及应用微环境。① 教学情境的特点和功能不仅在于可以激发和促进学生的情感活动，还在于可以激发和促进学生的认知活动和实践活动，有效地改善教与学。深刻认识情境创设的价值，总结情境创设的原则，对科学探究教学的深入发展具有重要的理论意义和实践价值。

---

① 耿莉莉，吴俊明. 深化对情境的认识，改进化学情境教学 [J]. 课程·教材·教法，2004
(3)：72-76.

情境学习理论强调有效的教学应统筹考虑教育者、学习者、教学内容、物理环境与社会环境等各个要素，将学生的学习与发展置于开放的、与外界不断互动的生态系统中来考虑。① 科学探究教学中，有效的情境创设是在充分考虑教学内容和教师、学生的情况前提下展开的，有助于在探究过程中激发学生学习兴趣和学习潜能，最大限度地训练和发展学生的科学探究意识和能力②；有助于建立相互接纳、相互理解、民主和谐的师生关系③；有助于教师的专业化发展。

（一）有助于落实 STSE 教育

新课程实施以来，科学探究教学中 STSE（Science，Technology，Society and Environment，科学、技术、社会与环境）教育备受重视。以我国普通高中化学课程标准实验教科书为例，教科书中化学知识与科学、技术、社会和环境等内容密切相关，来自这些领域的拓展性知识和信息也为高中化学探究教学提供了丰富的情境素材。有效使用情境素材的探究教学设计，可以将科技、社会、环境中的化学相关素材有机整合，引导学生关注人类面临的、与化学相关的问题，帮助学生对这些现象和问题做出科学合理的判断和解释，培养学生的社会责任感、参与意识和决策能力。

（二）有助于构建民主和谐的高效课堂

教育家陶行知认为：科学是从把戏中玩出来的。探究教学的倡导者和实验者美国教学法专家萨奇曼也指出，课堂上学生感到自由和较小的压力是开展探究教学的两个重要条件。④ 在科学探究教学中，恰当的情境素材给学生提供了较大的思维活动空间。此外，小组协作是探究教学中的常用活动方式。小组交流帮助成绩较差的学生进步，同时又不阻碍成绩较好的学生继续提高理解水平，有助于营造融洽的课堂气氛。

---

① 梁好翠．情境学习理论及其教学涵义［J］．广西社会科学，2004（12）：175-177.
② 刘银．浅谈课题引入中创设问题情景的原则和方式［J］．化学教育，2007（1）：23-25.
③ 张联合．新课程理念下化学有效教学的建构［J］．课程・教材・教法，2005（1）：62-66.
④ 徐学福．科学探究与科学探究教学［J］．课程・教材・教法，2002（12）：20-23.

（三）有助于学生创造力的培养

培养学生的创造力是当前科学教育的一个重要目标。已有理论和教学实践证明，科学探究教学可以培养学生与创造力有关的思维方式和行为倾向。创设情境有助于激发学生的学习兴趣，产生对任务感兴趣的内在动机。在教学设计中，要通过情境创设为学生创造空间，鼓励他们对现实、知识和意义进行建构，最终目的是希望个体从知识结构的兴趣点中产生思维内容的新质。同时，学生创造性想法的产生需要一个支持并鼓励创造性想法的环境。选择合适情境素材构建的民主和谐的探究教学环境，鼓励学生敢于质疑，乐于标新立异，在轻松愉快的课堂环境中养成勇于探索和创新的习惯。

（四）有助于教育和教学的协调统一

中学课堂教学的优势在于将学科学习和学生教育联系在一起。情境素材为课堂教学提供了丰富的可供教育教学选择的案例。课堂教学的关键不仅在于教会学生知识和技能，更应该培养学生的创新动机，激发学生的探究兴趣，健全学生的人格，培养其正确的价值观和诚实正直的品质。选择恰当情境进行科学探究教学，不仅有助于学生利用自己原有认知结构中的有关知识与经验去建构新知识，而且有助于他们将学习与生活、社会中的一些现象、事件或道理联系起来，获得情感道德教育。

（五）有助于教师的专业化发展

教师掌握学科核心概念、原理和方法，是从事探究教学的前提。在科学探究教学中创设情境，要求教师不仅掌握结论性的知识，更要了解相关学科的发展史及其与生产、生活相关联的知识。教师需要从学生的角度体验和参与科学探究，以增强对学科探究的理解，掌握科学教育的实质。[1]在学生创造力培养中，以教师作用来说，发展学生的创造力最有效的方法就是做出创造性的榜样。学生不是在教师告诉他们要提高创造能力的时候

---

[1] 何善亮. 美国科学教育师资培训的研究及启示 [J]. 比较教育研究，2006（2）：82-86.

就能表现出创造力，而是需要以创造性角色为榜样去学习模仿。教师要教给学生思维方法，这不仅意味着教师的教学内容面临转变，更是促进教师专业化发展的机遇。

二、科学探究教学中情境创设的原则是什么

教育家陶行知这样阐述科学生成的过程："行动生困难，困难生疑问，疑问生假设，假设生试验，试验生断语，断语又生行动，如此演进于无穷。"科学探究的过程是行动的过程，是克服困难的过程，是产生问题、解决问题的过程。要想让科学探究过程无穷演进下去，就要不断激发学生的兴趣，让其产生行动。情境创设要以培养学生的学习兴趣为前提，激发学生发现问题、提出问题的主动性；要以观察、实践为基础，强化学生探究学习的过程性；要以发展学生的思维为中心，着眼于培养学生的创造性；要以陶冶学生的情感为动因，渗透教育性。[①] 科学探究教学中，情境创设要注意以下四条原则。

> 教育家陶行知这样阐述科学生成的过程："行动生困难，困难生疑问，疑问生假设，假设生试验，试验生断语，断语又生行动，如此演进于无穷。"

（一）教师要对情境素材进行必要的加工创造

即优化情境素材中各部分内容的呈现顺序，使情境素材的呈现顺序与知识本体的逻辑性一致。精致情境素材的内容，使其有利于学生的思维发展。提倡学生在对情境素材的分析中运用批判性思维，重视情境素材的科学价值和教育价值。

如"难溶电解质的沉淀溶解平衡"一课中，我们选用《每周质量报告》节目中的《致命的咸蛋》中"钡盐中毒"事件为情境素材。本节课要实现的知识目标是建立沉淀溶解平衡并实现沉淀溶解平衡的应用：沉淀的生成、溶解和转化。"钡盐中毒"事件情境中存在 $BaSO_4$ 和 $BaCO_3$ 两个沉淀溶解平衡体

---

① 田慧生. 情境教学：情境教育的时代特征与意义 [J]. 课程·教材·教法，1999（7）：18-21.

系。到底用哪个平衡体系建立沉淀溶解平衡的概念？建立概念后又怎样从情境素材和知识自然过渡到沉淀溶解平衡的应用？教师在充分考虑科学性、知识的逻辑性以及学生认知水平的基础上，挖掘钡盐中毒的救治方法及工业上可溶性钡盐的生产原理，选定以 $BaSO_4$ 体系建构沉淀溶解平衡模型并定量解决钡盐中毒的救治问题。以情境素材中可溶性钡盐的来历过渡，自然转入沉淀溶解平衡的应用环节，最终以工业上可溶性钡盐来源于 $BaCO_3$，$BaCO_3$ 又来源于 $BaSO_4$ 为线索，将沉淀的溶解和转化联系起来。经过选择精致，使情境素材的呈现顺序和知识的逻辑性一致，且为核心问题的探究服务。这种素材整体化且与知识统一的设计方式，有利于学生将更多注意力投入到核心问题的探究上。

（二）有利于学生利用情境素材发现问题和提出问题

精心选择的情境素材要能激发学生的探究兴趣，引导学生提出问题和假设，培养学生的创新动机和情感。有的情境素材可能对学生来说是陌生且相对复杂的，要鼓励学生尝试并容忍不完美甚至错误的假设，重视培养学生的批判性思维和发散联想、假设创造的高阶思维。

如"苯酚"一课的探究式教学设计中，我们选用工业含酚废水的处理方法之一"溶剂萃取脱酚法"作为情境素材，向学生介绍了工业脱酚的两次萃取过程（图3-1）。

```
┌──────────┐  苯   ┌──────────┐ NaOH溶液 ┌──────────────┐
│ 含酚废水 │ ───→ │ 苯（苯酚）│ ──────→ │ 水（苯酚钠）│
└──────────┘ 萃取  └──────────┘  反萃取  └──────────────┘
```

图3-1　溶剂萃取脱酚法

学生依据反萃取过程中选用 NaOH 溶液这一信息，提出苯酚应具有酸性，并选择 Na_2CO_3 溶液、$NaHCO_3$ 溶液作为检验其酸性强弱的试剂，通过设计实验方案、实施实验、交流实验现象、总结实验结论等环节对苯酚的酸性有了清晰的了解。这时，教师适时提问："如何回收水溶液中的苯酚呢？"一部分学生能够利用刚刚获得的苯酚的酸性知识，提出向水溶液中加入比苯酚稍强的酸（盐酸或碳酸），将苯酚钠转化为苯酚。正当学生为知识的应用兴奋不已的时候，一名学生提出这样一个问题："工业上设置了两次萃取过程，水溶液中的酚并没有脱离水的体系，这样做的价值和意义又在哪呢？"一石激起千层浪，有些学生开始怀疑，而更多的学生在认真思考答案。在一番讨论交流中，学生们逐渐意识到"富集"在工业生产中的重要作用。

（三）有利于学生利用情境素材收集证据和解释结论

有些情境素材可以为探究活动提供有益的证据，特别是当贯穿始终的情境素材与核心知识的逻辑性一致时，要引导学生在核心知识的逻辑推理中获得理论证据，从情境素材中获得事实性证据。如"金属的电化学腐蚀与防护"一课中，我们以市面销售的暖贴"暖宝宝"为情境素材，"暖宝宝"发热原理的探究即为本节课的核心探究：金属的电化学腐蚀原理的探究。教师引导学生由真实的问题情境提出探究性问题："暖宝宝"的发热原理是什么？学生提出预测：铁粉被氧化的过程放热，且 Fe-C 形成原电池快速放热。在学生提出初步假设后，教师引导学生将该探究问题进行细化，拆分为三个有梯度的问题：（1）设计实验探究氧化铁粉的氧化剂是 O_2 还是 H^+；（2）设计实验探究铁粉的氧化产物是 Fe^{2+} 还是 Fe^{3+}；（3）探究 O_2 和 H^+ 氧化铁粉的环境条件要求。教师引导学生结合已有知识经验提出猜想假设，用"暖宝宝"的真实材料进行实验探究，收集证据，进行分析论证并解释结论，为三个梯度探究问题的解决提供了有力证据。

（四）有利于学生利用情境素材进行反思和评估

情境素材可以为学生提供检验和应用知识的机会。在实践中教师要培养学生的证据意识，锻炼学生的批判性思维和聚合思维，建立实践是检验真理的唯一标准的观念。如"金属的电化学腐蚀与防护"中，传统的教学设计一般先从金属电化学腐蚀的危害引入，探究金属电化学腐蚀的原理，然后再提到金属电化学腐蚀的原理也是可以被利用的，往往在金属电化学腐蚀的危害上用的笔墨更多一些。我们在设计本节课时，认为金属电化学腐蚀的原理本身并没有好坏之说，只不过它在不同情况下带来的结果和影响可能有很大的差别。情境素材中"暖宝宝"的发热原理，实际上是"金属电化学腐蚀原理"这一核心知识的正面应用。设计从金属电化学腐蚀原理的应用切入，既能让学生客观地学习金属电化学腐蚀的原理，又能引导学生更全面地认识这一原理，并启发他们在实际生活和工业生产中趋利避害。在学生的课堂发言中，有学生体会到：知识是一把双刃剑，关键看掌握知识的人如何应用。可见这种使用情境素材的方式在引导学生辩证地看问题上效果显著，有利于培养学生反思、评估的高阶思维，解决冲突、灵活思维的创新能力。

三、科学探究教学情境创设需要解决的几个问题

（一）情境的全程性与局部性使用问题

利用情境素材进行探究教学，既要重视其在学生兴趣激发和问题提出中的功能，也要重视其在探究过程中的作用，更要关注其对探究结果的价值。在选择情境素材时，尽量选择能全程使用的素材，这样避免了学生在一节课内不断地在不同素材之间切换，让学生将更多的精力集中在核心知识的学习和思维的发展上。所以教师要在日常的素材收集整理和深度挖掘上下功夫。同时，教师也要注意不能完全拘泥于全程使用情境素材或者一定要一份素材"一案到底"。有时在关键的核心探究问题上，如果恰好有一份科学、恰当的素材可以使用，那么我们就将这一素材的价值充分发挥，也能达到很好的探究效果。

（二）情境素材的真实性与可塑性问题

科学探究教学的重要目的之一是帮助学生将与科学相关的日常经验上升到科学概念，使他们在理解自然现象或问题时能像科学家那样思考。这就要求科学探究教学中的情境素材更多来自科技、社会、生活中的真实事例，而

且最好是贴近学生生活的。真实的情境素材也要求学生关注问题解决，且有利于教师和学生共同关注探究过程和探究结果。但是，有些真实的情境素材对学生来说存在复杂性强和陌生度大的特点，因此我们也鼓励教师对真实情境素材进行加工和优化，让学生在相对简化的情境中构建相对简单的模型，完成探究过程；然后留下开放性的问题，让学生在有时间、有精力和有能力的时候，分析真实情境下多因素影响的复杂探究。

（三）情境素材的形式和价值问题

情境素材可以有多种形式，可以是带给学生多重感官刺激的视频、音频，也可以是一份真实准确、看上去平淡无奇的数据资料。选取情境素材时，教师不要只关注素材的表现方式，更要关注素材对探究教学的支持作用，对学生思维发展的价值；不仅要关注情境素材与核心知识和探究过程的匹配度，更要关注情境素材的证据作用和对新问题的引发作用。情境素材不仅要境中寓理，更要境中含情；不仅要有教学功能，更要有教育价值。

> 情境素材不仅要境中寓理，更要境中含情；不仅要有教学功能，更要有教育价值。

德国教育家第斯多惠说："教学的艺术不在于传授的本领，而在于激励、唤醒、鼓舞。"新课程背景下的科学探究教学，教师应该是学生学习环境的营造者，创新知识的引领者，教学资源的选择者和开发者。科学探究教学中，教师应精心创设教学情境，激发学生的学习兴趣和探究欲望，为学生探究过程中的问题解决提供有价值的证据支持，引导学生解释结论和反思评估，以期实现对学生科学探究、知识理解、科学思维和创新能力四者之间的协同培养。这是科学探究教学深入发展的要求，也是教学改革的追求。

> 德国教育家第斯多惠说："教学的艺术不在于传授的本领，而在于激励、唤醒、鼓舞。"

第二节 TCIM 模式指导下的探究教学中情境创设的教学设计与反思

当今社会对创新人才的需求和科学探究教学的深入发展都要求把促进学生创造力发展纳入科学探究教学的培养过程中。本书的理论研究和课例设计都是在我们对科学探究教学进行多年研究和及时反思总结的基础上生成的。本节内容挑选了本书作者日常的一些教学设计和自我反思，希望对一线教师能有一些启发，更希望得到广大同人的意见和建议。我们愿与科学教育的研究专家和一线教师们一起长期深入地实践下去，研究下去。

一、同一情境下"混合物的分离和提纯"的主题式教学设计与反思[①]

设计实施者：高 杰

1 背景分析和设计意图

人教版《化学》教材必修 1 第一章第一节在介绍"混合物的分离和提纯"时，通过"粗盐的提纯"实验，复习过滤和蒸发等操作；对于蒸馏，则是在初中简易操作的基础上引入使用冷凝管这一较正规的操作；在复习拓宽的基础上介绍一种新的分离和提纯方法——萃取。为了检验分离提纯的效果，本部分还结合实际操作引入物质检验的知识。这样关于混合物分离和提纯的知识，由已知到未知，由简单到复杂，逐步深入。

本主题的教学设计以"海洋资源的利用"为情境主题，以人教版《化

---

① 高杰. 同一情境下"混合物的分离和提纯"的主题式教学设计 [J]. 化学教与学，2013 (4)：58-59.

学》教材必修 1 第一章第一节的"混合物的分离和提纯"为知识内容主题（图 3-2），整个教学过程在 3 课时内完成。通过创设具有鲜明主题的情境氛围，使教学情境与知识主题一脉贯通，使学生的学习动机与教师的主导作用产生共振，从而有效地实现教学目标。本节课是主题式教学在创设良好的知识建构学习情境方面的延伸。

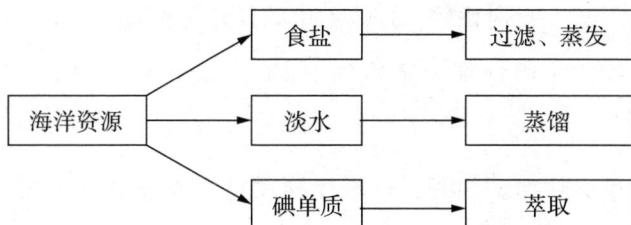

```
                  ┌──────┐        ┌──────────┐
            ┌────▶│ 食盐 │──────▶│ 过滤、蒸发 │
            │     └──────┘        └──────────┘
  ┌──────┐  │     ┌──────┐        ┌──────────┐
  │海洋资源│─┼────▶│ 淡水 │──────▶│   蒸馏    │
  └──────┘  │     └──────┘        └──────────┘
            │     ┌──────┐        ┌──────────┐
            └────▶│碘单质│──────▶│   萃取    │
                  └──────┘        └──────────┘
```

图 3-2　"混合物的分离和提纯"知识结构

2　教学案例描述

2.1　从海水中获取食盐——蒸发、过滤

教师通过投影呈现魅力海洋及海水中的化学组成示意图，给出任务主题：如何从海水中获取食盐？学生结合初中所学知识想到通过蒸发获得粗盐，通过过滤除去粗盐中的泥沙，并在实验室模拟蒸发和过滤的操作，复习蒸发和过滤的实验操作要点，规范实验操作。

核心问题 1：为获得粗盐，大家选择用蒸发的方式；为除去粗盐中的泥沙，大家选择过滤操作。**大家为什么选择这些操作，而不是其他的方法呢？对于一份需要分离提纯的混合物，我们选择分离提纯方法的原则是什么？**

学生活动：独立思考。

学生 1：这些操作都是初中学过的，初中用的方法就是这样的。

学生 2：是根据我们要获得的物质与要去除的物质相比较，根据它们性质上的差异去选择方法。

师生总结：选择分离提纯方法的原则是根据混合物中各组分物质性质（物理性质或化学性质）上的差异，如沸点、溶解度等，选择合适的操作以除去杂质。

核心问题2：通过以上蒸发和过滤操作，我们获得的是纯净的食盐吗？如何检验？如果要获得纯净的食盐，还需要哪些操作？请设计方案。

学生活动：分组讨论。

学生1：根据"海水中的化学组成示意图"，得到的食盐不纯净，还含有SO_4^{2-}、Ca^{2+}、Mg^{2+}。可以检验三种离子中的任意一种。

学生2：我们小组选择用适量的$BaCl_2$、Na_2CO_3、$NaOH$来除掉SO_4^{2-}、Ca^{2+}、Mg^{2+}。

学生3：在实际加试剂时，很难控制适量，要加过量试剂然后再除去。我们设计的方案中，只要保证Na_2CO_3在$BaCl_2$之后加入就可以了。（学生投影展示流程图。）

师生总结：用化学方法除杂，除了考虑所加试剂外，还要考虑加入试剂的先后顺序、试剂用量及过量后除去的问题。

演示实验：SO_4^{2-}的检验。

2.2　从海水中获取淡水——蒸馏

素材：魅力海洋图片、沙特的海水淡化工厂和北京四中毕业学生捐建的母亲水窖图片。

核心问题1：为了更高效地制取蒸馏水，请同学们讨论简易蒸馏装置中的哪些部分可以再改进，如何改进。

学生活动：分组讨论。

学生1：我们认为水蒸气从圆底烧瓶中出来后，冷凝部分的效果不好。可以考虑用冰之类的降温效果更好的物质包裹出来的水蒸气，或者吹风降温。

学生2：我们组讨论的也是改进冷凝部分，在实验室的条件下，可以通过向冷凝部分不断浇水的方式降温。还有，如果冷凝部分效果好了，接收部分就改用大一些的容器来接收。

师生总结：将冷凝部分改为冷凝管，注意冷凝管的进出水问题。

核心问题2：通过海水蒸馏获得的蒸馏水是纯净的 H_2O 吗？如何检验呢？

学生活动：独立思考。

学生1：检验蒸馏水中还有没有 NaCl 存在，可以加入 $AgNO_3$ 检验 Cl^-。

学生2：检验 Cl^- 是不是也要像 SO_4^{2-} 的检验一样酸化防止其他离子干扰？可以考虑加 HNO_3。

师生总结：Cl^- 的检验。

演示实验：Cl^- 的检验。

核心问题3：如果分离对象是酒精和水，那么这套冷凝装置还可以怎样改进呢？（因授课对象为北京四中实验班的学生，可以进行必要的延伸和拓展。）

展示资料：酒精和蒸馏水的沸点。

学生活动：分组讨论。

学生1：先出来的是酒精，酒精不能和后出来的水相混合，所以要注意控制好加热温度。可以考虑用水浴加热之类的，把加热温度控制在酒精的沸点处。

学生2：可以在蒸气出口处加一个温度计，只收集达到酒精沸点的液体。

师生总结：增加温度计以及将原有的圆底烧瓶改为蒸馏烧瓶。

2.3　从海洋中的海藻类植物中获取碘——萃取

展示资料：魅力海洋、海藻、海带图片及从海带中提取碘的工艺流程图（图3-3），I_2、H_2O 的沸点，I_2 在 H_2O、C_2H_5OH、CCl_4 中的溶解度。

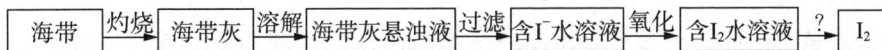

海带 →(灼烧) 海带灰 →(溶解) 海带灰悬浊液 →(过滤) 含I^-水溶液 →(氧化) 含I_2水溶液 →(?) I_2

图3-3　从海带中提取碘的工艺流程图

核心问题1：根据老师提供的资料和数据信息，如何从含 I_2 水溶液中获得 I_2 呢？

学生活动：分组讨论。

学生1：可以考虑蒸馏，因为两者（I_2 和 H_2O）的沸点相差很大。

学生2：我觉得不合适，因为这样获得的碘水溶液是很稀的，I_2 的浓度很小，而且碘容易升华。可以先用 C_2H_5OH 和 CCl_4 将碘水浓缩，提高 I_2 的浓度，然后再想办法处理。

学生3：用 C_2H_5OH 不能达到浓缩的目的，因为 C_2H_5OH 与 H_2O 是互溶的。应该用 CCl_4。

学生实验：I_2 的提取初体验（用试管进行实验）。

师生总结：萃取及萃取剂的选择。

核心问题2：**回顾刚才的萃取过程，有哪些环节或者装置需要改进？**

学生1：液体分层后怎么取出来呢？用试管很费劲。

学生2：试管的体积太小了，碘水中的 I_2 与 CCl_4 不能充分接触，换一个容积大一些的容器。

学生3：找一个容积大一些、上下都开口的仪器，这样就解决了两位同学所说的问题。

师生总结：萃取所用仪器——分液漏斗的特点及使用要点。

分组实验：I_2 萃取的再体验。

3 教学反思

促进学生发展，使学生在知识与技能、过程与方法、情感态度与价值观等方面都得到不断提高是化学课程追求的目标。要达成上述目标，必须通过一定的载体或活动来实现，同一情境下的主题式教学就是一种非常有效的教学方式。

本教学设计的亮点是将3课时的教学内容以主题的形式在同一情境素材下完整地呈现出来。这种设计是在充分分析"混合物的分离和提纯"的操作——蒸发、过滤、蒸馏、萃取本身的逻辑性及其对学生来说的陌生程度之后，按照由简单到复杂的顺序呈现的。情境素材与每一项分离提纯操作的融合是自然的，不是为了统一在一起而强拉硬拽的组合。在完成四项分离提纯操作的教学任务的同时，教师还将分离提纯方法的选择原则、离子检验等问题在恰当的时机自然引入，实现了主干知识与相关知识的统一。

另外，以海洋资源的利用为情境素材，也不是为了讲解知识而设计的美丽"外衣"，而是将知识直接指向了应用，这一素材的选择更为人教版《化学》教材必修 2 第四章第一节"海水资源的开发利用"做了铺垫并留下了空间。

二、分类观统摄下的单元教学设计与反思
——以人教版《化学》教材必修 1 第二章"化学物质及其变化"为例

设计实施者：高 杰

1 教材内容分析

"化学物质及其变化"是从学科内容方面认识化学科学的起始章，对于引导学生有效地进行高中阶段的化学学习具有重要作用。本章包括物质的分类、离子反应、氧化还原反应三节内容。全章在分类观的指导下，将三节内容贯穿起来。根据本章内容的重要性，结合学生实际情况，以全章内容为一个单元，指导学生以分类观为基本观念学习本单元内容，对于促进学生多角度、系统科学地认识化学物质与化学反应具有重要意义。

本章知识体系的内在逻辑是学习和应用分类法。应用分类法包括用分类法对纯净物和混合物进行分类，对化学反应进行分类（图 3-4）。从学生的认知逻辑来说，分类的方法并不陌生。学生在总结知识、整理资料和物品时，经常会用到将某些特征相似的对象归类到一起的方法。从化学物质的分类来看，将物质按照纯净物、混合物进行分类在初中已初步介绍过。在初中也涉及溶液和浊液这两种混合物，根据新的标准对混合物进行分类对学生来说并不困难。从化学反应的分类来看，根据新的分类标准，从化学反应中分出离子反应和氧化还原反应是新知识，也是本章的重点内容。

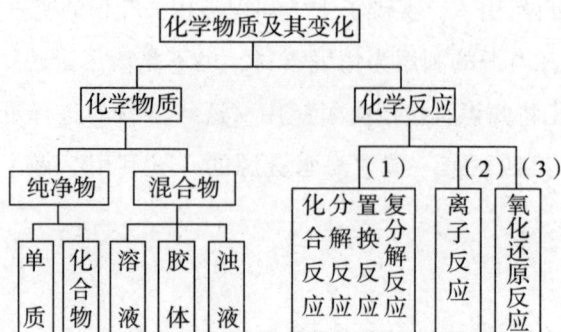

图 3-4　对化学物质及化学反应进行分类

2　教学设计

2.1　"物质的分类"教学设计

本节内容的知识逻辑是系统学习分类法，应用分类法对纯净物进行分类，应用分类法对混合物进行分类并认识混合物分类中的胶体。学生的认知逻辑是应用已有的分类知识对熟悉的物质进行分类，学习分类法并应用分类法从化学的角度对熟悉的纯净物进行分类，应用分类法对相对陌生的混合物进行分类，认识混合物分类中的新类别——胶体。

表 3-1　"物质的分类"教学设计

教学环节	内容主题	活动形式	设计意图
引入	以动画片《三只小猪》的视频引入分类法。	学生观看、思考。	以简单、生动活泼的内容引起学生兴趣，引导学生初步体会分类法的意义。
环节一	对 NaCl 进行分类，学习交叉分类法和树状分类法。	小组讨论，汇报交流。	以熟悉的物质为载体，引导学生在应用分类法中进一步学习化学分类法。
环节二	复习纯净物的分类，再认识纯净物的分类标准并学习纯净物的反应基本规律。	师生对话，交流讨论。	引导学生认识分类标准的意义，为混合物和化学反应分类做铺垫。

续表

教学环节	内容主题	活动形式	设计意图
环节三	以探究"NaCl 与环境"为主题，探究 NaCl 与水、NaCl 与酒精和 NaCl 与泥浆水（粗盐水溶液）三种混合体系的特征，学习混合物的分类标准及分散系知识。	实验探究，小组讨论。	研究熟悉的物质在不同环境中的存在形式，引导学生以新的标准认识混合物。
环节四	胶体及相关性质的探究。	实验探究，汇报交流。	引导学生通过化学实验认识胶体这类分散系的重要性质。
小结	纯净物、混合物的分类标准。	思考、整理、记录。	引导学生认识分类法的价值，体会分类标准的意义。

2.2　"离子反应"教学设计

在"离子反应"这部分内容中，电离是最核心的概念。正是因为化合物在不同的环境下，有的电离，有的不电离，才有了电解质和非电解质的概念。因为电解质在一定条件下是可以电离出离子的，所以从微观化学视角来看，一些化学反应更本质上是离子之间的反应。在厘清电离、电解质、离子反应的逻辑关系后，教学设计就更有逻辑性，学生的认知也更清晰，不仅能知其然，更能知其所以然。在捋清以上各知识的逻辑关系后，结合对复分解反应的已有认识和实验探究结果，学生更容易掌握本部分的学习重点和难点——离子反应及其发生的条件。

表 3-2　"离子反应"教学设计

教学环节	内容主题	活动形式	设计意图
引入	从电视节目《健康之路》中关于 NaCl 溶解的错误解释入手引出探究主题。	学生观看、思考。	以错误解释的 NaCl 的变化引出探究主题。
环节一	以导电性为表征，探究 NaOH、HCl 在水溶液中的微观存在形式，进行电离、电离方程式、电解质及非电解质知识内容教学。	实验探究，汇报交流。	引导学生从化学的角度认识物质在水溶液中的微观存在形式，学习新的分类标准下化合物的分类。

续表

教学环节	内容主题	活动形式	设计意图
环节二	探究 NaOH 与 HCl、NaCl 与 AgNO₃ 两组混合体系的反应，进行离子反应教学，并通过一些典型物质的反应，完善学生对离子反应的认识，学习离子方程式的书写、离子反应的发生条件和意义。	实验探究，师生对话。	引导学生从微观离子的视角认识化学反应。
环节三	离子反应的应用： 1. 离子共存； 2. 生活中的离子反应。	小组讨论、判断、书写。	学以致用，引导学生将离子反应的发生条件和意义等应用于生活实际。
小结	化合物 能否 电离 ⎰电解质（能电离）⎱非电解质（不能电离） 化学反应 是否有 离子参加 ⎰离子反应（离子间的反应）⎱非离子反应（无离子参加）	思考、整理、记录。	引导学生用分类观对物质和化学反应的分类进行再认识，进一步体会分类观的重要价值。

2.3　"氧化还原反应"教学设计

在"氧化还原反应"这一知识内容中，人教版《化学》教材必修 1 包括三部分内容，即氧化还原反应的概念、氧化还原反应的特征和氧化还原反应的本质。学生在初中从得氧、失氧的角度认识了氧化还原反应，到高中要从化合价变化的角度延伸对氧化还原反应的认识。以分类观统摄，可以分析出本节的学习目标为以化合价是否变化为标准对化学反应进行重新分类（将学生初中熟悉的氧化还原反应也作为分类的对象），认识化学反应中化合价变化的实质，建立分析氧化还原反应的话语体系。从学生的认知基础来说，前面已经学习了离子反应，以新的标准对化学反应进行重新分类并不困难。由化合价变化的特征到研究其本质——电子转移，这对学生来说也是他们所熟悉的由现象到本质的研究顺序，最后总结氧化还原反应的概念也就水到渠成了。

表 3-3　"氧化还原反应"教学设计

教学环节	内容主题	活动形式	设计意图
引入	以电视节目《健康之路》中关于 NaCl 的变化引入，分析 3 个方程式的意义。	学生观看、思考。	承接离子反应的教学素材，引出探究主题。
环节一	比较两个反应的异同： 1. $2NaCl \xlongequal{} 2Na + Cl_2 \uparrow$ 2. $NaCl + AgNO_3 \xlongequal{} AgCl \downarrow + NaNO_3$ 从化合价的角度认识化学反应，并对一些化学反应进行分类，总结氧化还原反应的特征和实质。	观察、思考，汇报交流。	引导学生以新的分类标准——"化合价是否变化"认识化学反应。
环节二	对具体的氧化还原反应方程式的分析，从化合价变化和电子转移的角度认识氧化还原反应。	独立思考，师生对话。	引导学生熟悉氧化还原反应的话语体系，进一步认识氧化还原反应的实质。
环节三	认识氧化还原反应的基本规律：守恒规律、强弱规律和价态规律。	独立思考，判断、比较，反思、总结。	从多个角度丰富对氧化还原反应的认识，引导学生把握化学反应变化的规律和实质。
环节四	认识和分析常见的氧化剂和还原剂。	判断、总结。	在氧化还原反应中认识化学物质的分类，引导学生再次认识不同分类标准下的物质分类，丰富对物质分类的认识。
小结	化合物 化合价升降 或电子得失 ─ 氧化剂（化合价降、得电子）／还原剂（化合价升、失电子） 化学反应 是否有化合价变化 ─ 氧化还原反应（有化合价变化）／非氧化还原反应（没有化合价变化）	思考、整理、记录。	引导学生从分类的角度总结化学反应分类和物质分类，进一步体会分类的重要价值。

3 教学反思

3.1 重视化学基本观念的建构

帮助学生牢固、准确地，或者只是定性地建立起基本的化学观念，应当是中学化学教学的第一目标。分类观是化学学科的基本观念之一，分类方法是学生在高中化学学习中用到的重要方法。在分类观统摄下，教师可以对整个章节内容进行总体教学设计。在本节课的教学设计中，从课堂引入到核心知识的教学再到知识小结，教师处处注重分类法的外显。这种分类观统摄下的单元总体教学设计将更有利于学生用分类法学习知识，更有利于引导学生主动建构分类观。

3.2 重视教学设计的逻辑性

化学概念及原理是化学学科知识体系的基础，有着高度的抽象性、明显的概括性和严密的逻辑性。高中阶段正是学生辩证思维迅速发展的时期，高中生已经能理解基本的辩证关系。在本节课中，教师重视知识本体的逻辑性和学生认知的逻辑性，这不仅有助于知识教学和逻辑思维方法的教学，更有利于培养学生解决综合复杂问题的高阶思维，让学生体会到化学学习对于逻辑思维能力的锻炼价值，让学生学会如何学化学并喜欢上化学。在设计教学时，教师需要深入钻研教材，充分了解教学内容在中学化学中的功能、价值和地位。只有教师自身对知识本体的逻辑性清楚，教学设计才能具有更科学的逻辑性，才能更有效地培养学生思维的逻辑性，学生才能更有序地应用化学知识。

3.3 关于教学素材的选择

教学素材是教师根据教材内容、学情、教学环境、教学目标等选择使用的教学或学习资料，是为实现高效教学服务的。课堂教学素材的选择不在于丰富而在于精练，在于对其功能价值的充分挖掘。本章教学设计的重要素材是与 NaCl 相关的知识和化学反应。选择 NaCl 不仅是因为它是学生最熟悉的物质之一，是初中学过的化学物质之一，更是第一章物质分离提纯的重要研究对象的延续。《健康之路》节目中关于 NaCl 的视频是网络上广泛传播为学生所熟知的素材。选择这一素材，是希望引导学生正确看待这一事件的发生，学会客观正确地评价他人，更加严格地要求自己。

三、"化学实验的基本方法——萃取" 教学设计与反思①

设计实施者：高　杰

教学问题实录

在"萃取"一课上，当谈到萃取剂的选择原则时，有学生提出来：如果萃取剂的密度和原溶剂的密度相同会怎样？这个问题在平行班的教学中没有遇到，实验班的学生思维确实活跃很多，而且特别敢于提出疑问。这时，如果直接告诉学生不会选择这样的萃取剂，问题就简单多了。但是，我没有这样做。我首先表扬了学生的质疑精神和敢于提出问题的勇气，然后把这个问题交给全班学生来思考。学生们讨论得很热烈，不断有学生举手来回答问题。

学生 A 说：如果原溶剂和萃取剂的密度相同的话，当溶质跑到萃取剂中后，由溶质和萃取剂组成的新体系的密度比失去大部分溶质后的原溶剂密度要大了，所以还是会分开的。

学生 B 说：我觉得可能会形成乳浊液，像牛奶一样的东西。

学生 C 说：我觉得不会发生萃取，两种溶剂和一种溶质会分别形成小球，三种小球杂乱地堆积着。

学生 D 说：我觉得如果萃取剂和原溶剂的密度相同的话，还是会发生萃取的，但是萃取完后可能两层液体的密度还是差不多，这样就会形成两种小球杂乱地堆积着。

我简单整理了学生们的意见，主要聚焦在两方面。第一是萃取剂和原溶

① 高杰. 北京四中化学教师反思日记（系列一）：化学实验的基本方法（第二课时）萃取 [J]. 中国多媒体与网络教学学报，2010，35（1）.

剂密度相同的话，还会不会发生溶质在溶剂中重新分配。我觉得这个问题的答案是肯定的，只要在不同的溶剂中溶质的溶解存在较大的差别，就会发生溶质在溶剂中的重新分配。第二是溶质重新在溶剂中分配后能否分层。对于这个问题，我没有实际做过实验。但是生活经验告诉我可能像学生 D 说的两种小球会杂乱分布，不是一下子就能分层的。不过没有实际经验的事情不能给学生准确的结论，我告诉学生可以实验一下。

课下，有学生跟我讨论如何进行实验。有学生提出和水密度相同的萃取剂很难找，有学生建议配制某些混合溶液来寻求相同的密度。学生的很多思考也给了我一些有益的启示。

个人观点及反思

> 在日常教学中，让学生敢想，敢于表达自己的观点，而且愿意去做实验验证，有时比多学一点知识、多做几道题要有价值得多。

课堂上，我们常常告诉学生什么是正确的，应该怎么做以及这样做的理由是什么，而对处于对立面的事物或者质疑的问题，我们不去做过多的探讨，只是告诉学生我们不那样去做。我觉得在某些时候，当学生对标准答案进行质疑，而且这个问题的讨论不影响课堂教学的话，可以让学生们自由表达自己的观点。这样做有助于培养学生的发散思维，让学生学会辩证地看问题，引导学生用收敛的思维总结整理问题讨论的结果。在日常教学中，让学生敢想，敢于表达自己的观点，而且愿意去做实验验证，有时比多学一点知识、多做几道题要有价值得多。

借用我曾经的同事王耀老师教学反思中的一段话："这些想法里面都包含了很高的智慧和创造力！这和传统固定的理科思维促成的答案形成了鲜明的对比，很多答案是我们教师都无法想到的，因为我们也被那个无形的锁链牢牢锁住了！"知识的学习是有阶段性的，真理是相对的。在中学阶段的学习中，教师要尽量多创造机会展示学生的思维，使其为学生未来知识的学习做铺垫。开放的学生活动设置、开放的思维能给学生带来不一样的收获。

肯定学生问题中的闪光点，真的会对他们创造性地解决问题有很大的鼓励作用。我们要给学生一定的思维空间，让他们去想，去查资料，去做实验。相信解决问题带给他们的体验可能是传统课堂上得不到的，这种体验对于培养他们"大胆假设，小心求证"的科学品质是有益的。

研究展望

课堂教学的有趣之处在于，有很多活动是教师根据学生情况设计的，但是又有很多情节是事先想象不到的。这就要求教师在教学过程中保持敏锐的直觉和洞察力，善于捕捉学生思维中的闪光点，善于对不同学生的思维进行总结，善于挖掘教学资源的内涵，既要关注细节，又要有实践智慧。

四、"化学计量在实验中的应用"教学设计与反思①

设计实施者：高 杰

设计背景

在设计"物质的量浓度"一课时，我特意翻看了 2006 年的旧教案，那时候的教学设计在学生活动上没有特意安排探究活动，而是先进行"物质的量浓度"的概念教学，然后安排一个配制一定物质的量浓度的溶液的学生实验。再次准备这节课时，教材进行了更新，通过对新教材的深入分析，我发现配制溶液的实验是本节课的重点。但如果给学生介绍了容量瓶这一新仪器，且告诉他们操作步骤后让他们照方抓药，这节课就不存在难点了。既然容量瓶对学生来说是一个新的玻璃仪器，也是配制溶液主题中的关键信息，我想尝试让学生体验这样一个探究活动：利用已有的仪器知识加工改进现有的仪器，以满足精确配制一定浓度的溶液的要求。

① 高杰. 北京四中化学教师反思日记（系列一）：关于"物质的量浓度"的教学设计与反思 [J]. 中国多媒体与网络教学学报，2010，35（1）.

教学问题实录

学生进入实验室时，我在教学展示环节需要的容量瓶和学生实验需要的容量瓶都没有在学生的视野中出现。在讲完"物质的量浓度"的概念后，我给学生布置了一个任务，如图3-5所示。在布置任务时我特别强调了"精确"，要求体积和浓度尽可能地接近我给出的数值。让学生思考并回答我提出的问题。

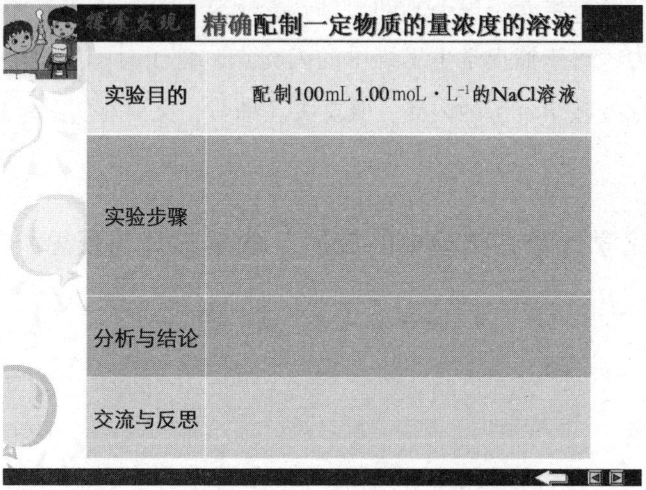

	精确配制一定物质的量浓度的溶液
实验目的	配制100mL 1.00 mol·L^{-1}的NaCl溶液
实验步骤	
分析与结论	
交流与反思	

图3-5 精确配制一定物质的量浓度的溶液

学生提出了三种设计方案。

学生A：直接准确称取NaCl样品后，将其倒入量筒中溶解，加水至刻度线。用烧杯来配制溶液，然后将烧杯中的溶液倒入100mL的量筒中，在量筒中加水到100mL的刻度线。

学生B：我觉得A的实验方案中，量筒是用来量取液体体积的，不能用来配制溶液。应该用烧杯来配制溶液。将称量好的样品倒入烧杯中，用量筒量取一定量的水将样品在烧杯中充分溶解。将溶解好的样品倒回量筒中，并加水冲洗几次烧杯，保证样品全部转移。继续向量筒中加水至100mL。

学生C：称量溶质的质量，然后用溶液的质量减去溶质的质量，得到溶剂的质量，自然也就得到了水的体积。用量筒准确量取一定体积的水来溶解溶质。将量取的水倒入烧杯中，在烧杯中溶解 NaCl。

我和学生对三种方案的评价：

在三名同学的设计方案中，学生 A 考虑到"准确"，所以在综合考虑烧杯和量筒在量取溶液体积的准确度方面，选择在量筒中配制。"对比、筛选"的思想不错，但是忽略了量筒的功能——不能用来配制溶液。学生 B 考虑到了利用量筒和烧杯各自的作用，将两个仪器在完成"精确"配制溶液中的优势结合起来，想得也不错，但是量筒在这个过程的后半阶段也变成了配制溶液用的仪器。学生 C 的设计思想也有很不错的地方，充分利用了量筒量取液体体积的准确性，但问题是溶液的密度不知道。

这时，有学生提出用现有的仪器很难完成任务。我给出提示："能否结合量筒和烧杯的作用，利用二者的优点，设计出更合理的仪器呢？"我安排学生分组讨论实验步骤和所需要的仪器。经过 3 分钟的思考和讨论后，各组代表汇报了他们的讨论结果。

学生分组讨论后的结果如下。

学生 D：在盛有溶液的烧杯或者锥形瓶中，插上一个毛细管。毛细管上做好精确的刻度，通过毛细管上的刻度来准确衡量容器中的液体体积。（点评：充分利用了烧杯和量筒的优势，毛细管相当于小量筒，有移液管的雏形。）

学生 E：D 设计的容器有个问题，容器是敞口的，而且大容器加毛细管这种结构不方便将容器中的溶液混匀。我从前面刚学习的蒸馏烧瓶那里得到了启示，我设计的仪器主要来自蒸馏烧瓶的样子，将圆底改成平底，支管口下面准确地画一条刻线，这样多加入的蒸馏水就能自动出来了，不用担心加多了。（点评：温故知新，学以致用。）

学生 F：下面盛溶液的仪器用一个锥形瓶，在锥形瓶内配制好溶液。在锥形瓶上方加一个大小合适的注射器，这样当溶液快加到刻度线的时候，我能通过慢慢推动注射器，控制加入的溶液量恰好在刻度线处。如果万一不小心加多了一点，可以把溶液吸出来。（点评：考虑到了准确"定容"的问题，已经有了移液枪的雏形。但是没有考虑到其中的一些细节可能会影响溶液的浓度，造成实验误差。）

我对学生们设计的仪器进行肯定和评价。选择各种设计的优点，我和学生共同设计出了容量瓶，之后我展示容量瓶实物。可以说在这节课的设计中，让学生探究设计容量瓶是比较成功的。

个人观点及反思

1. 教学设计的随时调整和优化

目前我校高一的化学课安排都是单节课排课。因为一节课的时间比较有限，所以设计出容量瓶后就没有足够的时间来学习使用容量瓶，这样在第二天或者隔一天再学习设计出的新仪器，感觉有些滞后。我想让学生在一节课内完成仪器设计和基本的使用，需要调节一下内容安排，调整结果如下。

原设计：给出各种浓度表示方式—认识物质的量浓度—复习已有知识思考如何配制 10% 的溶液—设计仪器—配制一定物质的量浓度的溶液的流程—注意事项—操作练习。

改进后设计：先给出配制任务—设计仪器—实际操作—总结反思操作规范—给出物质的量浓度概念—误差分析—常见的浓度表示方式。经过优化教学设计，在一节课内很好地完成了仪器的设计、基本操作和溶液的配制。

2. 关于教学细节的一点思考

在上第一个班的课时，实验台上没有摆放任何仪器，都在实验车上，所以学生充分发挥想象力，把精力都集中在仪器的设计上，达到了很好的效果。但在接下来的第二个班的课上，由于前面的班级上完课后实验仪器已经摆在实验台上，来不及收起来，多数学生在进入教室时注意到了容量瓶，所以在设计仪器的时候思维受到了限制，再想充分拓宽学生的设计思路就很困难了。因此，为了达到理想的设计效果，除了要优化教学设计外，还要注重教学的细节。

3. 关于教师实践智慧的一点思考

对于第二个班上学生已经见到仪器的情况，为了取得好的教学效果，教师需要调整教学设计，及时转换教学思路，在学生很快就得到容量瓶这样一个设计结果的基础上，把教学重点放在如何使用容量瓶配制溶液上。这样教学就能自然流畅地进行，只不过在仪器设计上可能会有一点遗憾了。因此，我们说：教无定法，我们需要根据学生的实际情况来及时调整教学进度和设计思路。教师也要不断积累实践智慧，优化教学设计，以期达到更好的教学效果。

研究展望

教师要走专业化发展的道路，未来的教育对教师的能力要求会越来越高。课堂是教师实践的主要舞台，充分雕琢课堂设计，不断研究和优化课堂教学，增强教师自身的实践智慧，才能让课堂更加生动，更有灵气。教学设计的优化，教学资源的整合，教师实践智慧的生成，需要我们在课堂教学中不断体验和改进。

五、"离子反应（第一课时）"教学设计与反思[①]

设计实施者：高　杰

设计背景

为配合大学本科生到我校参加教育实习，高一备课组将教材中的氧化还原反应和离子反应的授课顺序做了调整。当时，正值高一年级因为流感疫情停课，因此只能采取网络授课的形式，不方便展示实验。结合氧化还原反应中讲授的相关内容，我将离子反应的内容设计如下。

---

① 高杰. 北京四中化学教师反思日记（系列二）：离子反应 1 教学反思［J］. 中国多媒体与网络教学学报，2010，36（2）．

教学问题实录

"离子反应"在"化学物质及其变化"这一章，因此，分类法的思想也贯穿在这一节的内容中。在前面的教学内容中，我们已将化学反应按照不同的分类标准分为如下类别（图3-6）。

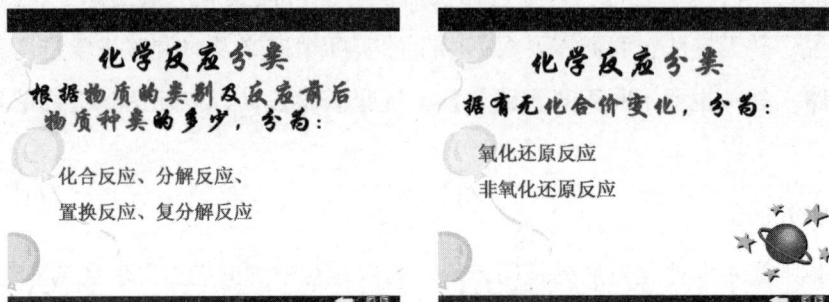

图3-6 化学反应分类

在氧化还原反应的内容讲授中，我们以 NaCl 和 HCl 为例分析了其形成过程的区别。在《学探诊》练习册的拓展活动中有这样的问题：说明 NaCl 和 HCl 的形成过程有何不同，尝试解释这两种物质结构上的差异，预测它们在液态时的导电性。在这道题的分析中，学生结合课上分析的 NaCl 和 HCl 的形成过程，对结果做出了准确的预测。接着这个问题，我引导学生从物质导电性来研究物质："关于物质导电性的问题，同学们知道哪些物质可以导电呢？导电的原因是什么呢？"结合初中的知识储备，学生们很容易想到金属导电——电子导电（图3-7），接着提出阴、阳离子也可以导电。

学生分析 NaCl 的结构（图3-8），然后讨论将氯化钠、氯化氢溶于水后溶液中的离子情况。因为产生了阴、阳离子，所以可以导电。由此拓展到生活中的一些物质（图3-9）。

通过导电性实验的结果，学生将这些物质分为两类：一类为电解质，一类为非电解质，然后总结出电解质、非电解质的概念。通过习题练习概念辨析，结合在习题中出现的问题，学生自己总结出电解质、非电解质的概念要点。

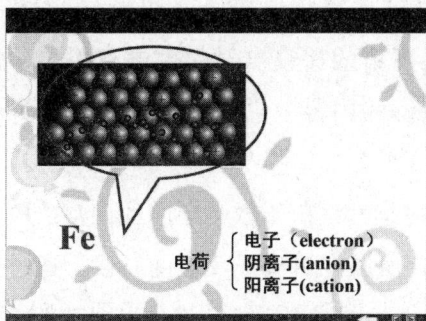

图 3-7 金属导电

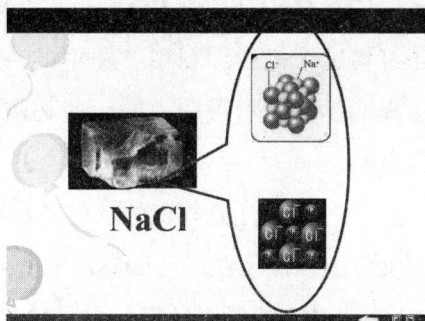

图 3-8 NaCl 结构

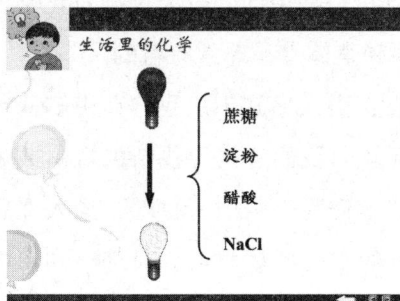

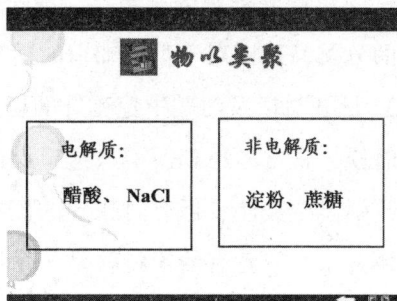

图 3-9 生活中的化学

结合前面在教学中的铺垫，我决定以上述环节作为引入，从新的角度对物质进行分类。

个人观点及反思

1. 关于教学设计的反思。电解质和非电解质教学属于概念教学，对于这两个概念的辨析和应用是教学重点。在这节课的引入设计中，我们可以拿生活中的一些物质的导电性作为切入点引入。在以往的教学中，很多老师这样实施，而且利用实验收到了不错的效果。但是，当教学环境改变了，实验条件没有了，就需要随机应变，利用一些新的素材来适应新的情境。所以，当得知需要进行网络授课后，我对原来的教学引入进行了改动。当时，我校高一年级学生在进行研究性学习，有的学生不知道选什么题目，有的学生选的题目比较空洞，与学习生活离得较远。很多学生没有意识到，在我们的教材包括习题中就有一些很好的探究点值得研究和探讨。因此，我正好借这个机会，利用习题中的一些不错的探究点对学生进行引导，同时也提醒学生注意习题中的一些拓展训练的内容，它们对开阔学生的视野非常有益。

2. 教学中应注意知识的承前启后和连续性。由于教学顺序的调整，氧化还原反应的知识已在离子反应之前介绍，所以在讲离子反应的时候，通过分析 NaCl 和 HCl 的形成过程，在复习旧知识的同时引入新知识，以旧带新，温故知新，便于学生理解和掌握。而且在讲离子反应这节课时，和前面的氧化还原一样贯穿分类观的思想——离子反应只是利用新的分类标准对化学反应进行的分类，这样对于整章知识的连贯性和整体性是非常有益的。

3. 从教材以及习题中挖掘好的切入点，引入新知识。我们在讲解一节新课的时候，常常考虑如何引入这节课的问题。我们经常寻找新的资料或者方式来吸引学生关注，但有时找到的资料就是作为一个引入材料，进入课题后就被搁置了。或者有的资料就是一个简单的中文阅读材料，对理解知识内容并没有多大的帮助。我觉得要根据实际情况来确定引入的形式，有的时候我们甚至不需要引入，开门见山的效果就很好；有的时候我们需要设计引入，对于所用材料的筛选需要多斟酌，不一定教材上没有的、学生不知道的新材料就一定好，有的时候教材或练习册上的，或者学生自己总结反思中的一些素材也是很不错的。

4. 教学不仅仅是为了给学生传授知识，更是为了教给他们学习、思考的方法，提高学生的思维能力，因此我们在教育教学中要抓住契机，有意识地渗透。比如在电解质、非电解质概念的引入中，利用学生练习册上的习题作为引入材料，不仅可以引起学生对探究拓展习题的重视，同时与学生当下进行的研究性课题的选题结合起来，对于引导他们如何选题、如何开展研究性学习也有一定的帮助。

研究展望

在教学过程中，注重知识的承前启后非常重要，这对于学生理解和掌握知识以及教师教学设计的逻辑性有很大的帮助。因此，在日常教学设计中注重知识的温故知新，在教学过程中注意知识的以旧带新，对教与学来说都是非常有益的。在我的教育教学过程中，我要一直研究这个问题，并在教学实践中尽可能地落实，相信坚持下来会有很大的收获。

在学校教育教学中，教给学生思考的方法、引导学生正确地看待问题是非常重要的，而这些光靠一两次班会课或者几次大型的讲座是不够的。要将日常的教学与年级或者学校的主题教育活动结合起来，这对于增强教育和教学的效果可以起到 1+1>2 的作用，在今后的教学中，我还需要不断地研究和探索。

六、"钠的重要化合物"教学设计与反思[①]

设计实施者：高 杰

教学问题实录

在前一节课讲"金属的化学性质"时，介绍了钠的化学性质。对于 Na_2O，根据其物质类别属于碱性氧化物，利用无机反应规律，学生很容易掌握其性质。Na_2O_2 对于学生来说是一种新物质，学生对其性质非常感兴趣。本节课在回顾上节课内容的过程中，自然引入新内容，在研究 Na_2O_2 性质的过程中，自然引出 Na_2CO_3 和 $NaHCO_3$。这样的设计保证了钠的化合物是成体系的。

课上在探究 Na_2O_2 与 H_2O 的反应时，实验班的学生提出了这样的问题：当水中已经看不到固体的时候，Na_2O_2 应该和 H_2O 都反应了，但是加入酚酞为什么会褪色呢？是溶液中存在的什么物质将变红的酚酞溶液漂白了吗？我

---

① 高杰．北京四中化学教师反思日记（系列二）：关于钠的重要化合物的教学反思 [J]．中国多媒体与网络教学学报，2010，37（3）．

们在集体备课时，考虑到前面讲氧化还原反应时没有系统地讲氧化还原反应配平的问题，因此对于 Na_2O_2 与 H_2O 的反应，我们把 Na_2O_2 写成 Na_2O+O 的形式，这样利于学生配平。对于 Na_2O_2 与 H_2O 的实际反应原理，我们没有打算给学生介绍。当学生在课上提出这个问题时，我觉得问得很好，说明他在观察实验现象时有了自己的思考。我当时犹豫了一下该不该把 Na_2O_2 与 H_2O 的反应原理说出来，后来想了想不讲出来确实难以解释该问题。于是我引导学生对 Na_2O_2 与 H_2O 反应进行简单的探究，最终学生知道反应过程中会生成 H_2O_2，然后 H_2O_2 又分解。课下在和刘银老师的讨论中，我提及要珍惜学生提出的问题，他们常常会提出特别有价值的探究点，这促使我反思应该多给学生一点时间，让他们讨论、设计出实验，看一下到底是什么物质在起漂白作用。于是在第二节课上，我抽出时间让学生对这个问题进行探讨并设计实验，之后我给学生播放了 Na_2O_2 与 H_2O 反应的实验原理探究，让学生能直观了解探究的整个过程。正好《学探诊》练习册上有这么一道实验探究题，学生通过做习题进一步整理了这个探究实验的设计思路。

个人观点及反思

1. 在一节课的引入上，我有意识地注意前后知识之间的衔接，让学生在温故知新中学习新知识，体会章节知识之间的逻辑性。这样不仅有利于知识的整体呈现，也有利于学生系统地掌握知识，更有利于学生思维的流畅。

2. 对于不是课程标准要求的，在课堂上学生提出来的问题中又涉及的知识，该不该讲呢？这曾经是我非常困惑的一个问题。我现在体会到：课程标准外的知识若讲出来便于学生理解需要掌握的内容，或者便于培养学生思维的话，就可以讲。但要注意拓展的知识仅限于让学生了解，最重要的是让学生学习方法。

七、"无机非金属材料的主角——硅"教学设计与反思[①]

设计实施者：高 杰

教学问题实录

"无机非金属材料的主角——硅"是"非金属及其化合物"一章的第一节（图 3-10）。在引入本节课时，我首先注意到了在章节内容上的过渡，从北京 2008 年奥运会"金镶玉"的奖牌引入，由"金"到"玉"，在知识内容上由金属过渡到非金属。虽然与硅元素相关的物质在生活中有很多，但是学生对硅元素还比较陌生。于是我用了同事王耀老师编的一个小故事"硅和我们的星期天"（借用生活中接触到的玻璃、陶瓷、光纤、水晶等素材，自编的小故事），一下子拉近了学生和硅元素的距离。然后我给出任务，让学生对故事中呈现出来的与"硅"相关的物质（给出相关化学式）进行分类。可以看出，故事中涉及的与 SiO_2 相关的物质最多。

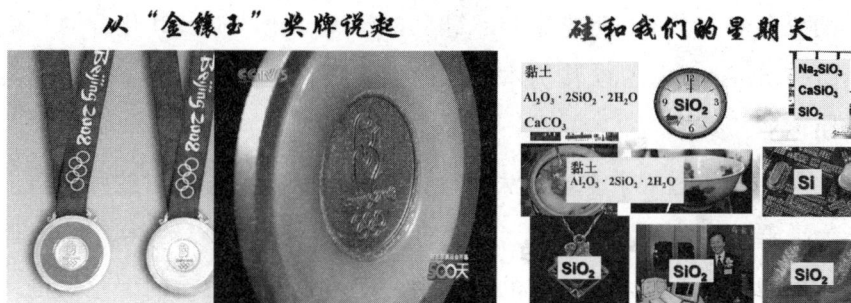

图 3-10 无机非金属材料的主角——硅

我问学生："大家最想研究这里面的哪种物质？"大多数学生说到 SiO_2。在备课的时候，我就考虑到 SiO_2 是本节课的重点，而且也预设大多数学生对

① 高杰. 北京四中化学教师反思日记（系列二）："硅——无机非金属材料的主角"教学反思[J]. 中国多媒体与网络教学学报，2010，39（5）.

SiO_2更感兴趣。因此，这节课我设计的物质线索是从 SiO_2 开始，到 H_2SiO_3，然后到硅酸盐，最后到核心元素硅。在方法上，主要用到了与碳及其化合物进行对比和类比的方法（图 3-11）。

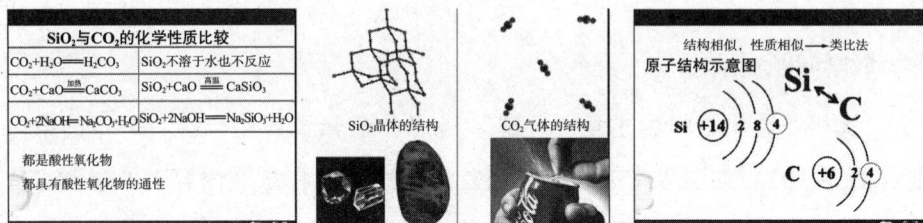

SiO_2与CO_2的化学性质比较	
$CO_2+H_2O=H_2CO_3$	SiO_2不溶于水也不反应
$CO_2+CaO \xrightarrow{高温} CaCO_3$	$SiO_2+CaO \xrightarrow{高温} CaSiO_3$
$CO_2+2NaOH=Na_2CO_3+H_2O$	$SiO_2+2NaOH=Na_2SiO_3+H_2O$

都是酸性氧化物
都具有酸性氧化物的通性

SiO_2晶体的结构　　CO_2气体的结构

结构相似，性质相似 → 类比法
原子结构示意图
Si +14　2 8 4
C +6　2 4

图 3-11　硅、碳及其化合物的对比和类比

个人观点及反思

1. 关于教学设计的反思。在元素化合物部分的教学中，大部分教材都是按照从单质到化合物的方式编排。我在进行教学设计的时候，大部分的章节设计也是先讲单质，然后是对该元素的化合物的研究。"硅"是新教材着重要求的内容，是非金属及其化合物部分的第一节，"硅和我们的星期天"的故事能一下子拉近学生和"硅"的距离，让"硅及其化合物"变得熟悉而亲切。而选择 SiO_2 作为本节课的切入点，也充分考虑了学生的兴趣和认知水平。

2. 关于教学过程中教学方法和行为外显的一点反思。对教师而言，外显行为是重要的教学艺术资源，适度的外显行为不但可以活跃学生的思维，集中学生的注意力，增强学生的记忆力，还可以营造融洽的课堂氛围。在本节课的集体备课过程中，我们就确定要突出 C 和 Si 的对比，并注意在课件的设计上将这种对比外显出来。从课后的复习和习题反馈来看，通过这种教学方式的外显，学生对硅和碳及其化合物性质的对比留下了较深刻的印象。

研究展望

皮亚杰认为，没有一个行为模式（即使是理智的），不含有情感因素作为动机。在教学过程中，学生作为学习的主体，其情感直接影响学习的效果和质量。教师在教学过程中，要注意收集整理素材，为学生创设学习情境，调动学生学习的积极性，这样将更利于学生接受和理解知识。

八、“二氧化硫”教学设计与反思①

设计实施者：高　杰

教学问题实录

在引入“二氧化硫”时，我利用课件展示了前一天的《重点城市空气质量日报》的部分内容（图 3-12）。

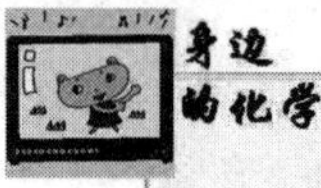

12月24日重点城市空气质量日报

中国环境监测总站

2009年12月24日15：56

城市名称	污染指数	首要污染物	空气质量级别
北京	133	可吸入颗粒物	Ⅲ1
天津	66	可吸入颗粒物	Ⅱ
石家庄	92	二氧化硫	Ⅱ
秦皇岛	65	二氧化硫	Ⅱ
太原	179	可吸入颗粒物	Ⅲ2
呼和浩特	101	二氧化硫	Ⅲ1

图 3-12　重点城市空气质量日报

然后我问学生：“看到空气质量日报中的二氧化硫，你想研究哪些问题？”思考几秒钟后，学生甲问：“空气质量日报为什么要报告二氧化

① 高杰．北京四中化学教师反思日记（系列二）：“二氧化硫”的教学反思［J］．中国多媒体与网络教学学报，2010，39（5）．

硫？"学生乙问："空气中的二氧化硫是怎样来的？"学生丙问："二氧化硫都具有哪些性质？"我把三个问题交给全班学生交流讨论，并要求分组汇报讨论的结果。学生们的化学知识还是很丰富的，我将他们的答案分类整理后，列出本节课要讨论的内容：①二氧化硫的性质探究（包括物理性质和化学性质）；②二氧化硫的存在、用途与环境保护。可以说，整节课的框架是由学生和老师共同搭建的，学生们在整个活动过程中表现得非常积极、活跃。

个人观点及反思

1. 对教学素材的选取和充分挖掘。设计这节课时，教师可以利用和借鉴的素材有很多，比如火山喷发或油井爆炸产生大量二氧化硫气体的视频、酸雨的形成、空气质量播报、《中国质量万里行》节目中关于蜜饯和银耳漂白的视频和图片资料等。我在上这节课时选取了前一天的《重点城市空气质量日报》，一是因为跟学生的日常生活接近，二是因为这则资料有很多的生长点，可以很容易地引申出二氧化硫的存在、相关性质等知识。我由此想到，在选择引入资料的时候不能只考虑吸引学生眼球，要尽可能选择可以拓展开来，甚至可以贯穿课堂始终的材料。

2. 让学生主动提出问题。本节课我也可以精心设计一些问题，让学生分析问题、解决问题，进而获得我们想要的结论。但是我没有这样做，而是给学生提供材料，让学生提出想要研究的问题。因为"授之以鱼"不如"授之以渔"，我们不仅要让学生获取知识，更重要的是让他们在学习的过程中，在学习方法和能力上获得提升，发展思维。爱因斯坦说过，提出一个问题往往比解决一个问题更重要。当下的教学理念也鼓励学生自己提出问题。提出新的问题，从新角度去看旧问题，需要有创造性和想象力。因此，在教学设计中如何引导学生提出有质量的问题，是值得我们教育者探讨的一个课题。

研究展望

合理选择那些既能围绕教学目标、突出教学重点，又符合学生认知规律的教学素材，是教师教学设计过程中的重点。教学目标是我们进行教学活动的灵魂和核心，它既是教学的出发点，也是教学的归宿，支配着教学全过程，规定着教与学的方向。教学目标达成与否是我们评价一堂课成功与否的重要依据。所以素材的选择必须以三维目标为统领，以目标的达成为指向。在素材选取之前，教师应明确教学目标，对于选取的素材是为达到哪一个目标要做到心中有数，如此才能有的放矢地选择素材。可以说，教学素材的选择是否合理，直接决定了课堂教学效果的好坏和教学效率的高低。作为一名一线教师，对教学素材的积累、选择和优化，教学情境的创设等问题，我还需要在教学实践中不断探索与反思。

九、"化学键"教学设计与反思①

设计实施者：高　杰

设计背景

在人教版《化学》教材必修 2 第一章第三节"化学键"备课时，我在研读教材、教参的同时，浏览了三年前"化学键"一节的教案和课件。记得当时上这节课时，我用了几组数据（图 3-13）。按照当时教材的内容安排，在讲这部分内容之前，学生对化学反应中的能量变化已经有了初步的认识，所以学生在利用这组数据进行挖掘的时候得出了关于化学键的定义——相邻原子间的强烈的相互作用，并对化学键与能量的关系也有所认识。

---

① 高杰. 北京四中化学教师反思日记（系列二）：《化学键》的教学反思 [J]. 中国多媒体与网络教学学报，2010，40（6）.

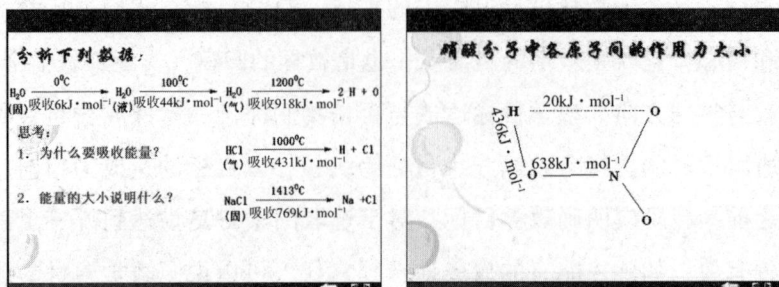

图3-13 "化学键"一节教学所用数据

教学问题实录

在准备这节课的时候，我想了解一下学生在还没有认识化学反应中的能量变化的前提下，如何来看待这组数据，因此在两个平行班中采取了不同的授课方式。其中一个班级依然在引入化学键的概念时使用以上两组数据。当提出问题"以上过程中为什么要吸收能量，能量的大小说明什么问题"时，学生对于提出的问题好像无从下手，不知该怎样回答。其实这也是在意料之中的。在我的引导下，学生在对比中能感受到化学键的内涵，但是效果并不好。在另一个班级，我调整了教学设计，做了下面的引入（图3-14）。

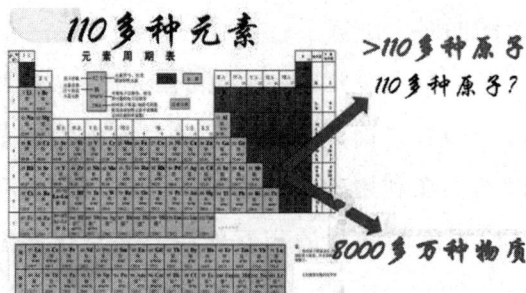

图3-14 元素周期表引入

我引导学生由刚学习的元素周期表中的元素种类过渡到原子种类（同位素），再到物质种类，并提出问题：元素有110多种，原子种类稍多于元素种类，而物质的种类为什么有这么多？学生自然想到，是不同的原子之间结合形成了不同的物质。有学生提出排列组合，也有学生提出并非任意的原子之间排列组合就可以形成单质或化合物。这时有学生提出来与原子的最外层电子有关，满足一定条件的才能组合。教师顺势引导学生思考：**"满足一定条件的原子在组合后，能轻易分开吗？比如像 H_2O 能轻易拆成 H_2 和 O_2 吗？"** 学生想象原子在组合形成分子时，产生了一种很强的作用力。这时教师引导学生直奔主题，这种作用力就是化学键。这样教学一节课上下来感觉比较顺畅，学生理解和接受起来也比较容易。

个人观点及反思

1. 关于如何进行教学设计的一点体会。当教材发生变化时，对于新旧教材中同样的课题，我往往会想一想旧教材当时的设计。而且因为习惯，总想用原来感觉不错的设计。我曾经的同事王耀老师在集体备课的时候也提到，我们往往受习惯的影响比较大，因为

> 习惯的东西用起来更顺手，但未必在新情境下适用。

习惯的东西用起来更顺手，但未必在新情境下适用。通过这节课的不同设计和调整，我也感觉到借鉴以前的东西是可以的，但是要注意新教材中各部分内容的呈现顺序可能已经发生了改变，对一些内容深、广度的要求也已经有所不同。在新课程体系中，学生的知识储备和以往也有所不同。因此要充分考虑到这些变化，做出符合学生实际认知情况的教学设计。

2. 关于教学设计及时调整的一点体会。即使我们在进行教学设计的时候充分考虑了各方面的因素，在实际上课时也可能会发现教学设计还有需要调整的地方。这时我们可以采用隐藏某些课件页面或者做超链接的方式，及时调整课件页面的播放顺序。

集体讨论及反思

刘银老师在听完这节课后，向我提出："整堂课还是比较顺畅的，但是感觉教师说的话太多，给学生自主思考和动手练习的时间太少。"我在课后反复看了教学录像，确实发现有很多学生可以得出的答案被我直接给出了，

这样就不利于学生在参与课堂活动中发展思维。有时为了提高课堂效率，我会下意识地代替学生思考和回答。以后要特别注意这种情况，要以学生为主体，考虑让他们充分展现自己的思维，通过动手动脑积极参与课堂学习，这样才有更全面的收获和体验。

十、"化学反应的速率和限度"教学设计与反思①

设计实施者：高　杰

设计背景

在进行"化学反应的速率和限度"一节课的教学设计时，对于化学反应速率的教学，我设计了这样的引入：呈现生活中一些化学反应过程的快慢和化学实验中反应过程的快慢（必修 1 钠盐学习中和必修 2 原电池实验中都涉及化学反应速率快慢的问题），目的是让学生在感受生活和温故知新中体会到化学反应的快慢问题是普遍存在的（图 3-15）。

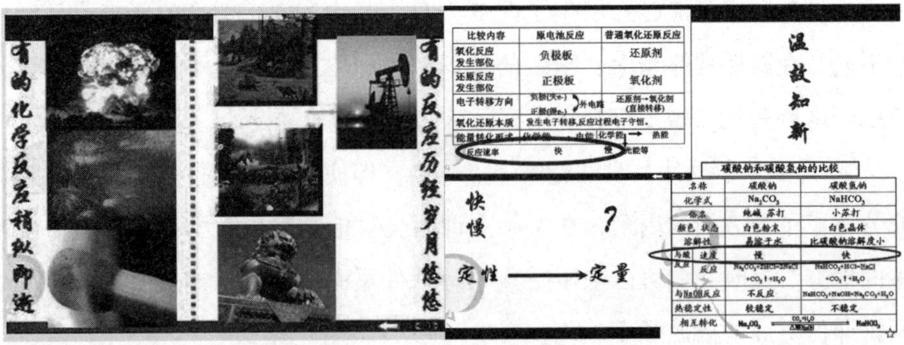

图 3-15　反应的快与慢

---

① 高杰. 北京四中化学教师反思日记（系列二）：关于"化学反应速率"的教学反思 [J]. 中国多媒体与网络教学学报，2011，41（1）.

当设计化学反应速率的概念教学时，我想到应如何引导学生更准确地表达"快慢"的程度。学生也许会联想、类比物理上学的"速度"。在翻看练习册《学探诊》的习题时，突然发现一道关于速率问题的选择题，该题没有告知容器的体积，设置了陷阱。于是我决定将这个习题作为一个问题纳入化学反应速率的教学设计中。

在甲、乙两个容器内都进行反应 $N_2 + 3H_2 \rightleftharpoons 2NH_3$，甲中每分钟减少 4mol N_2，乙中每分钟减少 2mol N_2，哪个容器中的反应更快？

教学问题实录

当学生提出可以用"速度"来表示化学反应的快慢时，我进一步问学生：**具体用什么量对时间的变化来表达化学上的反应速率呢？**

学生 A：用单位时间内某个量的变化，比如说质量或体积。

学生 B：用质量不是很方便，应该用物质的量。

学生 C：如果是同一溶液中进行的反应用物质的量浓度更方便。

这时我给出了上述习题，让学生计算一下哪种情况下反应速率更快。在第一个上课的班级中，一部分学生直接计算得出结果，也有学生则提出不知道两个容器的体积，不好比。在第二个上课的班级中，我给出甲容器的体积是 4L，乙容器的体积是 1L。大多数学生立刻判断出应该是乙容器中的反应更快。在此基础上，教师引导学生进行如下思考。

师：**请结合刚才的问题，反思化学反应中的速率应该如何表示。**

学生 D：应该用物质的量浓度对时间的变化来表示更合理。

师：**是用反应物还是生成物浓度的变化来表示呢？**

学生 E：都可以。

师：**请再完善一下化学反应速率的表示方法。**

学生 F：用单位时间内反应物或生成物浓度的变化来表示。

师：**反应过程中，反应物和生成物的浓度是怎么改变的呢？**

学生 G：反应物浓度减小，生成物浓度增大。

此时，我和学生共同对"化学反应速率"的定义进行了完善（图3-16）。

化学反应速率通常用单位时间内
反应物浓度的减少量或
生成物浓度的增加量(取正值)表示

图3-16 "化学反应速率"的定义

个人观点及反思

化学反应速率是中学化学中基本的概念之一。对"反应速率"的概念有一个比较清晰的认识，对于学生建构整个化学平衡体系具有十分重要的意义。化学反应速率概念本身并没有多大的知识容量和难度，如果直接告诉学生概念，学生在多次应用后也会增强对概念本身的理解，但是部分学生对于为什么用浓度的变化来表示可能还是模糊不清。在本节课的"化学反应速率"的概念教学中，我充分考虑到了学生可能存在的认知误区，在建立概念的过程中，让他们充分讨论、发表意见，帮助他们形成正确的化学反应速率概念。

如果新概念和学生已有认知中的一些概念有区别、有矛盾，那么不妨制造恰当的认知冲突，让学生在讨论、交流的过程中，对概念本质认识透彻。

在中学化学概念教学中，我常常会遇到这样的困惑——怎样帮学生建立对概念的正确认识？是直接给出，让他们在应用中体会概念的内涵，还是在建立概念的过程中就让学生对概念本身有充分的认识？通过本节课的概念教学，我认识到如果概念本身很简单，是规定性的，有时不妨直接教给学生；如果新概念和学生已有认知中的一些概念有区别、有矛盾，那么不妨制造恰当的认知冲突，让学生在讨论、交流的过程中，对概念本质认识透彻。

研究展望

建构主义理论认为，学生总是以已有的知识经验为基础来构建对新知识的理解，不同的学生对同一概念可能会有不同的理解，在学习中学生可能记住了科学概念的定义，但没有真正理解科学概念的实质，存在着一些模糊甚至是错误的认识。教学有法，但无定法，贵在得法。

十一、"甲烷"教学设计与反思①

设计实施者：高　杰

整体设计

"甲烷"一课的教学设计主要包括以下几个环节。

新课引入：通过对"物质结构　元素周期律"相关知识的回顾、对物质分类法的应用，引出最简单的有机化合物——甲烷，提出问题——谈谈你眼中的甲烷。

在本节课的引入设计上，注意了新旧知识的衔接，注重了分类方法的应用；在提出问题时，考虑了学生的知识储备，能引起学生兴趣，更能通过学生的回答了解学生关于甲烷的知识储备，对相关知识进行分类处理。

环节1：甲烷与氧气的反应。本环节通过甲烷在生活中的主要用途——作为燃料，引出甲烷在氧气中的反应，然后通过与其他燃料的燃烧热数值比较，得出甲烷是一种清洁高效的能源。通过介绍沼气的利用、西气东输、瓦斯爆炸等，引导学生得出结论：甲烷是一种清洁高效的能源，但是要科学合理地利用，从而引导学生辩证地看问题。

环节2：甲烷与氯气的取代反应。从氧化还原反应的角度，分析甲烷在氧气中的燃烧，由此引出氯气能否氧化甲烷。通过描述一次实验意外，引导学生探究甲烷和氯气的反应。利用演示实验，分析实验过程和产物，介绍取代反应。

---

① 高杰. 北京四中化学教师反思日记（系列二）：关于《甲烷》的教学反思 [J]. 中国多媒体与网络教学学报，2011，44（4）.

环节3：甲烷分子的空间结构。通过书写取代反应后所有产物分子的结构式，引导学生观察二氯甲烷的结构式，提出疑问：二氯甲烷的结构是一种还是两种？利用化学键的知识，初步分析甲烷的空间结构，得出结论——空间正四面体结构。利用教师提前准备好的纸板，学生将做好的正四面体球棍模型包起来，四个面呈现出来，学生对正四面体有了更加形象直观的认识。

小结本节课的重点：（1）甲烷的相关知识；（2）学习甲烷过程中用到的相关方法以及看待事物的辩证思想；（3）体会有机化学学习与无机化学学习的不同。

个人观点及反思

1. 关于教学各环节的衔接处理。在将学生列举的甲烷知识进行分类后，先介绍学生熟悉的甲烷作为燃料的反应即甲烷和氧气的反应，然后从能量变化的角度讲解甲烷和氧气的反应，提出甲烷是高效的清洁能源。在环节1讲完甲烷与氧气的反应后，带领学生从氧化还原的角度认识甲烷与氧气的反应，提出在此反应中氧气是氧化剂，然后提出思考问题"还有没有其他的常见气体单质能作为氧化剂氧化甲烷"，学生很容易想到氯气，于是过渡到甲烷与氯气的反应。在分析甲烷与氯气的取代反应产物的结构时，发现了问题：二氯甲烷的结构。为了解决这个问题，学生想到分析甲烷的结构，教学环节自然过渡到对甲烷结构的分析。整节课每一部分内容都不是孤立的，而是通过有设计的过渡自然衔接在一起，整体感觉是流畅的。从学生的角度来看，整节课知识的整体性和逻辑性比较强，也更利于系统地掌握。

2. 关于教学素材利用的反思。教学中，教师要注重挖掘学生熟悉的、跟本节课内容有关的化学素材。矿难中的瓦斯爆炸是学习甲烷和氧气反应时可利用的素材。教学实施前几天发生的王家岭矿难主要是由透水事件引起的，同时《北京青年报》上也报道了甲烷浓度增大给救援带来了困难。利用这一素材，一是可以让学生认识到甲烷与氧气反应这一化学反应的两面性，二是引导学生关注社会和生活。此外，通过反思我认为，对于"大兴留民营村利用沼气""西气东输"两份资料也可不用，让学生关注太多的课外知识可能会冲淡主体知识，在以后的教学中要注意材料的精选精用。

3. 有待改进的教学环节。课后，我认为关于甲烷结构的教学设计有待完善。在安排学生利用材料制作、体验甲烷模型后，我感觉有些学生对"甲烷真正的结构为什么是正四面体"还是比较模糊的。在学生活动之后，我应该在课件上再给出以下资料事实：（1）甲烷中四个 C—H 键的长度相等，四个 C—H 键之间的夹角相等；（2）二氯甲烷只有一种结构。有了这些资料基础，学生对甲烷的正四面体结构应该就更加确定了。结合高一所学数学知识，可以给出甲烷的正四面体结构透视图，再让学生利用余弦定理计算两个 C—H 键的夹角，这时候教师再给出甲烷键角数值佐证，就既有定性分析又有定量计算，既有对甲烷结构的充分认识，又有对数学知识的应用，可以更好地体现跨学科的思想。

研究展望

课堂教学是一种复杂的信息交流活动，即使教学设计是充分准备的，在实际教学过程中有时也会出现一些预想不到的问题。有收获的喜悦，也有失败的遗憾。这就要求教师不断充实自己的知识体系，同时在准备教学时考虑教学推进的多种可能性，考虑学生学习过程中可能出现的各种情况；在课后及时做好教学反思，总结教学经验，以便更有利于后面的教学。

十二、"糖类"教学设计与反思[①]

设计实施者：高　杰

整体设计

根据学校安排，高一年级学生需要参加军训。本人在学生时期参加军训

---

① 高杰. 北京四中化学教师反思日记（系列二）：关于《糖类》的教学设计反思 [J]. 中国多媒体与网络教学学报，2011，44（4）.

时，由于低血糖，每遇拔军姿等站立时间较长的活动，总是会感到眩晕而提前退出。在设计"基本营养物质——糖类"一课时，我想到和军训动员结合起来，于是将学生军训时晕倒这个话题作为引入（图3-17）。

图3-17　"基本营养物质——糖类"的引入

课件一展示，由于跟学生当下关注的事情比较匹配，所以引起了学生的兴趣，学生纷纷发言分析原因。学生认为一个原因是中暑，另一个原因是低血糖。在教师的引导下，学生围绕"糖"的问题展开学习。

整节课的教学流程设计如下（图3-18）。

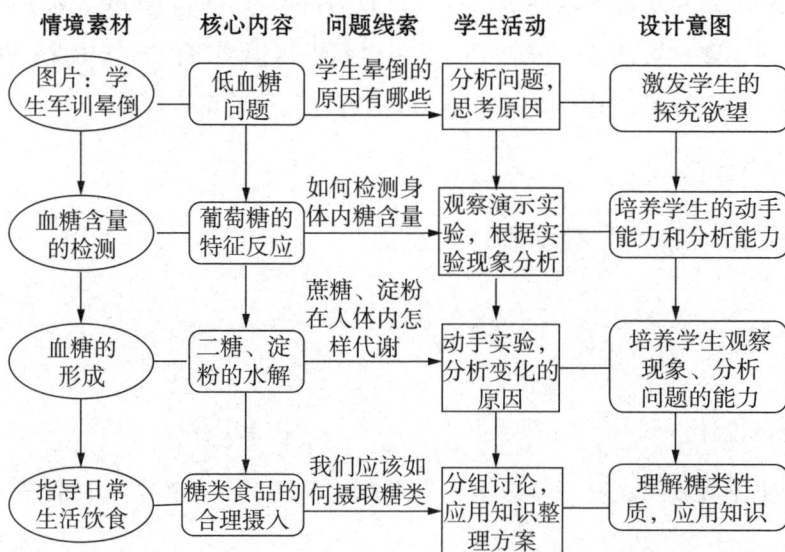

情境素材	核心内容	问题线索	学生活动	设计意图
图片：学生军训晕倒	低血糖问题	学生晕倒的原因有哪些	分析问题，思考原因	激发学生的探究欲望
血糖含量的检测	葡萄糖的特征反应	如何检测身体内糖含量	观察演示实验，根据实验现象分析	培养学生的动手能力和分析能力
血糖的形成	二糖、淀粉的水解	蔗糖、淀粉在人体内怎样代谢	动手实验，分析变化的原因	培养学生观察现象、分析问题的能力
指导日常生活饮食	糖类食品的合理摄入	我们应该如何摄取糖类	分组讨论，应用知识整理方案	理解糖类性质，应用知识

图3-18　"基本营养物质——糖类"的教学流程设计

从军训学生低血糖问题引入，到血糖含量检测以及血糖过高/低产生的问题，最终落实到合理健康的饮食、一日三餐的搭配问题。在整个教学过程中，学生比较兴奋，教师也比较有成就感，应该说是比较成功的一节课。

个人观点及反思

在教学过程中，教师常常习惯从学科的角度提出问题，这样对教师来说比较容易操作，但是学生可能感到比较生疏。在本章的教学设计中，我考虑到学生在初中阶段对有机化学相关内容的了解比较少，很多学生刚开始接触有机化学知识时感到陌生、繁杂、没有规律，因此教师在进行有机化学主题教学时应该尽量先从生活中，尤其是学生熟悉的事物中挖掘素材，创设问题情境，并从中引出课题，让学生感受到有机化学知识的生活意义和价值，激发学生的探究热情和动力。在创设情境的过程中，我注意到了情境设计的全程性和整体性，这一点在本章"乙醇"和本节课的设计中都很突出。在以后设计新课时，我都尽可能地将化学知识与生活紧密联系起来，为学生建构知识提供有力的支撑，激发学生学习化学的兴趣，并让学生在学习过程中体会知识的价值。

研究展望

高中生会接触到很多与化学有关的生活问题，教师在教学中要注意联系实际，帮助学生开阔视野，开拓思路。新课程在内容上强调联系生活、社会和学生实际，在方法上强调探索、实践活动，实现课程生活化、社会化和实用化。用生活化的内容充实课堂教学，为我们的课程增添了时代的元素和生命的活力。因此，如何在高中化学课堂中开展生活化教学，促进学生书本知识向实践能力的转化，促进学生的全面发展，是需要更多的教师参与并持续研究的课题。

十三、"金属矿物的开发利用"教学设计与反思①

设计实施者：高 杰

设计前的思考

本章"化学与可持续发展"强调化学技术和工艺对自然资源开发利用的重要作用。其中"金属矿物的开发利用"在教材中以陈述的方式呈现，如果照本宣科呈现教材中的知识，不符合本校学生的学习特点，更不符合三维教学目标的要求。我在研究教材内容和教师参考用书后，做了两种教学设计：(1)以学生熟悉的金属活动性顺序为知识线索，引导学生利用氧化还原反应的知识思考冶炼的难易并提出可能的冶炼方法；(2)以化学史为线索，按照金属在人类历史上被广泛应用的时间顺序，带领学生体会化学在自然资源开发和利用中的意义和作用。

教学问题实录

在平行班上课时，考虑到学生的知识储备、认知特点以及学生的学习特点，我选择了第一种教学设计：以金属活动性顺序表、氧化还原反应为依托，探究金属的冶炼原理、金属资源的回收和利用，帮助学生认识和体会化学在自然资源开发与利用中的意义和作用，揭示化学与可持续发展的重要关系，树立资源保护意识及合理开发意识。教学过程中，我提出以下几个核心问题：**(1)金属活动性顺序表中的金属在自然界中都是以游离态存在的吗？哪些是以游离态存在的？为什么？(2)对于以化合态存在的金属，我们如何获得其单质呢？(3)金属冶炼的实质是什么？(4)我们应该如何更好地利用金属资源？**在教学过程中，从学生熟悉的知识入手，层层递进，逐步提升学生认识问题和分析问题的能力，很好地完成了本节课的

① 高杰. 北京四中化学教师反思日记（系列二）：关于"金属矿物的开发和利用"的教学反思[J]. 中国多媒体与网络教学学报，2011，46（6）.

教学任务。

在实验班教学中，我采用了第二种教学设计。我先以拿破仑用铝制器皿招待贵宾引入课题，引起学生的兴趣，然后提出问题："请同学们猜测一下，拿破仑时代铝比金银还要贵的原因是什么呢？"接着引导学生回顾在人类历史上按照时间先后顺序被广泛使用的金属，之后提出问题："请同学们用所学的化学知识分析，为什么越是活泼的金属在历史上越晚被人类认识和广泛使用？"学生回答1："越是活泼的金属，在自然界中越难以游离态存在。"学生回答2："根据氧化还原反应的知识，越是活泼的金属越容易被氧化，那么还原就越难。"教师总结提炼学生的答案，然后给出任务："用你所学的知识分析：金属活动性顺序表中的金属分别可能用什么样的方法冶炼？金属冶炼的实质是什么？如何更好地利用金属资源？"该教学设计和前一种教学设计相比，最大的不同是给出一定的信息材料，引导学生利用自己所学的知识进行分析、总结，充分调动了学生的积极性，展现了学生的思维。学生在整个教学过程中表现得比较兴奋和活跃，这种设计更符合实验班学生的学习情况和思维特点。

个人观点及反思

新课程改革要求教师不仅具有扎实的知识背景，更具备丰富的教学方法和先进的教育意识，科学地引领学生走进学习活动中，促使学生得到自我发展。教师在进行教学设计时，除了要基于教材，更要融入自己的思考，深入挖掘可用于教学的素材，如案例中提到的第二种教学设计，就是一种求新的尝试，虽然还有需要完善之处，但对学生而言是有意义的。

研究展望

教学是一种动态呈现的过程。这种动态不仅体现在教师在教学设计和教学实施过程中的动脑和积极有效的引导、启发等行动，也体现在学生在课堂上积极的思维活动、学习行动，以及师生在课后共同的反思活动。为了让学生的大脑和身体都积极活动起来，体会到学习的乐趣，让学生都想学，都会学，教师必须先行动起来；只有这样，才能实现以人育人，共同发展。根据不同学情的学生情况，进行不同的教学设计，让师生都有更多的成长和收获，对现实的教学具有重要意义，我会坚持研究下去。

第四章 TCIM 模式指导下的实验化学教学案例设计与开发

化学是一门以实验为基础的科学，化学的每一次重大突破，都与实验方法的改进密切相关。每一项理论推导和数学计算的结果是否正确，都需要用实验来验证。化学实验将静态的化学知识根植于动态的操作技能之中，使实验者内部思维活动和外部行为活动有效结合在一起，既具有实践性又具有理性内涵，既涉及相关知识又含有知识的应用，因此化学实验对于全面落实培养学科核心素养的目标具有不可替代的特殊作用。[①] 我国著名化学家傅鹰曾说过："化学是实验的科学，只有实验才是最高的法庭。"著名化学家戴安邦教授生前反复强调："加强实验，无论如何都不过分。"

北京市近几年的高考化学实验题在命制思路上力图贯彻新课程的基本理念，体现实验在发展学生的科学探究能力和提高学生学科核心素养方面的重要价值。不论是中学阶段还是大学阶段，实验教学都是非常重要的。我们在研究我国现行的人教版、苏教版、鲁科版《实验化学》教材中的专题实验，美国主流高中化学教材中的专题实验，近几年来各地高考中的化学实验探究题，化学文献中的探究实验研究的基础上，设计了 20 多个主题探究实验，以培养学生整合信息、分析情境及解决综合问题的高阶思维。本章挑选了其中的 10 个经典探究实验，以供读者朋友开发、设计实验教学案例时参考。

---

① 门毅，刘雅莉，杨彦. 北京高考化学实验题对中学化学实验教学的启示 [J]. 化学教育，2010（10）：38.

专题一　从茶叶中提取咖啡因

设计实施者：高　杰

知识背景

茶叶是经过加工的茶树嫩叶，可以做成饮料。茶不但对多种疾病有缓解效果，而且有良好的延年益寿、强身健体的作用。

经过科学的发展及分离鉴定技术的使用，茶叶的成分逐渐明确，茶叶中所含有机化学成分达四百五十多种，无机矿物质元素达四十多种。基本成分包括咖啡因（结构式见图4-1）、茶多酚、单宁酸、蛋白质、糖类、氨基酸、维生素等。

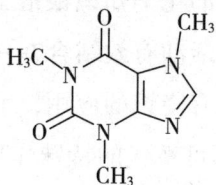

图 4-1　咖啡因结构式

咖啡因是一种黄嘌呤生物碱化合物，分子式为 $C_8H_{10}N_4O_2$，有苦味。它也是一种中枢神经兴奋剂，能够暂时驱赶睡意，使人恢复精力。世界上最主要的咖啡因来源包括咖啡豆、茶等。

人工合成也是一种获得咖啡因的重要途径。但因为人工合成的咖啡因有原料残留，出于对绿色食品的考虑，从茶叶中提取咖啡因的工艺不断受到人们的关注和重视。

实验目的

掌握提取植物中某些成分和纯化物质的方法。设计实验方案，并评价方案的合理性。

实验方案设计

从植物中提取物质的一般思路是怎样的？

$$植物 \xrightarrow[分离]{适当实验方法} 粗产品 \xrightarrow{纯化} 产品$$

取样—研碎—浸取—过滤—提取及纯化产品

几种从茶叶中分离提取咖啡因的方法如图 4-2 所示。

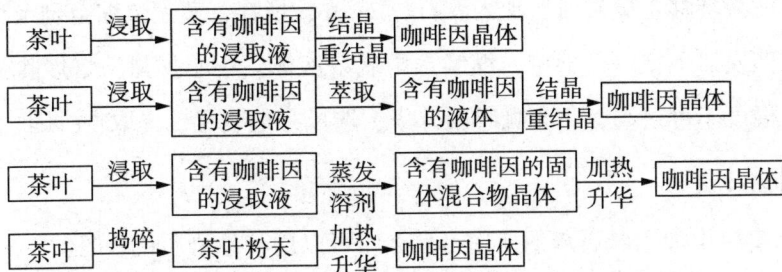

图 4-2 从茶叶中分离提取咖啡因的方法

你会选择哪一种？

资料在线

咖啡因性质：无色、无臭、有光泽的针状晶体，易风化，易升华，易溶于热水和氯仿，弱碱性。

表 4-1 咖啡因在不同溶剂中的溶解度

溶剂	沸水（100℃）	热水（80℃）	水（25℃）	热乙醇（60℃）	乙醇（25℃）	氯仿（25℃）	乙醚（25℃）
溶解度/g	66.6	18.2	2	4.5	2	18.2	0.19

实验流程及相关思考见图 4-3。

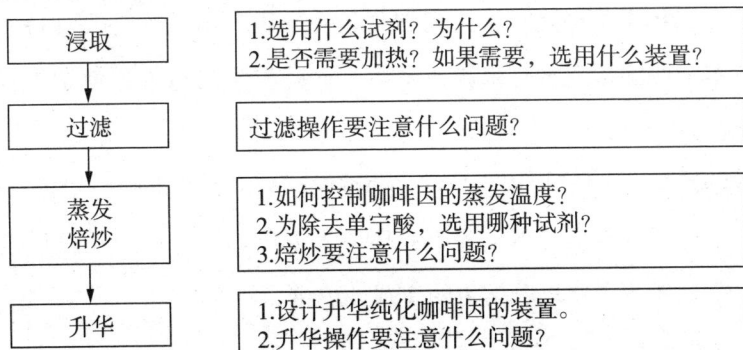

图 4-3 实验流程及相关思考

实验内容

取 5g 茶叶，研碎，将其放入 100mL 锥形瓶中，再加入 50mL 水，用酒精灯加热，沸腾后继续加热 10 分钟。将一小团棉花放在漏斗颈部，过滤浸取液。将滤液转移至蒸发皿，加入碱石灰 2~3g，搅拌，蒸发浓缩至剩余少量液体。在蒸发皿下垫一石棉网，继续蒸干剩余液体。小心加热，焙炒除去全部水分。温度不可过高，否则咖啡因升华。选择升华装置，提取咖啡因。

实验习题

1. 实验中加入碱石灰的作用是什么？可以用其他物质代替吗？

2. 升华装置中，为什么要在蒸发皿上覆盖刺有小孔的滤纸？漏斗颈部为什么要塞棉花？

3. 升华过程中，为什么必须严格控制温度？

本专题实验点评

本实验属于"物质的分离与提纯"专题内容，核心探究问题是设计实验方案，并对方案的合理性进行评价。本节课旨在引导学生掌握提取植物中某些成分和纯化物质的方法。在本实验第一环节，教师引导学生讨论从植物中提取某种成分的一般思路，学生通过讨论选择分离提纯的方法。在第二环节，学生经历设计方案→实验探究→验证成果的过程。在探究思维要素上，本实验主要涉及假设检验、方案设计与实施假设检验。从探究水平来说，本实验属于定性探究和实验探究。从探究物质条件来说，本实验需要具备一定的实验条件。本节课的探究素材来源于生活，探究教学的目的是使学生获得相关知识和方法。

在教学策略上，教师用生活中的素材让学生动手实验，学习"真"化学。在学生思维培养上，本实验第一环节主要培养学生的分析性思维和创造性思维，第二环节主要培养学生的实践性思维。

专题二　葡萄糖的性质探究

设计实施者：高　杰

知识背景

葡萄糖是一种在自然界分布最广、最普通的单糖。其分子式为 $C_6H_{12}O_6$，结构简式为 $CH_2OH(CHOH)_4CHO$，分子结构见图 4-4，是一种多羟基醛。纯净的葡萄糖为无色或白色晶体，有甜味，但甜味不如蔗糖，易溶于水，微溶于乙醇，不溶于乙醚。葡萄糖在生物学领域具有重要地位，是活细胞的能量来源和新陈代谢的中间产物，植物可通过光合作用产生葡萄糖。葡萄糖在糖果制造业和医药领域也有着广泛应用。

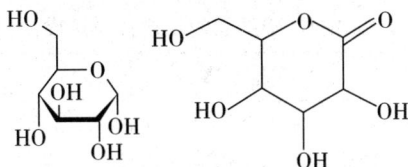

图 4-4　葡萄糖分子结构

葡萄糖具有以下功能：葡萄糖很容易被吸收进入血液中，因此运动爱好者、医院给患者常常使用它作为强有力的快速能量来源；葡萄糖可以增强人的记忆力，刺激钙质吸收；人体只有葡萄糖含量正常的时候，才不会出现消化系统病症；维持体内葡萄糖含量正常对肠道正常菌落有利。

含葡萄糖较多的食物大多是甜食，如水果糖、冰激凌、糕点等。并不是越甜的食物葡萄糖的含量越高。

水果中含葡萄糖比较丰富的有：西瓜、葡萄、香蕉、梨、苹果等。

实验目的

通过实验研究葡萄糖的性质。

实验方案设计

根据提供的阅读资料，设计实验方案，探究葡萄糖的性质。请你先预测葡萄糖可能具有的化学性质，然后设计实验方案来检验你的预测是否正确，并做好实验记录。

实验仪器

试管、试管夹、胶头滴管。

实验药品

硝酸银溶液、氨水、硫酸铜溶液、氢氧化钠溶液、葡萄糖溶液。

实验内容

探究葡萄糖的化学性质。

表 4-2　葡萄糖的化学性质探究

	实验步骤	实验现象	化学方程式
葡萄糖与银氨溶液的反应	在洗净的试管中加入 2mL AgNO$_3$ 溶液，再向试管中逐滴滴入氨水，边滴边振荡，直到生成的沉淀恰好完全溶解。再往其中滴入 2mL 葡萄糖溶液，水浴加热，静置几分钟，观察实验现象。		
葡萄糖与新制氢氧化铜的反应	在洗净的试管中加入 2mL NaOH 溶液，再向其中滴入 2 滴 CuSO$_4$ 溶液。振荡后，再加入 2mL 葡萄糖溶液。将试管加热至液体沸腾，观察实验现象。		

交流讨论

你们在实验过程中观察到哪些现象？可以得出哪些结论？

资料在线

葡萄糖也可以发生类似被氧气催化氧化的反应，具体方程式如下：

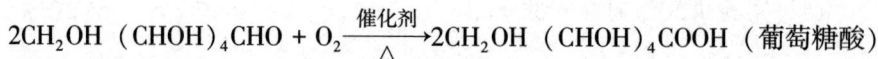

$$2CH_2OH（CHOH)_4CHO + O_2 \xrightarrow[\triangle]{\text{催化剂}} 2CH_2OH（CHOH)_4COOH（葡萄糖酸）$$

葡萄糖酸可用作蛋白凝固剂、食品防腐剂和食品酸度调节剂，也可用于生产葡萄糖酸盐，如葡萄糖酸钠、葡萄糖酸钾、葡萄糖酸钙、葡萄糖酸镁、葡萄糖酸铜、葡萄糖酸锌、葡萄糖酸亚铁等营养剂。

葡萄糖酸在工业上有三种制法。

1. 发酵法与化学法联合

此法是用葡萄糖为原料，用黑曲霉菌将葡萄糖氧化成葡萄糖酸，生产中加入碳酸钙使之转化为葡萄糖酸钙。

2. 化学法

用催化剂使葡萄糖氧化制成葡萄糖酸或葡萄糖酸钙。

3. 电解氧化法

此法以葡萄糖为原料，用电解氧化法合成葡萄糖酸，然后用化学法制取葡萄糖酸钙。

板书设计

葡萄糖的化学性质

1. 醛基的性质
- 银镜反应
- 与新制 $Cu(OH)_2$ 反应
- 与 H_2 加成
- 酯化反应

2. 羟基的性质
- 与活泼金属反应
- 消去反应
- 氧化反应
- 取代反应

3. 人体内氧化反应——人体能量主要来源

$$C_6H_{12}O_6(s) + 6O_2(g) \longrightarrow 6CO_2(g) + 6H_2O(l)$$

4. 发酵生成酒精

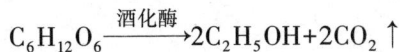

$$C_6H_{12}O_6 \xrightarrow{\text{酒化酶}} 2C_2H_5OH + 2CO_2\uparrow$$

探索发现

在我们学过的单糖中，除葡萄糖外，果糖也是一种具有还原性的单糖。那么，果糖能否与银氨溶液和新制氢氧化铜发生反应呢？

本专题实验点评

本实验属于"物质的性质探究"专题。核心探究问题是根据相关资料设计实验方案，并通过实验探究、结果分析，获得关于葡萄糖性质的相关知识。在探究过程中，由学生设计方案、进行实验探究、分析结果。从知识的理解上来说，本实验属于核心知识的建构过程。在探究思维要素上，主要有选择、关联、组合、评估、抉择、交流。从探究水平来说，属于定性探究和实验探究。

在教学策略上，教师提供相关素材知识，引导学生选择相应的实验素材动手实验。在思维培养上，主要是培养学生的分析性思维和实践性思维。

专题三　维生素 C 的性质探究和含量测定

设计实施者：刘　银

知识背景

1519 年，葡萄牙航海家麦哲伦率领的远洋船队从南美洲东岸向太平洋进发。3 个月后，有的船员牙床破裂了，有的船员出现流鼻血的症状，有的船员浑身无力。待船到达目的地时，原来的 200 多人只有 35 人活下来，大多数人在途中死于坏血病。

坏血病最初的症状常表现为四肢无力，精神消退，烦躁不安，皮肤红肿，做任何工作都易疲惫，肌肉疼痛，精神抑郁。接着，患者的脸部肿胀，牙龈出血，牙齿脱落，皮肤下大片出血。最后，严重者出现腹泻、呼吸困难等，因肝肾衰竭而死亡。

一直到 1911 年，人类才确定坏血病是因为缺乏维生素 C 而引起的。

1928 年，美籍生物化学家森特·哲尔吉从牛的肾上腺皮质及橘子、白菜等多种水果、植物汁液中发现并分离出一种还原性有机酸，并将其称之为抗坏血酸。1933 年，英国化学家霍沃思等人在伯明翰大学成功确定了维生素 C 的化学结构。同年，瑞士化学家雷池斯坦成功进行了维生素 C 的人工合成，并于 1934 年在瑞士实现了维生素 C 的大量工业生产。从此，维生素 C 进入市场。

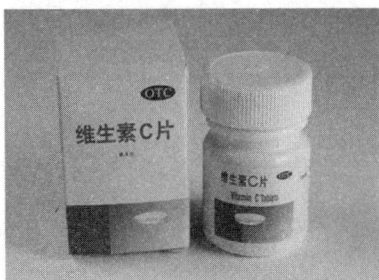

图 4-5 维生素 C 药品

图 4-6 富含维生素 C 的水果

表 4-3 各类水果蔬菜中的维生素 C 含量

食物	分量（g）	数量	维生素 C 含量（mg）
樱桃	50	12 粒	450
番石榴	80	1 个	216
红椒	80	1/3 个	136
黄椒	80	1/3 个	120
柿子	150	1g	105
草莓	100	6g	80
橘子	130	1g	78
猕猴桃	100	1g	68

资料卡片

维生素 C 的学名是 2,3,4,5,6-五羟基-2-己烯酸-4-内酯，结构简式如

图4-7所示。由结构简式可见，维生素C有多个羟基—OH，所以具有还原性，可以被氧化，在加热或溶液中易被氧化分解，在碱性条件下更易被氧化。

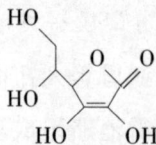

图4-7 维生素C的结构简式

实验中通常使用碘量法测量维生素C的含量（原理如图4-8所示），加淀粉指示液，立即用碘滴定液（0.05mol·L^{-1}）滴定，至溶液显蓝色并在30秒内不褪色，读出碘滴定液使用量，通过计算即可得到维生素C的含量。

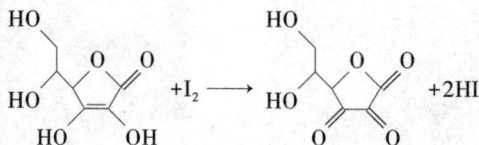

图4-8 碘量法反应原理

实验目的

以间接碘量法探究维生素C的还原性。

实验仪器

锥形瓶（250mL）、酸式滴定管、碱式滴定管、玻璃棒、容量瓶（250mL）、烧杯（50mL）。

实验药品

0.01mol·L^{-1}的硫代硫酸钠溶液、淀粉溶液、维生素C药片、冰醋酸、碘溶液。

实验步骤

一、碘溶液浓度的标定

吸取5mL 0.01mol·L^{-1}的硫代硫酸钠溶液于250mL锥形瓶中，加入少量水稀释，滴加2mL淀粉溶液做指示剂，用碘溶液滴定至稳定的蓝色，半分钟内不褪色为滴定终点。平行做两次，计算碘溶液的浓度。

表 4-4　实验记录表 1

	第一次	第二次
量取的 0.01mol·L^{-1} 硫代硫酸钠溶液的体积/mL	5	5
量取的淀粉溶液的体积/mL	2	2
滴加的碘溶液的体积/mL		
碘溶液的浓度/（mol·L^{-1}）		

二、维生素 C 标准溶液的配制

将 2 片 100mg 维生素 C 片放入盛有 50mL 蒸馏水的烧杯中，边搅拌边用玻璃棒底部碾压维生素 C 片，加速溶解。待维生素 C 片全部溶解后，加入 10 滴冰醋酸酸化，转移至 250mL 容量瓶中定容。

三、维生素 C 药片中维生素 C 含量的测定

移取 5mL 维生素 C 标准溶液放入 250mL 锥形瓶中，加少量水稀释。加入 1~2mL 淀粉溶液，用碘溶液滴定，至蓝色半分钟内不褪色，记录消耗的碘溶液的体积，重复上述操作两次，取平均值。

表 4-5　实验记录表 2

	第一次	第二次
量取的维生素 C 标准溶液的体积/mL	5	5
加入的淀粉溶液的体积/mL		
滴加的碘溶液的体积/mL		
维生素 C 标准溶液的浓度/（mol·L^{-1}）		

课后思考

通过资料卡片可知，直接在维生素 C 中加入碘溶液就可以氧化维生素 C，为何还要先在维生素 C 中加入过量的碘溶液，再用硫代硫酸钠来标定过量的碘溶液，这样做有什么好处呢？

答：间接碘量法消除了不溶物吸附作用的影响，缩短了维生素 C 溶液与

空气的接触时间，避免了碘的挥发对实验结果造成的影响。

本专题实验点评

本实验属于"物质的检验与鉴别"专题。核心探究问题是引导学生通过查阅相关资料，用间接碘量法探究维生素 C 的还原性并测定其含量。在探究过程中，由教师提出问题，引导学生设计方案，动手实验，并表达交流、解释结论。在探究思维要素上，主要有变量控制、系统设计。从探究水平来说，学生经历了假设—实验—解释的过程，属于定量探究。

在教学策略上，教师注重新旧知识的联系。从学生思维培养上，主要是培养学生的分析性思维和实践性思维。

专题四　碘钟交响曲

设计实施者：刘　银

知识背景

从定量的角度，人们利用化学反应速率来描述化学反应的快慢。对于某些反应来说，可以通过观察生成物增加的快慢或反应物减少的快慢来判断化学反应的快慢。

对很多反应来说，尤其是有溶液或者气体参加的反应，增大反应物的浓度可以提高化学反应速率。例如，在空气中加热铁丝，铁丝只是红热，而在氧气中加热铁丝，铁丝就能被点燃，并且剧烈燃烧，火星四射。又如，低浓度的稀盐酸、浓度稍高的盐酸分别与同样大小的锌粒反应，浓度高的盐酸中冒气泡的速度明显更快。

碘钟反应是一种化学振荡反应，体现了化学动力学的原理。它于 1886 年被瑞士化学家汉斯·海因里希·兰多（Hans Heinrich Landolt）发现。在碘钟反应中，两种（或三种）无色的液体混合在一起，并在几秒钟后变成蓝色。

碘酸根被亚硫酸根还原是一个很适合用来说明化学反应速率影响因素的实验典范。如将少量碘酸钾标准溶液、淀粉指示剂和亚硫酸钠溶液混合，反应生成的游离碘遇上淀粉即显示蓝色。从反应开始到蓝色出现所经历的时间，即可作为反应初速度的计量。由于这一反应自身能显示反应进程，故被称为碘钟反应。

实验目的

观察反应物浓度对化学反应速率的影响；学习测定及控制反应速率的方法。

原理解析

对于碘钟反应 $2IO_3^- + 5SO_3^{2-} + 2H^+ \Longrightarrow I_2 + 5SO_4^{2-} + H_2O$ 来说，这个反应并不是一步完成的，而是分成三步来完成（图 4-9）。

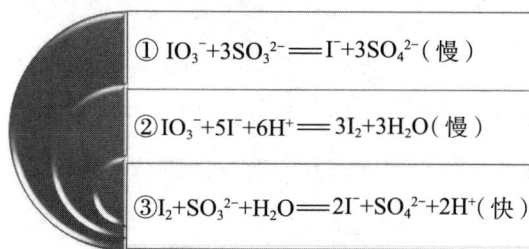

① $IO_3^- + 3SO_3^{2-} \Longrightarrow I^- + 3SO_4^{2-}$（慢）

② $IO_3^- + 5I^- + 6H^+ \Longrightarrow 3I_2 + 3H_2O$（慢）

③ $I_2 + SO_3^{2-} + H_2O \Longrightarrow 2I^- + SO_4^{2-} + 2H^+$（快）

图 4-9 碘钟反应

由于反应①和②较慢，产生的碘单质马上被反应③所消耗，来不及与淀粉接触，所以混合溶液不会呈现蓝色；当 SO_3^{2-} 耗尽后，产生的碘单质不再被消耗，遇到淀粉就突然变成蓝色了。

除了上述反应外，还有类似的碘钟反应。如图 4-10 所示：

当 $S_2O_3^{2-}$ 存在时，由于反应②的速度很快，可认为碘单质在溶液中不能长久稳定地存在。而一旦溶液中的"计时剂" $S_2O_3^{2-}$ 消耗完，碘单质就与原先加入的淀粉指示剂作用使溶液呈蓝色，将①和②相加，容易得到如下方程式，此时，$S_2O_8^{2-}$ 的变化量恰好是所加 $S_2O_3^{2-}$ 的量的一半。

$$① \ S_2O_8{}^{2-}+2I^- \Longrightarrow I_2+2SO_4{}^{2-}（慢）$$

$$② \ 2S_2O_3{}^{2-}+I_2 \Longrightarrow 2I^-+S_4O_6{}^{2-}（快）$$

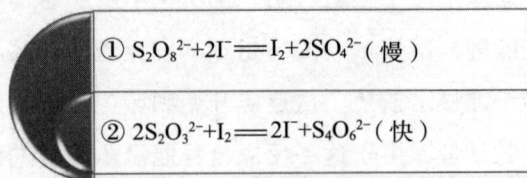

图 4-10　类似的碘钟反应

$$S_2O_8{}^{2-} + 2S_2O_3{}^{2-} \Longrightarrow S_4O_6{}^{2-} + 2SO_4{}^{2-}$$

因此反应速率的公式可表示为：

$$v = \frac{\Delta c(S_2O_8{}^{2-})}{\Delta t} = \frac{0.5\Delta c(S_2O_3{}^{2-})}{\Delta t}$$

其中 Δt 可由秒表测出。

由化学反应速率与浓度的关系，可知：

$$v = k \times c(S_2O_8{}^{2-})^m \times (S_2O_3{}^{2-})^n$$

其中 k 为反应速率常数，通常反应速率常数越大，反应进行得越快。一个反应的化学反应速率与反应物浓度的关系是通过实验测定的，并不能直接由反应的化学方程式直接得出。m 和 n 为反应物浓度的方次。

实验仪器

移液管（5mL，5支），锥形瓶（100mL，3个），秒表1个。

实验药品

$0.2mol \cdot L^{-1}$ KI 溶液，$0.2mol \cdot L^{-1}$ NaCl 溶液，$0.1mol \cdot L^{-1}$ $K_2S_2O_8$ 溶液，$0.1mol \cdot L^{-1}$ K_2SO_4 溶液，$0.005mol \cdot L^{-1}$ $Na_2S_2O_3$ 溶液，2%淀粉溶液。

实验步骤

1. 依据表4-6用量，准确量取各所需溶液于锥形瓶中。

2. 吸取定量 $K_2S_2O_8$，迅速加入锥形瓶中，并记录时间；之后立刻将锥形瓶置于磁力搅拌器上，使溶液充分混合。

3. 进行3组实验，记录每组出现蓝色的时间，取平均值。

表 4-6　碘钟实验分组表

滴加溶液 用量（mL） 组别	$0.2mol \cdot L^{-1}$ KI	$0.2mol \cdot L^{-1}$ NaCl	$0.005mol \cdot L^{-1}$ $Na_2S_2O_3$	2%淀粉	$0.1mol \cdot L^{-1}$ K_2SO_4	$0.1mol \cdot L^{-1}$ $K_2S_2O_8$
1	2.0	2.0	1.0	1.0	2.0	2.0
2	2.0	2.0	1.0	1.0	0	4.0
3	4.0	0	1.0	1.0	2.0	2.0

数据处理

1. 测定反应时间；

2. 计算实验 1、2、3 的初速率；

3. 计算 $S_2O_8^{2-}$ 和 $S_2O_3^{2-}$ 的相应 m 值和 n 值；

4. 计算本实验的 k 值；

5. 写出正确的速率公式。

实验习题

1. 自行设计实验用量。按表 4-6 中组别 1 数据，保证溶液总体积不变，仅调整 $K_2S_2O_8$ 和 K_2SO_4 的用量（总用量 4mL），预测变色时间。

2. 根据你得出的速率公式，仅从浓度的角度考虑，若想提高该反应的速率，应该如何操作？

本专题实验点评

本实验属于"化学反应条件的控制"专题。核心探究问题是引导学生通过提供的相关反应原理，分析论证、反思评估，选定相应的方程式，获得化学反应速率与反应物浓度的关系公式。

在探究思维要素上，本实验主要涉及选择、关联、组合、评估、抉择、交流。从探究水平来说，本实验属于定量探究和实验探究，旨在引导学生通过实验探究和定量分析，获得关于反应物浓度对化学反应速率的定量关系。

在教学策略上，教师要引导学生进行理论论证和设计改进，促进学生的知识理解和应用。在学生思维培养上，本实验主要培养学生的分析性思维和创造性思维。

专题五　竞争中的氧化还原反应

设计实施者：高　杰

知识背景

化学反应中多个反应物间常进行"平行反应"和"竞争反应"。平行反应主要指多个反应相互间没有影响，可同时进行；竞争反应是指由于反应能力不同，多个反应按一定的顺序逐次进行。竞争反应主要遵循"强制弱"的原则，主要有以下几类。(1) 在氧化还原反应中，氧化性强的反应物先于氧化性弱的反应物进行反应，还原性强的反应物先于还原性弱的反应物进行反应。如 Cl_2 通入 I^-、Br^-、Fe^{2+} 的混合溶液中，三种离子都具有还原性，但因还原性强弱不同，导致反应顺序不同。(2) 在酸碱中和反应中，酸性强的反应物先于酸性弱的反应物进行反应，碱性强的反应物先于碱性弱的反应物进行反应。如把盐酸逐滴加入到含有 $NaOH$、Na_2CO_3、$NaHCO_3$ 的混合溶液中，与盐酸反应的先后顺序是 $NaOH$、Na_2CO_3、$NaHCO_3$。(3) 在沉淀溶解反应中，优先生成溶解度小的物质，如把硝酸银溶液滴加到混有 Cl^-、Br^- 和 I^- 的溶液中，也是按照一定顺序生成沉淀的。这类竞争反应都是遵循反应原理以及物质的性质而发生的，其反应的先后顺序就是有效顺序。

活动背景

某实验兴趣小组在"探究卤素单质的氧化性"的系列实验中发现：在足量的稀溴化亚铁溶液中，加入 1~2 滴氯水，振荡，溶液呈黄色。那么，溶液中呈黄色的物质究竟是什么？

实验目的

探究氯水与稀溴化亚铁溶液反应时，溶液变为黄色是因为生成了什么，即探究氧化还原反应中一种氧化剂与不同还原剂反应时的先后顺序。

原理解析

多种氧化剂或还原剂同时存在时，氧化性最强的氧化剂先和还原性最强的还原剂反应，反应的先后顺序与氧化还原能力强弱顺序相同。

实验任务

根据实验现象提出猜想假设，验证假设是否正确，选用试剂设计合理的实验方案，并通过观察实验现象得出实验结论。

请你写出实验方案中所需的试剂并记录实验中观察到的现象。

提出假设

假设 1：溶液呈黄色可能是氯水将 Fe^{2+} 氧化为 Fe^{3+}；

假设 2：可能是氯水将 Br^- 氧化为 Br_2；

假设 3：可能是氯水既氧化了 Fe^{2+} 也氧化了 Br^-。

实验仪器

烧杯、玻璃棒。

实验药品

$0.1mol \cdot L^{-1}$ $FeCl_3$ 溶液、$0.1mol \cdot L^{-1}$ KI 溶液、$0.1mol \cdot L^{-1}$ KSCN 溶液、氯水、$0.1mol \cdot L^{-1}$ $FeBr_2$ 溶液。

实验内容 1

为验证上述三种假设，请选用试剂设计出两种方案进行实验，并通过观察实验现象验证上述三种假设是否正确。

请你在表 4-7 中写出选用的试剂及实验中观察到的现象。

表 4-7　实验方案设计

	选用试剂	实验现象
方案 1		
方案 2		

请根据上述实验现象，写出你得到的实验结论。

实验内容 2

按表 4-8 所示进行实验操作，探究 I^- 加入 Fe^{3+} 溶液中所发生的实验现象，把实验现象记录在表格内。

表 4-8　实验方案设计与现象记录

编号	操作	现象
I	先向 2mL 0.1mol·L^{-1} $FeCl_3$ 溶液中滴加 KSCN 溶液，再滴加新制氨水。	
II	先向 2mL 0.1mol·L^{-1} $FeCl_3$ 溶液中滴加 KSCN 溶液，再滴加 0.1mol·L^{-1} KI 溶液。	

交流与思考：

表 4-9　实验 II 的现象

编号	操作	现象
II	先向 2mL 0.1mol·L^{-1} $FeCl_3$ 溶液中滴加 KSCN 溶液，再滴加 0.1mol·L^{-1} KI 溶液。	滴加 KSCN 溶液后，溶液变成红色；滴加 KI 溶液后，红色无明显变化。

1. 实验 II 中为什么会出现这样的现象？

2. 出现该现象的可能原因是什么？

3. 如何通过实验检验你的假设？

实验习题

1. Cl_2、Br_2、Fe^{3+} 的氧化性顺序是怎样的？在足量的稀溴化亚铁溶液中，加入 1~2 滴氯水，写出溶液呈黄色所发生的离子反应方程式。

2. 在 100mL $FeBr_2$ 溶液中通入 2.24L Cl_2（标准状况下），若溶液中有 $\frac{1}{3}$ 的 Br^- 被氧化成单质 Br_2，写出此反应的离子方程式。$FeBr_2$ 溶液中 $FeBr_2$ 的物质的量浓度是多少？

本专题实验点评

本实验属于"化学反应条件的控制"专题。核心探究问题是在足量的稀溴化亚铁溶液中加入氯水以探究卤素单质的氧化性。在探究过程中，教师提出问题，学生提出猜想假设—制订计划—收集证据—分析论证—反思评估。从知识理解的角度，本实验属于核心知识的建构和理解。在探究思维要素上，本实验主要涉及联想、想象、比较。从探究水平来说，本实验属于定性探究，旨在培养学生的发散、联想思维。

在教学策略上，教师注重引导学生通过提出假设、理论论证和实验验证，培养学生的系统、整体、精细思维。从学生思维培养上看，本实验主要培养学生的分析性思维和创造性思维。

专题六　卤素单质氧化性强弱的探究

设计实施者：高　杰

知识背景

卤素是元素周期表上ⅦA族的元素，包括氟（F）、氯（Cl）、溴（Br）、碘（I）、砹（At）。由于卤素可以和很多金属形成盐类，因此卤素英文名称 halogen 取自希腊语 halos（盐）和 gennan（形成）两个词。在中文里，"卤"有盐碱地的意思。

卤素单质中的 F_2、Cl_2、Br_2、I_2 都是双原子分子，具有很强的挥发性，熔点和沸点随原子序数的增大而升高。常温下，氟、氯是气体，溴是液体，碘和砹是固体。卤素单质都有氧化性，氧化性从氟到砹依次减弱。

实验目的

已知 Cl_2 能将 Fe^{2+} 氧化为 Fe^{3+}，那么 Br_2 和 I_2 能否将 Fe^{2+} 氧化为 Fe^{3+}？请同学们通过实验来回答这个问题。

实验任务

根据所学知识提出假设。为检验假设是否正确，选用试剂设计出合理的实验方案，并观察实验现象。

提出假设

假设 1：Br_2 和 I_2 都能将 Fe^{2+} 氧化为 Fe^{3+}；

假设 2：Br_2 和 I_2 都不能将 Fe^{2+} 氧化为 Fe^{3+}；

假设 3：Br_2 能将 Fe^{2+} 氧化为 Fe^{3+}，而 I_2 不能将 Fe^{2+} 氧化为 Fe^{3+}。

实验仪器

大试管、玻璃棒。

实验药品

$FeCl_2$ 溶液、KSCN 溶液、溴水、碘水、乙酸乙酯、铁粉、稀盐酸。

实验内容 1

为检验上述三种假设，请选择试剂设计实验方案并进行实验。通过观察实验现象，判断上述三种假设是否正确。

请在表 4-10 中写出所用试剂并记录实验现象。

表 4-10　实验方案设计

	所用试剂	实验现象	实验结论
实验方案			

实验内容 2

有同学设计了一份简单的实验方案，如表 4-11 所示。

表 4-11　学生的方案设计

试管	实验操作	实验现象
①	先向试管中加入 2mL $FeCl_2$ 溶液，再滴加少量红棕色的溴水，振荡试管。	
②	先向试管中加入 2mL $FeCl_2$ 溶液，再滴加少量棕黄色的碘水，振荡试管。	

请根据上述现象得出实验结论。

资料在线

溴水的颜色受浓度影响，从黄色到红棕色不等。碘水的颜色受浓度影响，从黄色到棕黄色不等。

根据补充的资料，你觉得还需要设计什么实验方案来完善你的实验结论？

表 4-12　补充方案设计

试管	实验方案	预期现象	实际现象
①			
②			

交流与思考

向试管②中加入碘水，为什么会出现这样的现象？出现该现象可能的原因是什么？

实验习题

Br_2、I_2、Fe^{2+} 的氧化性顺序是怎样的？在足量的稀碘化亚铁溶液中，加入 1~2 滴溴水，溶液呈黄色，写出溶液中所发生的离子反应方程式。

本专题实验点评

本实验属于"综合探究实验"专题。核心探究问题是：已知 Cl_2 能将

Fe^{2+}氧化为 Fe^{3+}，Br_2 和 I_2 能否将 Fe^{2+}氧化为 Fe^{3+}。整个探究过程是由学生提出三种假设，设计实验，并选择合适的试剂进行验证，以培养学生变量控制和系统设计的能力。从知识理解的角度，本实验属于对核心知识的理解和应用；在探究思维要素上，本实验过程主要涉及假设、验证；从探究水平来说，本实验属于定性探究。

在教学策略上，教师注重引导学生提出假设、进行理论论证和实验验证。在学生思维培养上，本实验主要培养学生的分析性思维和创造性思维。

高考探究题

（2010·北京）为验证卤素单质氧化性的相对强弱，某小组用下图所示装置进行实验（夹持仪器已略去，气密性已检验）。

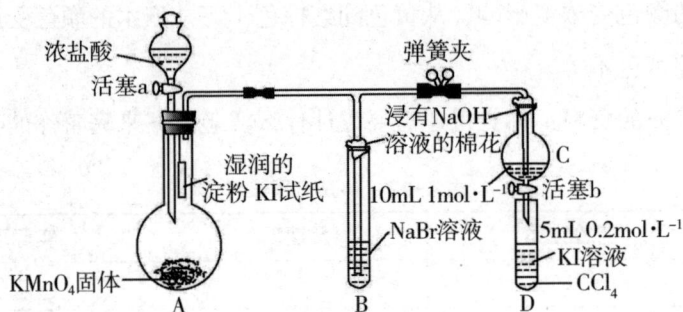

图 4-11　实验装置及药品

实验过程：

Ⅰ. 打开弹簧夹，打开活塞 a，滴加浓盐酸。

Ⅱ. 当 B 和 C 中的溶液都变为黄色时，夹紧弹簧夹。

Ⅲ. 当 B 中溶液由黄色变为棕红色时，关闭活塞 a。

Ⅳ. ……

（1）A 中产生黄绿色气体，其电子式是_____。

（2）验证氯气的氧化性强于碘的实验现象是_____。

（3）B 中溶液发生反应的离子方程式是_____。

（4）为验证溴的氧化性强于碘，过程Ⅳ的操作和现象是＿＿＿＿＿＿＿＿＿。

（5）过程Ⅲ实验的目的是＿＿＿＿＿＿＿＿＿＿＿＿＿＿＿＿＿＿＿。

（6）氯、溴、碘单质的氧化性逐渐减弱的原因：同主族元素从上到下＿＿＿＿＿＿＿，得电子能力逐渐减弱。

参考答案：

（1）　$:\!\overset{\cdot\cdot}{\underset{\cdot\cdot}{Cl}}\!:\!\overset{\cdot\cdot}{\underset{\cdot\cdot}{Cl}}\!:$

（2）淀粉 KI 试纸变蓝

（3）$Cl_2 + 2Br^- \!=\!=\!= Br_2 + 2Cl^-$

（4）打开活塞 b，将少量 C 中溶液滴入 D 中，关闭活塞 b，取下 D 振荡。静置后 CCl_4 层溶液变为紫红色

（5）确认 C 的黄色溶液中无 Cl_2，排除 Cl_2 对溴置换碘实验的干扰

（6）电子层数依次增多，原子半径逐渐增大

专题七　NO_2 的氧化还原性质探究

设计实施者：高　杰

知识背景

二氧化氮（NO_2），又称过氧化氮，是氮氧化物的一种（结构式见图 4-12），室温下为有刺激性气味的红棕色顺磁性气体，易溶于水，对肺组织具有强烈的刺激性和腐蚀性，长期暴露在 NO_2 浓度为 $40mg \cdot m^{-3}$ 至 $100mg \cdot m^{-3}$ 的环境中会对人体健康产生不利的影响。二氧化氮是工业合成硝酸的中间产物，每年大约有几百万吨二氧化氮被排放到大气中，是一种主要的大气污染物。

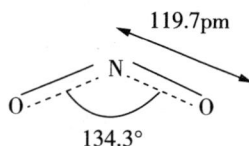

图 4-12　NO_2 的结构式

实验目的

二氧化氮中的氮为正四价，既可以升价，也能够降价。这就导致二氧化氮在理论上既有氧化性又有还原性。本专题的任务是设计实验探究二氧化氮的氧化还原性质，检验理论的准确性。

实验方案及装置设计

请在实验方案及装置的设计过程中，思考以下问题。

1. 该探究实验的核心探究点在哪里？如何设计实验达到探究目的？

2. 在银氨溶液的配制过程中有哪些注意事项？

实验仪器

酒精灯、试管、锥形瓶、导管、木塞、分液漏斗、烧杯、球形干燥管。

实验药品

氯化钙、无水氯化钙、浓硝酸、铜片、氢氧化钙、氯化铵、过氧化钠、氢氧化钠溶液。

实验内容 1（NO$_2$的氧化性探究）

利用图 4-13 所示装置探究 NO$_2$ 能否氧化 NH$_3$，并记录所观察到的实验现象。

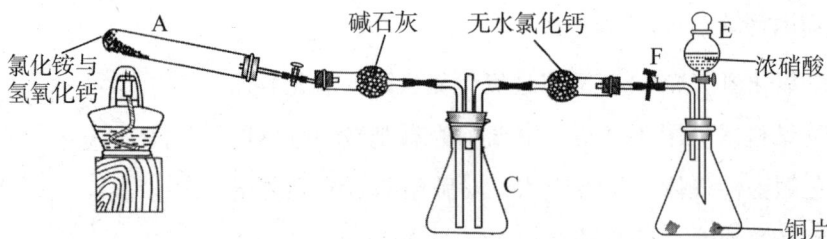

图 4-13　氧化性探究实验装置图

在装置 A 中加入氢氧化钙与氯化铵的混合物，制取 NH$_3$。在装置 E 中的分液漏斗中加入浓硝酸，锥形瓶中加入铜片，制取 NO$_2$。

请你预测 C 装置中出现的现象是 _____。

若在实验过程中未能观察到 C 装置中的预期现象，该小组同学从反应原理的角度分析了原因，你认为可能的原因是什么？

实验内容 2（NO₂ 的还原性探究）

请设计实验装置，并画出草图。

利用图 4-14 所示装置探究 NO_2 的还原性，并记录实验现象。

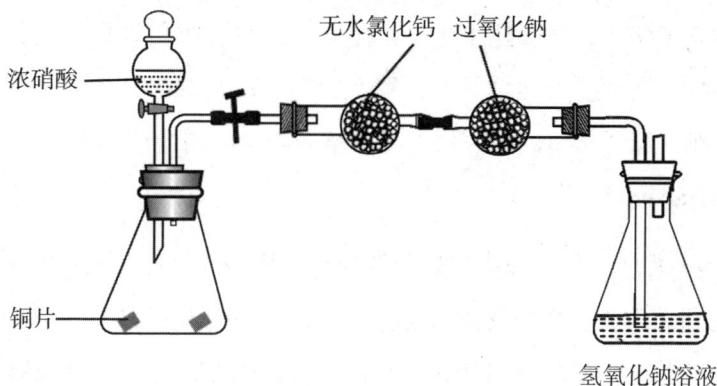

图 4-14　还原性探究实验装置图

表 4-13　实验记录表

实验方案	实验现象	实验结论

实验习题

1. 根据实验 2 的现象，请你分析 NO_2 的氧化产物是什么。

2. 若 NO_2 与过氧化钠反应的产物只有一种，请你用化学方程式将这个反应表示出来。

本专题实验点评

本专题属于"综合探究实验"专题。核心探究问题是设计实验方案，对二氧化氮的氧化还原性进行探究。在本实验第一环节探究过程中，教师引导学生探究 NO_2 能否氧化 NH_3。在本实验第二环节探究过程中，探究 NO_2 的还原性。通过将 NO_2 通入 $NaOH$ 溶液中，引导学生预测产物，并通过实验进行验证。在探究思维要素上，主要有提出假设、方案设计、实施假设检验。从探究水平来说，本实验属于定性探究和实验探究。

在教学策略上，教师注重引导学生猜想假设、收集证据、进行实验验证和反思评估。在学生思维培养上，本实验第一环节的探究主要是培养学生的分析性思维，第二环节的探究中，主要培养学生的创造性思维。

高考探究题

(2009·北京) 某学习小组探究浓硝酸、稀硝酸氧化性的相对强弱，按图 4-15 装置进行实验（夹持仪器已略去）。实验表明浓硝酸能将 NO 氧化成 NO_2，而稀硝酸不能氧化 NO。由此得出的结论是浓硝酸的氧化性强于稀硝酸。

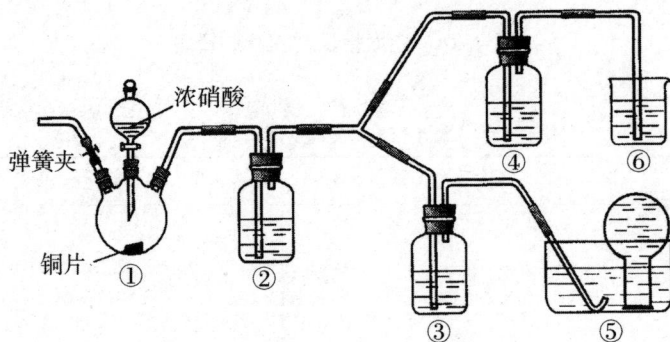

图 4-15　实验装置图

可选药品：浓硝酸、3mol·L^{-1}稀硝酸、蒸馏水、浓硫酸、氢氧化钠溶液及二氧化碳。

已知：氢氧化钠溶液不与 NO 反应，能与 NO_2 反应，$2NO_2 + 2NaOH \!=\!=\!=$ $NaNO_3 + NaNO_2 + H_2O$。

（1）实验应避免有害气体排放到空气中。装置③、④、⑥中盛放的药品依次是＿＿＿＿＿＿＿＿＿＿＿＿＿＿＿＿＿＿＿＿＿＿＿＿＿＿＿。

（2）滴加浓硝酸之前的操作是检验装置的气密性，加入药品，打开弹簧夹后＿＿＿＿＿＿＿＿＿＿＿＿＿＿＿＿＿＿＿＿＿＿＿＿＿＿＿＿＿。

（3）装置①中发生反应的化学方程式是＿＿＿＿＿＿＿＿＿＿＿＿＿＿＿。

（4）装置②的作用是＿＿＿＿＿＿＿＿＿＿＿＿＿＿＿＿＿＿＿＿，发生反应的化学方程式是＿＿＿＿＿＿＿＿＿＿＿＿＿＿＿＿＿＿＿＿＿。

（5）该小组得出的结论所依据的实验现象是＿＿＿＿＿＿＿＿＿＿＿＿＿。

（6）实验结束后，同学们发现装置①中溶液呈绿色，而不显蓝色。甲同学认为是该溶液中硝酸铜的质量分数较高所致，而乙同学认为是该溶液中溶解了生成的气体。同学们分别设计了以下四个实验来判断两种看法是否正确。这些方案中可行的是（选填序号字母）＿＿＿＿＿＿＿＿＿＿＿＿＿＿＿＿。

a. 加热该绿色溶液，观察颜色变化

b. 加水稀释绿色溶液，观察颜色变化

c. 向该绿色溶液中通入氮气，观察颜色变化

d. 向饱和硝酸铜溶液中通入浓硝酸与铜反应产生的气体，观察颜色变化

参考答案

（1）3mol·L^{-1}稀硝酸、浓硝酸、氢氧化钠溶液

（2）通入 CO_2 一段时间，关闭弹簧夹，将装置⑤中导管末端伸入倒置的烧瓶内

（3）$Cu + 4HNO_3（浓）=\!=\!= Cu(NO_3)_2 + 2NO_2 \uparrow + 2H_2O$

（4）将 NO_2 转化为 NO；$3NO_2 + H_2O =\!=\!= 2HNO_3 + NO$

（5）装置③中液面上方气体仍为无色，装置④中液面上方气体由无色变为红棕色

（6）acd

专题八　SO_2与可溶性的钡的强酸盐反应探究

设计实施者：高　杰

知识背景

二氧化硫是最常见的硫氧化物，无色气体，有强烈刺激性气味，是大气主要污染物之一。当二氧化硫溶于水中，会与水反应生成亚硫酸（酸雨的主要成分）。亚硫酸根离子在水中不稳定，具有较强的还原性，易被氧化成硫酸根离子。除了碱金属的亚硫酸盐易溶于水，其他大部分亚硫酸盐的溶解性并不好，如亚硫酸钡就是一种白色沉淀。

实验目的

探究SO_2与可溶性的钡的强酸盐能否反应生成白色的$BaSO_3$沉淀。氯化钡和硝酸钡是中学阶段常见的两种可溶性钡盐，在本次探究任务中，将探究SO_2通入这两种盐中所发生的现象。

实验方案及装置设计

请在实验方案及装置的设计过程中，思考以下问题。

1. 实验室应该如何制备二氧化硫气体？又应该如何处理反应后剩余的二氧化硫尾气？

2. 为使实验过程不受其他杂质的干扰，如何保证二氧化硫的纯度？

3. 根据二氧化硫、氯化钡和硝酸钡的性质，猜测它们之间会发生怎样的反应。

实验仪器

三口烧瓶、分液漏斗、洗气瓶、铁架台、导管、橡皮管。

实验药品

浓硫酸、N_2、铜片、$0.25mol \cdot L^{-1}$ $BaCl_2$溶液、$0.25mol \cdot L^{-1}$ $Ba(NO_3)_2$溶液、氢氧化钠溶液。

实验内容

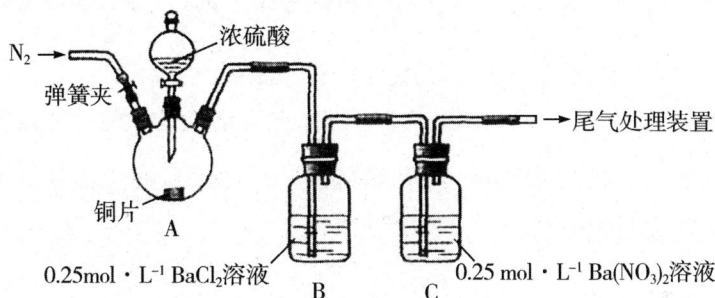

图 4-16　探究 SO_2 与可溶性的钡的强酸盐反应的实验装置图

1. 氯化钡溶液和硝酸钡溶液的配制

分别称取 5.2g 氯化钡固体、6.53g 硝酸钡固体，倒入 100mL 烧杯中，搅拌溶解后转移到 100mL 的容量瓶内，完成配制 $0.25mol \cdot L^{-1}$ $BaCl_2$溶液和 $0.25mol \cdot L^{-1}$ $Ba(NO_3)_2$溶液。

2. SO_2 与可溶性的钡的强酸盐反应的实验探究

打开弹簧夹，通入 N_2，关闭弹簧夹，滴加一定量浓硫酸，加热装置 A，观察装置 B、C 中的实验现象并记录。

实验习题

1. 实验装置图中通入 N_2 有什么作用？

2. 请运用所学知识，解释装置 B、C 中产生对应实验现象的原因。

本专题实验点评

本实验属于"综合探究实验"专题。核心探究问题是设计实验方案，探

究 SO_2 与可溶性的钡的强酸盐（本实验主要指氯化钡和硝酸钡）能否反应生成白色的 $BaSO_3$ 沉淀，对二氧化硫的氧化还原性进行探究。在探究过程中，由学生提出假设，并设计实验进行验证，以培养学生解决问题，以及发散、联想、灵活思维的能力。从知识理解的角度，本实验属于核心知识的理解和应用。在探究思维要素上，本实验涉及说明解释、理论论证、批判质疑、设计改进。从探究水平来说，本实验属于定性探究。

在教学策略上，教师注重引导学生提出假设、进行理论论证和实验验证。在学生思维培养上，主要培养学生的分析性思维、创造性思维和实践性思维。

高考探究

（2011·北京）甲、乙两同学为探究 SO_2 与可溶性的钡的强酸盐能否反应生成白色 $BaSO_3$ 沉淀，用图 4-17 所示装置进行实验。（夹持装置和 A 中加热装置已略，气密性已检验。）

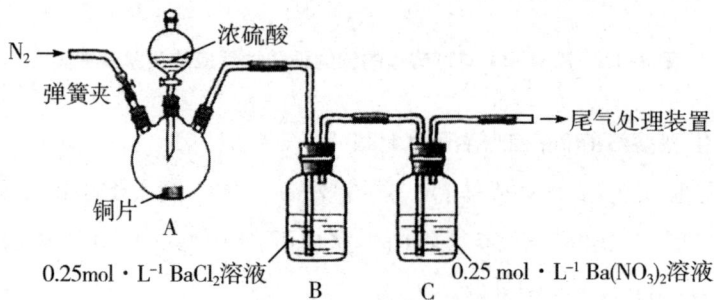

图 4-17　实验装置图

实验操作和现象：

表 4-14　实验操作与现象

操作	现象
关闭弹簧夹，滴加一定量浓硫酸，加热。	A 中有白雾生成，铜片表面产生气泡； B 中有气泡冒出，产生大量白色沉淀； C 中产生白色沉淀，液面上方略显浅棕色并逐渐消失。

续表

操作	现象
打开弹簧夹，通入 N_2，停止加热，一段时间后关闭弹簧夹。	————————
从 B、C 中分别取少量白色沉淀，加稀盐酸。	均未发现白色沉淀溶解。

（1）A 中反应的化学方程式是＿＿＿＿＿＿＿＿＿＿＿＿＿＿＿＿＿。

（2）C 中白色沉淀是＿＿＿＿＿＿＿＿＿＿＿，该沉淀的生成表明 SO_2 具有＿＿＿＿＿＿＿＿＿＿性。

（3）C 中液面上方生成浅棕色气体的化学方程式是＿＿＿＿＿＿＿＿＿。

（4）分析 B 中不溶于稀盐酸的沉淀产生的原因，甲认为是空气参与反应，乙认为是白雾参与反应。

①为证实各自的观点，在原实验基础上：

甲在原有操作之前增加一步操作，该操作是＿＿＿＿＿＿＿＿＿＿＿；

乙在 A、B 间增加洗气瓶 D，D 中盛放的试剂是＿＿＿＿＿＿＿＿＿。

②进行实验，B 中现象：

甲	大量白色沉淀
乙	少量白色沉淀

检验白色沉淀，发现均不溶于稀盐酸。结合离子方程式解释实验现象异同的原因：＿＿＿＿＿＿＿＿＿＿＿＿＿＿＿＿＿＿＿＿。

（5）合并（4）中两名同学的方案进行实验。B 中无沉淀生成，而 C 中产生白色沉淀，由此得出的结论是＿＿＿＿＿＿＿＿＿＿＿＿＿。

参考答案

（1）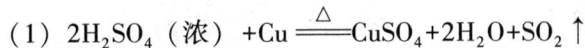 $2H_2SO_4（浓）+Cu \xrightarrow{\triangle} CuSO_4+2H_2O+SO_2\uparrow$

（2）$BaSO_4$；还原

（3）$2NO+O_2 = 2NO_2$

（4）①通 N_2 一段时间，排除装置中的空气；饱和 $NaHSO_3$ 溶液

②甲：$SO_4^{2-}+Ba^{2+}\!\!=\!\!=\!\!=\!\!BaSO_4\downarrow$；乙：$2Ba^{2+}+2SO_2+O_2+2H_2O\!\!=\!\!=\!\!=\!\!2BaSO_4\downarrow$ $+4H^+$；白雾的量要远多于装置中氧气的量

（5）SO_2 与可溶性的钡的强酸盐不能反应生成 $BaSO_3$ 沉淀

专题九　探究 SO_2 与漂粉精的反应

设计实施者：高　杰

知识背景

漂粉精又名高效漂白粉，主要成分是次氯酸钙（白色粉末或颗粒，有强烈氯臭）。次氯酸钙具有腐蚀性和较强的氧化性，易溶于冷水；在热水和乙醇中分解，加热会急剧分解而引起爆炸；与酸作用放出氯气，与有机物及油类反应能引起燃烧；遇光也易发生爆炸和分解，产生氧气和氯气。

根据生产工艺的不同，漂粉精还可能含有氯化钙、氯化钠及氢氧化钙等成分。漂粉精具有很强的杀菌、消毒、净化和漂白作用，在洗毛、纺织、地毯、造纸等行业具有广泛的应用。

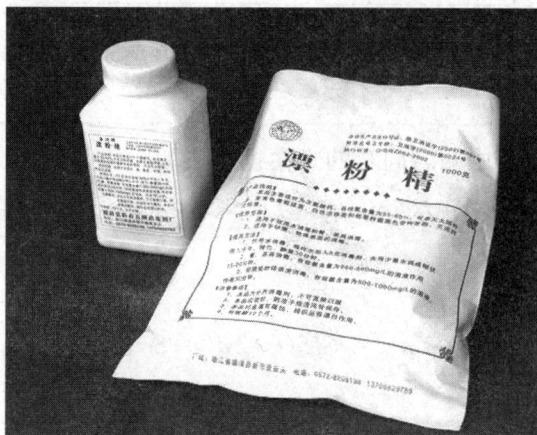

图 4-18　漂粉精

实验目的

通过 SO_2 与漂粉精反应的实验，探究漂粉精的性质。

实验方案及装置设计

请在实验方案及装置的设计过程中，思考以下问题。

1. 该探究实验的核心探究点在哪里？你预测漂粉精可能具有哪些性质？

2. 在设计 SO_2 与漂粉精反应的实验装置时，需要考虑什么？

实验仪器

烧杯、锥形瓶、分液漏斗、导管、橡皮管、洗气瓶。

实验药品

亚硫酸钠、稀硫酸、浓硫酸、氢氧化钠溶液。

实验内容

在分液漏斗中加入足量 $3mol \cdot L^{-1}$ 稀硫酸，取 3g 亚硫酸钠放入试管中，如图 4-19 所示搭建实验装置，制取 SO_2 气体，并检查装置气密性。

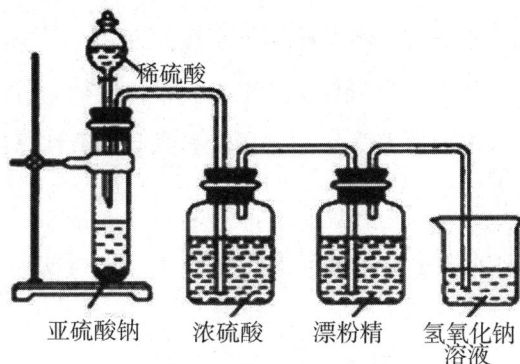

图 4-19　实验装置及药品

开始滴加稀硫酸后，注意观察漂粉精瓶中所发生的现象，并记录在表 4-15 中。

表 4-15　实验现象与分析

实验阶段	实验现象	实验分析
刚刚通入 SO_2		
通入一段时间 SO_2		
通入大量 SO_2		

实验习题

1. 刚刚通入 SO_2 时，漂粉精溶液上方的白雾是什么？

2. 漂粉精溶液先变为黄绿色再褪去的原因是什么？用化学用语表示。

本专题实验点评

本实验属于"综合探究实验"专题。核心探究问题是设计实验方案，探究 SO_2 与漂粉精的反应，了解漂粉精的性质。在探究过程中，教师引导学生预测漂粉精可能具有的性质，聚焦该探究实验的核心探究点，并设计 SO_2 与漂粉精反应的实验装置。从知识理解的角度，本实验属于核心知识的建构和理解。在探究思维要素上，本实验主要涉及联想、想象、比较、系统、整体、精细思维。从探究水平来说，本实验属于定性探究。

在教学策略上，教师注重引导学生提出假设、进行分析论证和反思评估。在学生思维培养上，主要培养学生的分析性思维和创造性思维。

高考探究题

（2013·北京）某学生对 SO_2 与漂粉精的反应进行实验探究，结果如表 4-16 所示。

表 4-16　SO_2 与漂粉精反应的实验探究

操作	现象
取 4g 漂粉精固体，加入 100mL 水	部分固体溶解，溶液略有颜色
过滤，测漂粉精溶液的 pH	pH 试纸先变蓝（约为 12），后褪色

续表

操作	现象
持续通入SO₂ → ┈ → 尾气处理　漂粉精溶液　A	I. 液面上方出现白雾； II. 稍后，出现浑浊，溶液变为黄绿色； III. 稍后，产生大量白色沉淀，黄绿色褪去

（1）Cl_2 和 $Ca(OH)_2$ 制取漂粉精的化学方程式是＿＿＿＿＿＿＿＿＿。

（2）pH 试纸颜色的变化说明漂粉精溶液具有的性质是＿＿＿＿＿＿。

（3）向水中持续通入 SO_2，未观察到白雾。推测现象 i 的白雾由 HCl 小液滴形成，进行如下实验：

a. 用湿润的碘化钾淀粉试纸检验白雾，无变化；

b. 用酸化的 $AgNO_3$ 溶液检验白雾，产生白色沉淀。

①实验 a 的目的是＿＿＿＿＿＿＿＿＿＿＿。

②由实验 a、b 不能判断白雾中含有 HCl，理由是＿＿＿＿＿＿＿＿。

（4）现象 II 中溶液变为黄绿色的可能原因是：随着溶液酸性的增强，漂粉精的有效成分和 Cl^- 发生反应。通过进一步实验确认了这种可能性，其实验方案是＿＿＿＿＿＿＿＿＿。

（5）将 A 瓶中混合物过滤、洗涤，得到沉淀 X。

①向沉淀 X 中加入稀 HCl，无明显变化。取上层清液，加入 $BaCl_2$ 溶液，产生白色沉淀。则沉淀 X 中含有的物质是＿＿＿＿＿＿＿＿＿。

②用离子方程式解释现象 III 中黄绿色褪去的原因：＿＿＿＿＿＿＿＿。

参考答案

（1）$2Cl_2+2Ca(OH)_2$ ══ $CaCl_2+Ca(ClO)_2+2H_2O$

（2）碱性、漂白性

（3）①检验白雾中是否含有 Cl_2，排除 Cl_2 的干扰；②白雾中混有 SO_2，SO_2 可与酸化的 $AgNO_3$ 反应生成白色沉淀

（4）向漂粉精溶液中逐滴加入硫酸，观察溶液颜色是否变为黄绿色

（5）①$CaSO_4$；②$SO_2 + Cl_2 + 2H_2O = SO_4^{2-} + 2Cl^- + 4H^+$

专题十　银镜反应的再探究

设计实施者：高　杰

知识背景

银氨溶液，又叫托伦试剂，是硝酸银的氨水溶液，一种弱氧化剂。在银镜反应中，银氨溶液可将醛氧化成羧酸，而酮不能被银氨溶液氧化，因此可用银氨溶液来鉴别醛和酮。但该试剂应现配现用，不宜保存，久置易生成易爆的雷爆银（主要成分为氮化银）。

银氨溶液的配制过程是取 1mL 2% 的硝酸银溶液，逐滴滴加 2% 的稀氨水并不断振荡至最初产生的沉淀恰好溶解为止，所得溶液即为银氨溶液，有效成分为 $[Ag(NH_3)_2]OH$。

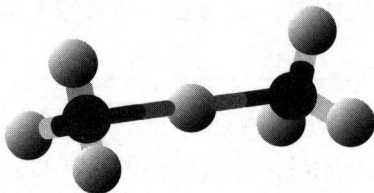

图 4-20　$[Ag(NH_3)_2]^+$ 的球棍模型

实验目的

有文献记载，在强碱条件下，加热银氨溶液可能析出银镜。本次实验的目的是设计实验，探究强碱性环境下加热银氨溶液能否析出银镜沉淀，检验该文献的准确性。

实验方案及装置设计

请在实验方案及装置的设计过程中，思考以下问题。

1. 该探究实验的核心探究点在哪里？需要控制哪些实验变量？

2. 在银氨溶液的配制过程中有哪些注意事项？

实验仪器

烧杯、试管、洗气瓶、导管、橡皮管。

实验药品

硝酸银溶液、稀氨水溶液、氢氧化钠溶液、生石灰。

实验内容一

请按表 4-17 所示内容进行实验，并将实验现象填写在表格中。

表 4-17　实验操作及现象

装置	实验序号	试管中的药品	实验现象
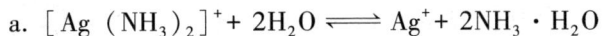热水浴	实验 1	2mL 银氨溶液和数滴较浓的氢氧化钠溶液	
	实验 2	2mL 银氨溶液和数滴浓氨水	

写出你的实验结论。

交流与思考

1. 实验中有气体生成，你将如何检验产生的气体是什么？可能产生什么现象？

2. 实验中生成的沉淀是什么？

3. 该沉淀是如何产生的？

知识背景

a. $[Ag(NH_3)_2]^+ + 2H_2O \rightleftharpoons Ag^+ + 2NH_3 \cdot H_2O$

b. AgOH 不稳定，极易分解为黑色 Ag_2O。

实验猜想

关于沉淀产生的原因，提出如下猜想。

猜想 1：可能是 NaOH 还原 Ag_2O；

猜想 2：在 NaOH 存在下，可能是 NH_3 还原 Ag_2O；

猜想 3：在 NaOH 存在下，可能是 $Ag(NH_3)_2OH$ 还原 Ag_2O。

实验内容二

请根据以上猜想设计实验，探究该沉淀是如何产生的。

1. 根据猜想 1，向 $AgNO_3$ 溶液中加入氢氧化钠，并水浴加热，观察现象。

2. 根据猜想 2，可设计如图 4-21 所示实验装置进行验证。

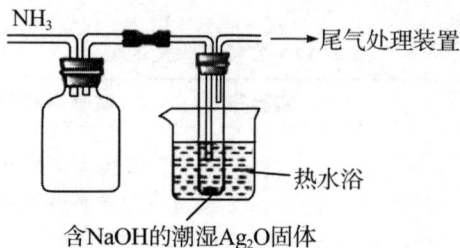

NH₃ → 尾气处理装置

热水浴

含NaOH的潮湿Ag₂O固体

图 4-21　验证猜想 2 的实验装置

3. 根据猜想 3，可设计图 4-22 所示实验装置进行验证。

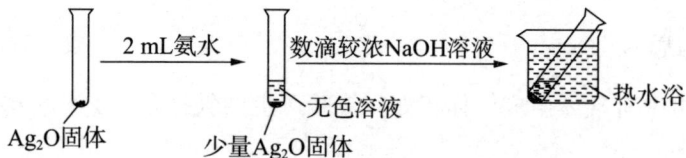

Ag₂O固体 —2 mL氨水→ 无色溶液 少量Ag₂O固体 —数滴较浓NaOH溶液→ 热水浴

图 4-22　验证猜想 3 的实验装置

请根据上述实验现象，得出实验结论。

实验习题

1. 对于试管壁上附着的银镜，可以采用什么方法除去？

2. 请解释实验一中的 Ag_2O 是如何产生的。

本专题实验点评

本专题属于"综合探究实验"专题。核心探究问题是引导学生设计实验方案，探究强碱性环境下加热银氨溶液是否能析出银镜沉淀，以检验文献的准确性。在探究过程中，教师引导学生提出假设，控制变量，设计实验。在实施探究实验过程中，教师提出问题，让学生思考实验中产生的气体是什么，沉淀的成分是什么，产生的原因是什么。从知识理解的角度看，本实验属于核心知识的理解和应用。在探究思维要素上，主要有归纳推理、演绎推理、类比推理。从探究水平来说，本专题实验属于定性探究。

在教学策略上，教师注重引导学生提出假设、进行分析论证和反思评估，引导学生解决陌生的复杂问题。在学生思维培养上，主要培养学生的分析性思维和创造性思维。

高考探究题

（2012·北京）有文献记载：在强碱性条件下，加热银氨溶液可能析出银镜。某同学进行如下验证和对比实验。

装置	实验序号	试管中的药品	现象
热水浴	实验 I	2mL 银氨溶液和数滴较浓 NaOH 溶液	有气泡产生；一段时间后，溶液逐渐变黑；试管壁附着银镜
	实验 II	2mL 银氨溶液和数滴浓氨水	有气泡产生；一段时间后，溶液无明显变化

该同学欲分析实验 I 和实验 II 的差异，查阅资料：

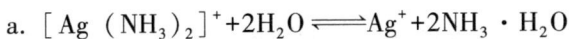

a. $[Ag(NH_3)_2]^+ + 2H_2O \rightleftharpoons Ag^+ + 2NH_3 \cdot H_2O$

b. $AgOH$ 不稳定，极易分解为黑色 Ag_2O

（1）配制银氨溶液所需的药品是＿＿＿＿＿＿＿＿＿＿＿＿＿＿＿＿＿。

（2）经检验，实验 I 的气体中有 NH_3，黑色物质中有 Ag_2O。

①用湿润的红色石蕊试纸检验 NH_3，产生的现象是＿＿＿＿＿＿＿＿＿＿＿。

②产生 Ag$_2$O 的原因是＿＿＿＿＿＿＿＿＿＿＿＿＿＿＿＿＿＿＿＿＿＿。

（3）该同学对产生银镜的原因提出假设：可能是 NaOH 还原 Ag$_2$O。实验及现象：向 AgNO$_3$ 溶液中加入＿＿＿＿＿＿＿＿＿，出现黑色沉淀；水浴加热，未出现银镜。

（4）重新假设：在 NaOH 存在下，可能是 NH$_3$ 还原 Ag$_2$O。用下图所示装置进行实验。现象：出现银镜。在虚线框内画出用生石灰和浓氨水制取 NH$_3$ 的装置简图（夹持仪器略）。

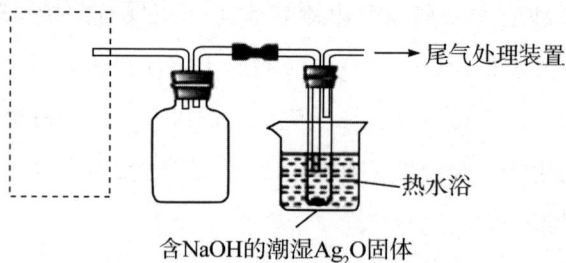

尾气处理装置
热水浴
含NaOH的潮湿Ag$_2$O固体

（5）该同学认为在（4）的实验中会有 Ag（NH$_3$）$_2$OH 生成。由此又提出假设：在 NaOH 存在下，可能是 Ag（NH$_3$）$_2$OH 也参与了 NH$_3$ 还原 Ag$_2$O 的反应。进行如下实验：

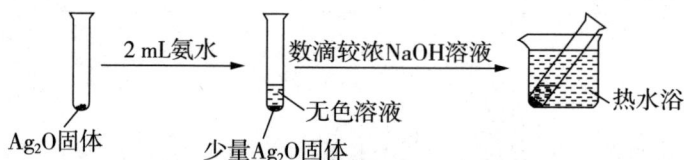

2 mL氨水
Ag$_2$O固体
数滴较浓NaOH溶液
无色溶液
少量Ag$_2$O固体
热水浴

①有部分 Ag$_2$O 溶解在氨水中，该反应的化学方程式是＿＿＿＿＿＿＿＿＿。

②实验结果证实假设成立，依据的现象是＿＿＿＿＿＿＿＿＿＿＿＿＿＿。

（6）用 HNO$_3$ 溶液清洗试管壁上的 Ag，该反应的化学方程式是＿＿＿＿＿。

参考答案

（1）AgNO$_3$ 溶液和氨水

（2）①试纸变蓝；②在 NaOH 存在下，加热促进 NH$_3$·H$_2$O 分解，逸出

NH_3，促使 $Ag(NH_3)_2^+ + 2H_2O \rightleftharpoons Ag^+ + 2NH_3 \cdot H_2O$ 平衡正向移动，$c(Ag^+)$ 增大，Ag^+ 与 OH^- 反应立即转化为 Ag_2O：$2OH^- + 2Ag^+ = Ag_2O\downarrow + H_2O$

（3）过量的 NaOH 溶液　　　（4）

浓氨水

生石灰

（5）①$Ag_2O + 4NH_3 \cdot H_2O = 2Ag(NH_3)_2OH + 3H_2O$；②与溶液接触的试管壁上析出银镜

（6）$Ag + 2HNO_3（浓）= AgNO_3 + NO_2\uparrow + H_2O$

中学教育书单

书名	书号	作者
北京四中系列		
教育如此存在——北京四中教育故事	978-7-5041-7974-6	刘长铭
触摸北京四中的德育细节	978-7-5191-1172-4	孟海燕
北京四中人文游学课	978-7-5191-1746-7	于鸿雁
细读《红楼梦》：末世里的深情与荒唐	978-7-5191-2057-3	于鸿雁 白楠茁
细读《呐喊》：大先生的绝望与希望	978-7-5191-1988-1	王志彬
北京四中化学创造性探究教学设计：指向学生高阶思维培养	978-7-5191-2149-5	高 杰 刘 银
中学地理差异教学情境创设	978-7-5191-1174-8	刘 刚 曹 彤 赵丽娟
北京四中人文课 英语：文化之旅，心灵之约	978-7-5041-8040-7	方 芳
北京四中人文课 生物：育生命之真善美	978-7-5041-7493-2	陈月艳
北京四中人文课 历史：一堂人文课	978-7-5041-6731-6	赵利剑
北京十一学校系列		
学校转型 北京十一学校创新育人模式的探索	978-7-5041-7919-7	李希贵 等
学校如何运转	978-7-5191-1959-1	李希贵
为了自由呼吸的教育	978-7-5191-1121-2	李希贵
面向个体的教育	978-7-5041-8359-0	李希贵
新学校十讲	978-7-5041-7257-0	李希贵
学生第一	978-7-5041-5624-2	李希贵
一个校长的教育创新思考：北京十一学校改革发展20年（1987—2007）	978-7-5041-6929-7	李金初
非常理想，特别现实——北京十一学校章程与制度集萃	978-7-5191-0411-5	张之俊 杨 雄
为每个人开的学校——北京十一学校学生的成长故事	978-7-5191-0342-2	赵胤光 叶 枫
镜头里的北京十一学校	978-7-5041-8928-8	李 强
中国教育寻变：北京十一学校的1500天	978-7-5041-9938-6	李建平
我的人生供你参考——名家大师对话青少年	978-7-5041-7924-1	刘艳萍
其他名校名校长著作		
走向价值领导——一位中学校长的教育密码	978-7-5191-1492-3	孙先亮
勇毅笃行 大志大成——北京市第三十五中学课程建设与学校发展研究	978-7-5191-1699-5	朱建民 等
建设"雏鹰"课程，奠定人生基石——北京师范大学附属中学初中课程建设与学校发展研究	978-7-5191-0180-0	刘 沪 等
用和谐与卓越赢得教育未来——北京市第八十中学课程建设与学校发展研究	978-7-5191-0183-1	田树林 等
成德达才，走向卓越——浙江省嘉兴市第一中学课程建设与学校发展研究	978-7-5191-1766-5	孙国虎 等
唯有适合 成其发展——浙江省武岭中学课程建设与学校发展研究	978-7-5191-1192-2	杨亢尔 等
南孔圣地的教育守望——浙江省衢州第二中学课程建设与学校发展研究	978-7-5191-1175-5	潘志强 等
品质教育 活力附中——浙江师范大学附属中学课程建设与学校发展研究	978-7-5191-0196-1	何通海 等
自觉自新 大器卓然——浙江省天台中学课程建设与学校发展研究	978-7-5191-0195-4	郑志湖 等
走向"大成"——浙江省绍兴市稽山中学课程建设与学校发展研究	978-7-5191-0185-5	朱 雯 等
走向唯新教育——浙江省台州市第一中学课程建设与学校发展研究	978-7-5191-0186-2	洪仙瑜 等
大气培育大器 开放成就多元——浙江省青田中学课程建设与学校发展研究	978-7-5191-0074-2	邓加富 等
卓尔不群，大器天下——四川省成都七中育才学校课程建设与学校发展研究	978-7-5191-0184-8	何伦忠 等

书名	书号	作者
基于"衔接"的超越——四川省成都七中育才学校学道分校课程建设与学校发展研究	978-7-5191-0189-3	阳 波 等
学校文化管理	978-7-5041-7320-1	张东娇
给校长的101条建议	978-7-5041-9427-5	王铁军 等
学校变革关键词	978-7-5191-0824-3	邱华国
国际视角下的学术性高中建设	978-7-5191-0410-8	王占宝 段会冬
教育是什么：一所学校的百年故事	978-7-5041-9147-2	柳袁照
陶西平作品系列		
陶西平教育漫笔选集① 大家不同 大家都好	978-7-5041-6992-1	陶西平
陶西平教育漫笔选集② 在反思中创新	978-7-5041-7054-5	陶西平
陶西平教育漫笔选集③ 涌动的潮流	978-7-5191-1897-6	陶西平
陶西平教育漫笔选集④ 为生命而为	978-7-5191-1910-2	陶西平
陶西平教育漫笔选集（精装版）	978-7-5191-2020-7	陶西平
教育家书院丛书		
对话系列：留一块黑板 与顾明远先生对话现代学校发展	978-7-5041-7647-9	郭 华
聆听系列：教育与隐教育	978-7-5191-0825-0	郭 华
聆听系列：文化与教育	978-7-5041-9142-7	郭 华
聆听系列：读书与教书	978-7-5041-7666-0	郭 华
中国教育的思想遗产系列		
中国教育的思想遗产：回望春秋战国	978-7-5041-5485-6	郭齐家
中国教育的思想遗产：回望汉唐	978-7-5041-5587-0	郭齐家
中国教育的思想遗产：回望宋元明清	978-7-5041-5584-9	郭齐家
中国教育的思想遗产：回望民国	978-7-5041-5586-3	郭齐家
畅销单行本		
苏霍姆林斯基论劳动教育	978-7-5191-1951-5	苏霍姆林斯基
教育科学与儿童心理学	978-7-5191-1498-5	皮亚杰
教育的目的	978-7-5191-2024-5	怀特海
教育的情调	978-7-5191-1979-9	范梅南 李树英
中小学德育工作指南实施手册	978-7-5191-1293-6	教育部基础教育司
普通中小学校长工作手册	978-7-5191-1233-2	教育部基础教育司
防治中小学欺凌和暴力指导手册	978-7-5191-1491-6	教育部基础教育司
教育新理念	978-7-5041-3996-2	袁振国
深度学习：走向核心素养（理论普及读本）	978-7-5191-1751-1	刘月霞 郭 华
为深度学习而教	978-7-5191-2735-0	杰伊·麦克泰 等
可见的学习（教师版）——最大程度地促进学习	978-7-5041-8922-6	约翰·哈蒂
教学成果这样培育	978-7-5191-1787-0	柳夕浪
学校生涯教育指南	978-7-5191-1911-9	曹新美 李浩英
全世界都想上的课——传奇教师桥本武的奇迹教室	978-7-5191-0806-9	黑岩祐治
学习就是生存力——百岁教师的人生寄语	978-7-5191-2711-4	桥本武
静悄悄的革命：课堂改变，学校就会改变	978-7-5041-9071-0	佐藤学
破解神话——还原真实的芬兰教育	978-7-5191-2056-6	文 德
学校变革，我们一起来！——教育引导者的12种角色	978-7-5191-1703-0	布鲁斯·威廉姆斯
就业？创业？——从美国教改的迷失看世界教育的趋势	978-7-5041-7920-3	赵 勇
穿越教育概念的丛林	978-7-5191-2041-2	石中英
叶圣陶语文教育论集	978-7-5041-9003-1	叶圣陶
高中经典阅读教学现场	978-7-5191-1556-2	吴欣歆

书名	书号	作者
书册阅读教学现场	978-7-5191-0794-9	吴欣歆 许 艳
中学阅读高效教学	978-7-5191-1024-6	雷其坤
语文：生命的，文学的，美学的	978-7-5041-7823-7	熊芳芳
中学数学教学核心概念解读	978-7-5191-2127-3	安妮·沃森 等
深度学习：走向核心素养（学科教学指南·初中数学）	978-7-5191-2055-9	刘晓玫
深度学习：走向核心素养（学科教学指南·初中物理）	978-7-5191-2167-9	李春密
深度学习：走向核心素养（学科教学指南·初中化学）	978-7-5191-1844-0	胡久华
深度学习：走向核心素养（学科教学指南·初中生物）	978-7-5191-1917-1	王 健
以学生为本的教学设计（初中卷）	978-7-5191-1995-9	余 新 李宝荣
以学生为本的教学设计（高中卷）	978-7-5191-1965-2	余 新 李春艳
项目化学习设计：学习素养视角下的国际与本土实践	978-7-5191-1745-0	夏雪梅
STEM 教育这样做	978-7-5191-2000-9	王 素 李正福
为思维而教（第3版）	978-7-5191-2991-0	郅庭瑾
思维第一：全面提升学习力	978-7-5191-1636-1	房超平
思维第一：教学设计与实施	978-7-5191-2213-3	王殿军
关键在问——焦点讨论法在学校中的应用	978-7-5191-0805-2	乔·尼尔森
作业设计：基于学生心理机制的学习反馈	978-7-5041-8646-1	方 臻 夏雪梅
以学生为中心的课堂观察	978-7-5041-6934-1	夏雪梅
学习性评价行动建议200条（中学版）	978-7-5191-0621-8	伊恩·史密斯
合作学习有讲究	978-7-5191-2404-5	布鲁斯·威廉姆斯
高阶思维培养有门道	978-7-5191-2467-0	布鲁斯·威廉姆斯
差异教学策略：不一样的孩子，不一样的方法	978-7-5191-1786-3	盖尔·格雷戈里，卡罗琳·查普曼
差异教学评估：不一样的孩子，不一样的评估	978-7-5191-1925-6	卡罗琳·查普曼，瑞塔·金
差异教学管理：不一样的课堂，不一样的管理	978-7-5191-1944-7	卡罗琳·查普曼，瑞塔·金
教师的能力	978-7-5191-1028-4	宁 虹
做一名高情商教师	978-7-5191-0018-6	艾伦·奎因 等
为什么我还在做老师——40个温暖心灵的真实故事	978-7-5191-1141-0	埃丝特·赖特
掌控你的健康（教师手边书）	978-7-5191-0018-6	艾伦·奎因 等
读书是教师最好的修行	978-7-5041-9926-3	常生龙
班主任工作思维导图	978-7-5191-1898-3	陈 宇
会做研究，班主任就赢了！	978-7-5191-1788-7	王立华
中小学新任教师培训指南	978-7-5191-1567-8	申军红 等

扫码与更多好书相遇